U0925865

儒家生活世界

顾红亮◎著

上海人民出版社

我对此书的一点理解

——《儒家生活世界》读后

梁培宽

2013年下半年的某一天，顾红亮教授和美国女学者林琪教授来访。在此之前，我收到了顾教授寄赠的其所著《儒家生活世界》一书，并粗读了一遍。他们二位想从此书入手，对先父梁漱溟思想的研究问题交换意见。

可是我只是退休后，廿多年从事先父著述的整理编辑和出版工作，对先父著述内容仅略知一些而已，这当然不算什么研究。何况自己学的是理科（生物学），对文史哲方面生疏得很，学识如此浅陋，只能谈谈一些感想罢了。

多年前，我即注意到先父的这样一句话："但孔子的东西不是一种思想，而是一种生活。"（见梁漱溟著《东西文化及其哲学》的最末一页）如此强调孔子的东西是"一种生活"，是什么用意？真是十分耐人寻味！此外，先父在此书的"自序"中，提到自己"决定搁置向来要做佛家生活的念头，而来做孔家的生活"。并且倡导大家去"做孔家生活"。

在读了《儒家生活世界》之后，才知道著者是在研究先父所著《乡村建设理论》。在"自序"中，先父说过："我自己的性情不许我没有为我的生活作主的思想。"根据此话，可以理解生活要有为它做主的东西，那就是思想；是思想主导着生活，也可以说它引领着生活的走向。按我粗浅的理解,《儒家生活世界》一书就是研究那主导着并决定其内容的那儒家生活世界的思想(理论)。

如此书著者所说:“梁漱溟本人并没有对儒家生活世界的理论作出系统的阐述,……他的叙述散落于各种著述文章之中。”现在在此书里看到,经过著者的梳理和研究,完成了“对梁漱溟哲学思想的重构”工作,使梁漱溟的“儒家生活世界”的理论系统化了,也深细化了。

对我个人而言,这对理解“乡建”的理论与实践有许多帮助,也有不少启发。看《乡村建设理论》,又看《儒家生活世界》,如此二者对照着看,这是一可取的方法。这自然是将它系统化带来的好处。

说老实话,《儒家生活世界》一书,有不少章节我还没有读懂,有不少专门名词对我也是完全陌生的。我只从总体上对此书说出一些感想而已。说得不对的地方肯定少不了。

听说此书将再版,著者希望我为再版的此书写几句话,于是就涂写了如上的这些,供补白吧。

梁培宽

2015 年 7 月 21 日

涂于北大承泽园

目录

The Confucian Life-world

第三章　政治生活世界

第四章　心性生活世界

第五章　儒家现代性

The Confucian Life-world

第一章 儒家生活世界概念

梁漱溟（1893—1988），原名焕鼎，是现代中国哲学史上有原创思想的哲学家，被列为现当代新儒家的主要代表人物之一。人们对他的思想评价不一。

有的评价着眼于儒家传统与梁漱溟的关系。梁漱溟被周策纵称为“第一个在理论上系统地捍卫儒家学说和中国传统的人”[①]。很多学者认为梁漱溟的哲学思想继承陆王学派的思想，冯友兰认为，这种继承是指“接着”陆王讲，而不是指“照着”陆王讲，[②]而且他给孔子思想做了一个全新的解释。梁漱溟还被美国学者艾恺（Guy S. Alitto）称为“最后的儒家”，被吴江称为新儒家事功主义者[③]，而梁漱溟自己则希望别人称

① 周策纵：《五四运动：现代中国的思想革命》，周子平等译，江苏人民出版社1996年版，第453页。

② 参见冯友兰：《中国现代哲学史》，广东人民出版社1999年版，第84页。

③ 参见吴江：《新儒家事功主义者梁漱溟》，见汪东林：《梁漱溟问答录》，湖北人民出版社2004年版，第336页。

他为“一个有思想，又且本着他的思想而行动的人”①。晚年的梁漱溟自称他是一个佛教徒。②在和梁漱溟的面谈之后，艾恺又说：“我相信梁漱溟一生无疑在某一层意识上确实一直维持着他的佛教信仰，就像他以前那些历史上的宋明理学家们一样。”③

有的评价着眼于“五四”新文化运动与梁漱溟的关系。冯友兰把梁漱溟归为新文化运动的右翼，与左翼的陈独秀和李大钊并列，并称他的思想是新文化的一部分，不是旧文化。④郭湛波说梁漱溟反对科学与民主政治，他的思想“仍是中国农业宗法封建社会的思想”⑤。陈来说梁漱溟“不是反对科学民主，而是始终称扬德先生和赛先生；不是代表农业宗法封建思想，而是主张生产社会化的社会主义”⑥。

有的评价着眼于西方哲学与梁漱溟的关系。王宗昱指出，梁漱溟是“中国第一个吸收柏格森哲学并以其重新解释唯识佛学和儒学心性学说的哲学家”，而且他对柏格森（Henri Bergson）哲学的吸收前后有所不同。⑦有的学者认为梁漱溟的哲学与海德格尔的哲学有一定的亲和性。⑧

有人说梁漱溟是保守主义者，艾恺说梁漱溟是“文化守成主义者”和反现代化的人，也有人说得比较缓和一些，认为梁漱溟在批判西方文化的同时也表现出文化守成的倾向，“这种守成倾向在日后使梁漱溟的文化观向着保守主义发展”⑨。晚年梁漱溟对这个问题的回答是：他并不保守。

---

①《梁漱溟全集》第3卷，山东人民出版社1990年版，第6页。
② 参见梁漱溟：《这个世界会好吗》，东方出版中心2006年版，第336页。
③ 艾恺：《最后的儒家》，王宗昱、冀建中译，江苏人民出版社2003年版，第242页。
④ 参见冯友兰：《中国现代哲学史》，广东人民出版社1999年版，第81—82页。
⑤ 郭湛波：《近五十年中国思想史》，山东人民出版社1997年版，第138页。
⑥ 陈来：《现代中国哲学的追寻》，人民出版社2001年版，第39页。
⑦ 参见王宗昱：《梁漱溟》，东大图书公司1992年版，第301页。
⑧ 参见郭齐勇、龚建平：《梁漱溟哲学思想》，湖北人民出版社1996年版，第286页。
⑨ 王宗昱：《梁漱溟》，东大图书公司1992年版，第109页。

有学者称梁漱溟的哲学“主要是一种文化哲学”①，也有的学者称他的哲学是文化哲学、生命哲学和人生哲学。②有学者指出梁漱溟的思想具有某种民粹主义的性质。③也有学者称梁漱溟的儒学是“民粹主义的儒学”④。牟宗三说梁漱溟为人有性情，也有思考力，但是，“在想以到乡下做‘教主’的方式来解决中国的政治问题这一点上，遂使他的生命走不上正当的途径。他接不上儒家内圣外王的弘规，他并把握不住中国历史文化的大动脉”⑤。另有学者说，“若以一位思想家来论，梁先生似乎还不够格”⑥。

不过，大多评价都充分肯定梁漱溟哲学的原创性。可以说，这些不同的评价给梁漱溟哲学平添了几分“魅力”。无论如何，他的哲学作为现当代中国哲学的一个重要类型值得深入研究。

在现有的梁漱溟哲学研究中，有很好的研究成果，前面的介绍已经表明这一点。不过，哲学的诠释是开放的，梁漱溟的哲学可以在新的视域中得到重新诠释与定位，从而呈现其独特的思想魅力。生活世界理论便是这样一个新的视域。它将成为我们切入梁漱溟哲学研究的一个理论视界。在此视界的观照下，梁漱溟因此成为现当代中国哲学史上较系统阐释儒家生活世界观念并付诸实践的哲学家。

这样，本项研究的焦点在于诠释与重构梁漱溟的儒家生活世界理论，而不在于全面评估梁漱溟哲学。

---

① 柴文华：《现代新儒家文化观研究》，三联书店2004年版，第61页。

② 参见郭齐勇、龚建平：《梁漱溟哲学思想》，湖北人民出版社1996年版，第5页。

③ 参见李泽厚：《中国现代思想史论》，安徽文艺出版社1999年版，第289页；Catherine Lynch: Liang Shuming and the Populist Alternative in China（Unpublished），Chapter One，Introduction: Populist and China.

④ 卜问天：《民粹主义的儒学体现者》，见梁培宽编：《梁漱溟先生纪念文集》，中国工人出版社1993年版，第309页。

⑤ 牟宗三：《寂寞中的独体》，新星出版社2005年版，第259页。

⑥ 谭宇权：《梁漱溟学说评论》，文津出版社1999年版，第1页。

一、人生问题与“五四”启蒙

在进入本节讨论之前，我们先来看一下梁漱溟的思想方法。把握他的思想方法，更易于了解其思想形成的轨迹和焦点。

梁漱溟不是哲学专业或历史专业训练出来的，不是职业哲学家，可以说是一位自学成才的哲学家。金岳霖所说的现代职业哲学家的弊病（如“他懂哲学，却不用哲学”①）在梁漱溟身上是很难觅得的。梁漱溟在《我的自学小史》一书里叙述了早年的学习经历。在该书的序言里，他说：“我想我的一生正是一自学的极好实例。……象〔像〕我这样，以一个中学生而后来任大学讲席者，固然多半出于自学。”②自学带给他的一个好处是较少受到理论框框的束缚，按自己的兴趣去自由学习，发现问题。

梁漱溟喜欢学习，既从书本上学习，又从社会中、生活中学习。他更喜欢提问，他的问题大多来自社会生活经验或个人生活经验，而不是来自理论本身，不是来自逻辑推演。“我还不是为学问而学问者，而大抵为了解决生活中亲切实际底问题而求知。”③他的问题一定是他思想上的困惑，是让他苦恼和烦神的问题。在没有解决它之前，它一直萦绕在他的心头，他也就一直用心思。这样的问题既是他个人的问题，也是时代的问题或民族的问题。“我是感受中国问题之刺激，切志中国问题之解决，从而根追到其历史，其文化，不能不用番心，寻个明白。……其中有整个生命在，并非偏于头脑一面之活动；其中有整整四十年生活体

① 金岳霖：《道、自然与人》，三联书店2005年版，第59页。
②《梁漱溟全集》第2卷，山东人民出版社1990年版，第661页。
③《梁漱溟全集》第2卷，山东人民出版社1990年版，第662页。

验在，并不是一些空名词假概念。”① 即使是时代的问题或民族的问题，也是他自身体验出来的问题，是从他的生活经验中涌现出来的问题。因此，他的问题不是冷冰冰的理论问题，而是饱含切肤之痛的理论问题。在他的眼里，理论问题也即实践问题。

对于新出现的问题，不仅要加以认识，把握其实质，而且要在理论上和实践上力求解决。梁漱溟在《乡村建设理论》一书的体例安排上贯彻了这样的思想。此书分甲部和乙部，甲部指认识问题，乙部指解决问题。甲部和乙部的结合体现了他对中国社会问题的系统思考。

可见，梁漱溟的思想方法有一个重要的特点，就是注重问题意识。正是问题的更替变化，推动着他的哲学的发展。因此，解读梁漱溟哲学的关键之一在于抓住他的问题意识。

当我们试图重新理解梁漱溟哲学思想的时候，一个不得不考虑的话题是梁漱溟哲学的首要问题是什么，他到底关心什么样的哲学问题或时代问题。

还是让我们来听听梁漱溟自己是怎么说的。梁漱溟说：

> 我一生啊占据我自己头脑的有两大问题，一个是中国问题，是现实的中国国家的问题、社会问题。国家问题就是中国的衰弱危亡、社会的苦痛，这是常常地占据我的头脑的一个问题。可是另外一个问题远远超过、大过这个问题，就是对人生问题的怀疑烦闷，以至于对人生的否定。②

在他思考的这两个问题中，人生问题“远远超过、大过”中国社

①《梁漱溟全集》第 3 卷，山东人民出版社 1990 年版，第 4 页。

② 梁漱溟：《这个世界会好吗》，东方出版中心 2006 年版，第 305—306 页。

会的问题，或者说“人生问题较之当前中国问题远为广泛、根本、深澈”①。其实，合起来讲，这两个问题是相关的。作为一个中国人，他的人生问题与中国民族、社会的问题联系在一起。但相对而言，他更关心人生问题。他的这种关心既与个人的经历有关，也与时代主题有关。

梁漱溟早年的个人经历并不复杂，但其人生思想却是一波三折，大致可分三期。人生思想的第一期发生在十四五岁到 19 岁（1912 年）之间，受其父亲的影响，信奉功利主义或实用主义，认为人生便是要避苦求乐，寻求现世幸福。人生思想的第二期发生在 1911 年到 1920 年之间，他信奉佛家，推崇出世思想，有出家的念头。他认为人生的苦乐不在于外部环境，而在于主观心境。人生之苦起于欲望。人生思想的第三期，发生在 1920 年以后，他由佛家思想转入儒家思想一路。他认识到《论语》的精义在讲乐，“全部《论语》都贯串着一种和乐的人生观——一种谨慎地乐观态度”②。“孔颜乐处”是真正值得追寻的人生之境。

少年、青年时代的梁漱溟一直很执著于人生问题的思考，寻求人生的意义。直到发现儒家思想的价值，才确立自己的人生观。可见，人生问题的烦闷是早年梁漱溟个人的“困惑”。

从时代主题上看，人生伦理问题不仅是梁漱溟个人的烦闷，也是“五四”时代青年的烦闷。陈独秀在新文化运动时期写了一篇著名的文章，叫作《吾人最后之觉悟》(1916 年)，表达了“五四”主流思想家的启蒙立场。陈独秀说：“自西洋文明输入吾国，最初促吾人之觉悟者为学术，相形见绌，举国所知矣；其次为政治，年来政象所证明，已有不克守缺抱残之势。继今以往，国人所怀疑莫决者，当为伦理问题。……

①《梁漱溟全集》第 3 卷，山东人民出版社 1990 年版，第 5 页。
②《梁漱溟全集》第 7 卷，山东人民出版社 1993 年版，第 185 页。

吾敢断言曰：伦理的觉悟，为吾人最后觉悟之最后觉悟。”① 陈独秀把近代以来的中国人的“觉悟”史分为三段，即学术的、政治的和伦理的觉悟，其中伦理的觉悟成为新文化运动时期的主流意识，通常也被认作“五四”启蒙的主要内容。在当时陈独秀眼里，伦理的觉悟是启蒙的关键，而不仅仅是康德（Immanuel Kant）所说的理性的运用。如果把觉悟当作动词来理解，觉悟（认识）也许与理性的运用有关。但是从觉悟的内容来看，陈独秀强调的是伦理与道德上的更新，他希望破除礼教与不合时宜的儒家伦理观念，树立现代伦理道德意识。在此启蒙观念的背后，蕴藏着一个基本的预设：通过伦理道德观念的变革进而改造个人与社会。这是新文化运动初期的启蒙预设。

上述预设不同于有的海外学者提出的“借思想文化以解决问题的途径”，该途径坚持这样的信念：“文化改革为其它〔他〕一切必要改革的基础。进一步设想，实现文化改革——符号、价值和信仰体系的改革——的最好途径是改变人的思想，改变人对宇宙和人生现实所持的整个观点，以及改变对宇宙和人生现实之间的关系所持的全部概念，即改变人的世界观。”② 该信念表达的是一个宏大的叙事，大概可用于描述大多数近现代知识分子的思维模式。因为，知识分子之所以成为知识分子的一个理由在于：这是一群倚重思想、知识来解决现实问题的人。“借思想文化以解决问题的途径”是一个普遍的说法，但此说法并未凸显新文化运动时期中国知识分子的思维模式特征。相反，不是宽泛意义上的思想改革而是陈独秀所说的“伦理的觉悟”深刻地道出了新文化运动初期知识分子的启蒙心态。

---

①《独秀文存》，安徽人民出版社 1987 年版，第 41 页。

②［美］林毓生：《中国意识的危机——五四时期激烈的反传统主义》，穆善培译，贵州人民出版社 1986 年版，第 43—44 页。

上述伦理觉悟的启蒙预设几乎成为“五四”一代知识分子的共识。因此，在“五四”前后，思想家讨论人生哲学、人生观问题成为时髦，“科学与玄学”的论战也是在这一背景下发生的。这也可以解释为什么“五四”前后在中国的思想界出现那么多的人生哲学著作。朱谦之端出唯情主义的人生观，吴宓提出人文主义的人生观，李石岑和梁漱溟提出有意志主义色彩的人生哲学，胡适提出自然主义的人生观，鲁迅批判阿Q式的人生观，这些人生观（或人生观批判）的出现不是偶然的，陈独秀的伦理启蒙观念代表了当时中国知识分子的心声：必须改造中国人的伦理道德观念。这种心声一直回荡在现代知识分子的心中。传统儒家十分强调在个人发展和社会改造中伦理道德的核心作用。尽管启蒙思想家提出了批孔的任务，但在思维方式上，仍然受到儒家思想的限制。

鲁迅在《狂人日记》里批评中国社会的人吃人现象，这种现象是与儒家伦理道德联系在一起的。他说过一段著名的话：“我翻开历史一查，这历史没有年代，歪歪斜斜的每页上都写着‘仁义道德’几个字。我横竖睡不着，仔细看了半夜，才从字缝里看出字来，满本都写着两个字是‘吃人’！”[①] 如果说中国历史是一本书，书上写的是仁义道德，但它的背后隐藏着深意，这个仁义道德是吃人的道德。“吃人”可理解为对人的自主性的扼杀，传统儒家道德规范的负面作用由此可见一斑。鲁迅正是基于这样的认识，以《狂人日记》响应了“五四”青年提出的伦理觉悟的号召，他认为必须改变中国人的道德观念，改变国民精神，文艺是达到这种改变的有效手段之一。

美国学者费侠莉（Charlotte Furth）指出：“新文化运动的设想，哺育了现代中国思想中那个连绵不断的组成部分——把唤醒中国人的觉悟，

①《鲁迅全集》第1卷，人民文学出版社2005年版，第447页。

直到重整道德准则和社会准则，放在中国现代革命的中心部位。”① 自新文化运动以来，重整道德准则（包括社会准则）是现代中国思想家的主要议题。梁漱溟也不例外。他对伦理的觉悟这个启蒙观念并不反对，他反对的是反儒的做法，即避开儒家道德思想另立新说。他为儒家道德思想辩护，辩护不是袒护，他也认识到古代儒家伦理有许多弊端，须加以改造，但他竭力维护儒家伦理的精神，即仁的精神，努力复兴孔子倡导的仁的生活。在试图更新伦理道德观念这一点上，梁漱溟和陈独秀等主流的“五四”思想家的看法颇为相近，差别不大，梁漱溟对陈独秀的《吾人之最后觉悟》一文颇为赞赏，他在《东西文化及其哲学》里说：

> 陈先生在他所作的《吾人之最后觉悟》一文中以为种种改革通用不着，现在觉得最根本的在伦理思想。对此种根本所在不能改革，则所有改革皆无效用。到了这时才发现了西方化的根本的所在，中国不单火炮、铁甲、声、光、化、电、政治制度不及西方，乃至道德都不对的！这是两方问题接触最后不能不问到的一点，我们也不能不叹服陈先生头脑的明利！②

梁漱溟在另一篇文章《答胡评〈东西文化及其哲学〉》里说：

> 到第五次便是共和成功（指辛亥革命——引者注）了，而十年之久，政象日非，毫无头绪，于是大家乃有一个大觉悟，知道以前都是枝末，非革新思想不可，非根本改革了中国的伦理思想——人生哲学——不可，陈仲甫为这运动作先锋，便是近年的“新文化运

①［美］费侠莉：《丁文江：科学与中国新文化》，丁子霖等译，新星出版社 2006 年版，第 5 页。
②《梁漱溟全集》第 1 卷，山东人民出版社 1989 年版，第 335 页。

动”了。①

在道德启蒙问题上，梁漱溟此说与陈独秀等思想家的论调如出一辙。但是，在如何更新道德观念这一点上，梁漱溟的新儒家立场与陈独秀的马克思主义立场、胡适的自由主义立场差别较大。

可见，梁漱溟基本承认“五四”启蒙的预设，即以道德观念的变革来改造个人与社会。在梁漱溟的理解中，这个预设包含着三个观点，即总体论、渐进论与道德主义。

总体论指梁漱溟把社会、民族视为一个总体，类似于一个活的有机体，它由各具功能的部分组成，各部分之间有密切的相关性。总体具有一个稳定的、自足的、相对封闭的结构，有的时候与外界物质进行交换，是为了更好地维护总体的稳定与安全，而不是失去其核心的东西。一旦核心的部分丧失了，总体也就崩溃了。在现代中国思想界，总体论是一个较为普遍的思想立场。它潜伏于很多思想家的下意识中，隐现在民族国家主义或救国主义的背后。梁漱溟在“五四”时期把中国文化看作一个总体，与西方文化和印度文化进行比较。这是一个文化总体与另一个文化总体之间的比较，由于总体的复杂性，进行全方位的对比几乎是不可能的，可行的方式是采用核心观念的比较。梁漱溟把文化总体化约为生活方式，再把生活方式化约为意欲（人生态度），于是就在意欲的不同要求（不同的人生态度）这个层面上比较中国文化、西方文化与印度文化的区别。

渐进论包括两个方面的含义：一指总体的核心部分进行微调，或者局部进行改良；二指总体本身以缓慢的、循序渐进的方式进行变革。梁

①《梁漱溟全集》第4卷，山东人民出版社1991年版，第743页。

漱溟所说的中国文化的变革包含了上述两方面：一方面，在坚持儒家文化的核心价值，守住道德主义底线的前提下，吸收西方的民主价值观念，补充道德价值观的不足，这个做法就是他所说的“批评的把中国原来态度重新拿出来”①；另一方面，推动儒家文化总体的革新，使之成为未来的世界性文化，从而使得儒家的人生哲学成为主导哲学，救治西方现代性发展带来的种种弊端。从理论上看，总体论既可以导向革命论，也可以导向渐进论。革命论主张从一个总体到另一个总体的全盘性转变，渐进论主张总体进行非间断性的演化。梁漱溟偏向于后者，以不动摇儒家文化的根基为本。在乡村建设时期，他仍然坚持儒家伦理价值和礼俗秩序的优先地位。

道德主义指梁漱溟在“五四”时期推崇孔子的“仁”的人生观，主张以“仁”为核心的儒家道德是现代中国文化与社会建设的基础。贺麟认为，梁漱溟所倡导的儒家人生态度“就是使生活有意义有价值的态度，有其独特的永久普遍价值，且足以拯救西方人在功利竞争中精神生活上的苦恼与烦闷”②。贺麟的评价基本符合梁漱溟自己的人生观期待。这个评价也说明梁漱溟的道德主义在“五四”时期得到了一部分学者的认可。

当然，梁漱溟对儒家道德的维护，并不意味着儒家道德不需要随着时代的发展而更新。实际上，道德不断更新是社会改造的前提，不仅如此，它也是文化与学术发展的前提。梁漱溟说：“中国学术除非不复兴盛则已，如其兴也必自人生问题之讨究入手，乃引起其它〔他〕一切若近若远之科学研究；抑必将始终以人生问题为中心而发展一切学术

①《梁漱溟全集》第1卷，山东人民出版社1989年版，第528页。
② 贺麟：《五十年来的中国哲学》，商务印书馆2002年版，第10页。

焉。”[①] 梁漱溟把道德问题或人生问题看作中心问题，无疑是对道德功能的放大。这个思想也体现在他的乡村建设思想中。他提倡乡村建设的一个途径是政教合一。政教合一之“教”，差不多就是道德问题。[②] 道德教化是乡村建设的主要内容。在一定意义上，他对乡村的改造，可以看作是对儒家道德准则和人心秩序的重整。在思维方式上，以道德为文化改造和社会改造之前提的思路与古典儒家的修身齐家治国平天下的思路是十分接近的，前者承继了后者，贯穿其间的是道德主义的线索。

前面指出，在如何进行道德更新问题上，梁漱溟的看法与陈独秀、胡适等“五四”主流思想家的看法有较大的差异。他在《合理的人生态度》(1922 年)一文中对新青年派的人生观提出尖锐的批评。他认为陈独秀的《人生真义》、胡适的《不朽》和李大钊的《今》这些文章表达的人生观有一个局限，那就是鼓励人们在生命之外寻找人生的意义，这是“向外找”的路子，顺着这条路子走下去，一定造成贪婪的社会风气。与新青年派的人生观路子相反的是禁欲的路子，这些人学佛修道，逃避世事，厌恶物质享受。照梁漱溟的说法，这些人的禁欲人生观和贪婪人生观一样，都是忤逆人性的。人生的意义既不在于向外逐物，也不在于禁闭自守，而在于顺乎人性的自然发展，让生命无拘无束地敞开来。儒家的仁学正是生命之学，教导生命如流水般趋向圆满。对于个人来说，道德生命是生命的重心。因此，道德更新的关键在于把握道德生命的敞开方式，使每个人顺其本性、顺其直觉而生活。“我以为只要任听直觉的冲动，想做什么就做什么，都是对的。各时代各地方都有道德伦理等等的名词，但我们求其根本基础，差不多全在直觉，就是平常喜

①《梁漱溟全集》第 2 卷，山东人民出版社 1990 年版，第 342 页。
② 参见《梁漱溟全集》第 5 卷，山东人民出版社 1992 年版，第 337 页。

欢说的良心。”① 顺其直觉的意思是顺其道德良知。开发良知、认清生命是“五四”前后梁漱溟倡导的合理的人生观。

梁漱溟讨论人生问题有一个特别的叙事方式，即喜欢联系文化问题来讨论，把人生问题融化在文化问题里面。他的《东西文化及其哲学》就带有这个鲜明的特点。看起来该书讨论的是东西文化问题，其实真正关注的是人生意义问题，即如何“回归”儒家的仁的生活。梁漱溟认为，该书的写作“实由于我对于人生问题的烦闷”②。换言之，《东西文化及其哲学》与其说是在表述他的文化观，不如说是在阐述他的人生观，即仁的人生观。该书提到的三种文化路向表征三种不同的人生之道或生活之道，因为文化不过是生活的样法而已，是人生之道（意欲的意向）的外在表现。人生之道是比文化路向更为基础的东西，是文化哲学的立论之本。在梁漱溟的文化哲学的背后掩藏着他的人生观。正因为如此，梁漱溟才会做出如此的论断：“现在只有踏实的奠定一种人生观，才可以真吸收融取了科学和德谟克拉西两精神下的种种学术种种思潮而有个结果；否则我敢说新文化是没有结果的。”③ 梁漱溟的这个思路是有道理的。人是文化的人，背负着历史和传统的人，把人生问题放置在文化问题的脉络里加以解答是一个明智的做法。人生问题不是悬空的，而是深深地扎根于文化传统和日常生活方式，文化传统和日常生活方式可归并为生活世界。因此，对人生意义的探问在一定意义上是对生活世界的质询。充实的生活世界是人生意义的落实与安顿之处。对于梁漱溟来说，中国人的人生意义的归宿在于儒家的生活世界。现代中国人在人生问题的迷惘与徘徊，多少折射出儒家生活世界重整的必要性，以抚慰破碎的

①《梁漱溟全集》第4卷，山东人民出版社1991年版，第666页。
②《梁漱溟全集》第2卷，山东人民出版社1990年版，第14页。
③《梁漱溟全集》第1卷，山东人民出版社1989年版，第539页。

精神生活。关于“儒家生活世界”的界定，下文将作澄清。

由于梁漱溟特殊的表述方式，以前我们可能过多地注意他的文化理论，相对忽略了他对人生意义和儒家生活世界理论的思考。这不免是一个缺憾。现在是重新正视这个问题的时候了。

二、社会问题与乡村生活

梁漱溟关心的第二个问题是中国社会的问题。梁漱溟及其那代很多知识分子常常有改造社会和拯救民族的使命感。怎么改造社会常常是他们的严肃话题之一。有意思的是，梁漱溟不仅把这个问题视作政治的和经济的问题，而且视作哲学的和文化的问题，同时认为，后者的意义更为重要。所以，他在 1932 年的一篇文章《中国之地方自治问题》里说：“此刻的中国问题，只是新文化的建造开辟问题，或者是旧文化的补充改造问题；既非对外敌对，亦非内部冲突，而只是我们社会自己生长进步的文化问题。”①

和对人生问题的烦闷一样，梁漱溟也在少年时起就关切中国社会问题。他自述早年曾赞成立宪派主张，因为颇为欣赏英国的政治制度，后来转为革命论者，对辛亥革命寄予厚望。曾一度还热心于社会主义，读过近代日本社会主义运动的先驱者幸德秋水的《社会主义神髓》一书。幸德秋水在该书中对资本主义社会提出严厉的批评。他说：“现代的文明一方面闪耀着灿烂的华美和光辉，另一方面又隐藏着黑暗的贫困和罪恶。”② 贫困和罪恶的主要根源在于私有财产制度。梁漱溟对此论断十分赞成，他最后得出的结论是：“拔本塞源，只有废除财产私有制度，以

①《梁漱溟全集》第 5 卷，山东人民出版社 1992 年版，第 337 页。
②［日］幸德秋水：《社会主义神髓》，马采译，商务印书馆 1963 年版，第 8 页。

生产手段归公，生活问题基本上由社会共同解决，而免去人与人间之生存竞争。——这就是社会主义。”① 这是他当时对社会主义理念的初步理解。

后来，梁漱溟觉悟到社会制度的确立与人们的习惯或民族精神有密切关系。中国社会之所以成为当今的社会，是因为中国人长久以来已经形成自己的习惯或民族精神，两者相互适应。可是，西方的政治制度与中国人的心灵习惯并不符合，习惯或民族精神是根深蒂固的东西，轻易无法撼动。中国几千年历史培养起来的心灵习惯会使我们对西方的社会政治制度产生抵触心理。如果新的习惯没有养成，新的社会制度也不会奏效。因此，关键不在于匆忙地移植新的制度，而在于培育新的心灵习惯。这样，梁漱溟很自然地将目光转向乡村，希望在乡村培育新的习惯或新的礼俗，以便将来施行新的社会制度。于是乡村建设理论呼之欲出。

梁漱溟的乡村建设主张并非孤音。当时已经有一些人士在乡村从事平民教育的试验。1929 年，他在江苏昆山考察了中华职业教育社开办的乡村改进会，在河北定县考察了中国平民教育会的华北试验区，在山西考察了村政建设的情况，这些乡村教育或乡村政治的试验在一定程度上强化了梁漱溟进行乡村建设的想法。

在理论上，乡村建设思想的提出是梁漱溟和同时代一批知识分子思考中国社会问题的结果。中国社会尤其是农村社会到底怎么样了？山东或北方农村的经济状况如何？农民的实际生活状况如何？我们不妨来看看经济学家陈翰笙的调查结果。陈翰笙是一位关注农村经济问题的经济学家。他在 20 世纪 20 年代、30 年代、40 年代分别发表过一些论述农

①《梁漱溟全集》第 2 卷，山东人民出版社 1990 年版，第 690—691 页。

村问题的文章，提供了一些调研数据，这些文章和数据清楚地向我们展示了北方农民的真实生活境况。

在陈翰笙的文章《国民党统治下的中国农民》（1928 年）中，他谈到了山东省农村的惨况。“1927 年春，山东省大部地区遭蝗灾，夏季干旱，冬天铁路沿线又打内战，农民处境雪上加霜。全省 107 个区中局势最严重的有 65 个。30 个区的产量只等于正常年景的 10%—40%，35 个区收成不到 10%。华洋义赈会宣布，山东省 60% 的居民迁移到其他地区，主要是东北北部。山东东南部 22 个区的居民全部走光。牲畜头数日益减少，许多人拆房变卖换取食品，弃儿逃荒，卖儿卖女，一个女孩只卖 5 元。约有 400 万人需要紧急救助，30 多万人病入膏肓，5 万多人死于饥饿。”① 这些数字触目惊心，刻画了 20 世纪 20 年代山东农村遭受饥荒、战乱折磨之后的局面。由此可以想象，当时山东农民的生活状况是何等的艰难。

20 世纪 30 年代中国很多地方的农业经济并没有随着农业的丰收而有所好转。陈翰笙在一篇题为《丰收给中国农村带来新威胁》（1936 年）的文章中说，粮食丰收对中国农民来说不一定是好事，从长远看，丰收意味着更加的贫困。他分析，其中的一个主要原因是大部分农民都有债务负担。“农民收成越多，他们需要卖掉的也越多；但他们越急于出售，他们能够从收获物中得到的价值也就越低。”② 在题为《中国经济的分解》（1933 年）的文章中，他更清晰地挑明：“田赋、地租和高利贷的沉重压迫使贫苦农民为满足现实需求而不是为了利润出售产品。因而他们完全受商人资本的支配。”③ 农民的生活状况并没有因收成好而有很大的

①《陈翰笙文集》，商务印书馆 1999 年版，第 98 页。
②《陈翰笙文集》，商务印书馆 1999 年版，第 196 页。
③《陈翰笙文集》，商务印书馆 1999 年版，第 181 页。

改善。

根据陈翰笙的文章《中国农民》(1945年)中的统计，在华北(指长江流域以北直到长城)地区，贫农占农业总人口的62%，而只拥有27%的土地，地主占农业总人口的5%，却拥有12%的土地，富农占农业总人口的8%，却拥有28%的土地。① 这些关于土地拥有量的数据表明，在20世纪40年代的华北农村，土地相对集中于富农与地主手中，贫农与地主之间的贫富差异是很明显的。

陈翰笙的文章用具体的数据给我们描绘了中国农村经济发展的不良势头。他希望依靠中国人自己的投资而不是依赖于外国资本来发展现代工业，使农村工业化，从而提高农民的生活水平。他解决农村问题的基本思路是工业化。梁漱溟不同意直接将农村工业化的思路，他欣赏的思路是"走振兴农业以引发工业的路"②，也即乡村建设之路。在他看来，中国的农村问题不仅仅是一个经济的问题，不仅仅是一个工业化可以破解的难题，还涉及政治的问题、文化的问题、农民的生活方式问题。不从文化的、生活方式的角度来审视中国农村问题，没有抓到问题的要害。

一位美国公理会传教士从生活方式的视角观察中国农村。他的名字叫明恩溥，他于1872年来中国，在中国生活了近50年。他根据自己的所见所闻于1899年出版了《中国乡村生活》(*Village Life in China*)一书，详尽地描述了中国乡村的结构、戏剧、学堂、庙宇、婚礼、葬礼等内容。通过对中国乡村的悉心观察和调查，他发现中国的乡村生活存在很多缺陷，例如，乡村生活具有单调与贫乏的特点，中国妇女的地位较

① 参见《陈翰笙文集》，商务印书馆1999年版，第311页。山东省邹平县的土地分配情况有所不同，据梁漱溟的叙述，90%以上的邹平人拥有土地，当然有些人拥有的土地很少。土地集中垄断情况不明显。参见《梁漱溟全集》第3卷，山东人民出版社1990年版，第147—149页。

②《梁漱溟全集》第2卷，山东人民出版社1990年版，第158页。

低，缺乏妇女教育。他认为，从文化根源上看，这些缺陷的存在与儒家学说有关联，因此，他说："儒家学说曾经是一种创建和积蓄的强大力量。尽管它创造过巨大的功绩，但它也犯下了许多'不赦之罪'，如此它最终必须承受处罚。作为一种发展的力量，儒家学说已经被消耗殆尽。"① 这是启蒙者的思路，站在批儒的立场上断定儒学已经无法为中国的现代性发展提供有价值的资源。在此问题上，明恩溥和陈独秀等"五四"青年派的立场颇为接近，他们都在不同程度上接受了儒家思想的破产论与启蒙论。循着启蒙的路子，明恩溥认为，中国的现代性需要新的思想资源，那就是基督教学说。

如何改进中国人生活方式的缺陷，使人们的生活更加健康呢？明恩溥给出的答案是基督教，他希望通过基督教的传播，拯救中国民众。他确信，基督教带给中国人的主要不是物质上的成果，而是精神上、心智上的成果。他说："基督教将使一个中国人成为一个新人，一个具有新的见识和新的眼界的人。基督教将还给他已经失落的灵魂，为他全面地注入新的生命力。"② 他认为他和他的同事们的传教工作已经在中国取得了一定的成效。只要假以时日，传教的成效还将显著，因此，他对基督教在中国的发展前景寄予厚望。

梁漱溟当然无法接受明恩溥的结论。他既不认为儒家思想资源已经消耗殆尽，也不认为基督教可以救中国。他的思路在于重新整肃儒家生活世界。怎么理解这个思路呢？他的思路有何独特性呢？在正面阐述梁漱溟的"儒家生活世界"思路之前，我们先来看一下与梁漱溟同时代的思想家如何认识农民的生活方式与生活状况。通过与这些思想家的比较，可以看清楚梁漱溟解决农村问题的思路的独特之处。

---

①［美］明恩溥：《中国乡村生活》，陈午晴、唐军译，中华书局2006年版，第244页。
②［美］明恩溥：《中国乡村生活》，陈午晴、唐军译，中华书局2006年版，第276页。

在现代中国知识分子中，注意农村和农民问题的不止梁漱溟一人。鲁迅、沈从文、毛泽东都有关于农村或农民问题的论述或作品，但是他们的视角各不相同。鲁迅对乡村生活持严厉的批判态度，把农民看作是愚昧麻木之国民的代表，看到了农民生活的落后一面。沈从文以自然平缓的笔调叙述农村生活世界的优美与静谧，以温和的口气描写农村的素朴的人事与民风。他看到了农民生活的自然简朴一面。毛泽东从实地调查入手，看到了在农民中蕴藏着极大的革命热情，看到了农民的革命性，揭示了农民问题的政治与经济根源以及解决方法。梁漱溟带着儒家的眼光去认识乡村，看到的是体现在乡村礼俗中、体现在农民生活方式中的儒家文化，看到了在中国乡村复兴儒家文化和重整儒家生活世界的希望，看到了农民的可改造性一面。

在“五四”的思想家中，鲁迅对国民性的批判大概是最为激烈的。他对国民劣根性的批判常常以农民为对象。在他的小说里，塑造过很多农民的形象，如阿Q、闰土、祥林嫂等，他们大多是麻木的、守旧的、无新知的。鲁迅通过对农民性格的批判，展示了他对乡村生活世界的不满与哀叹。在他的小说《故乡》里，他描写了江南农村中的一个小人物闰土。少年的闰土是作者儿时的亲密伙伴，闰土告诉他许多新鲜有趣的事情，例如，如何在冬天的雪地里捕鸟，如何在夏天的海滩拾贝壳，如何在晚上管西瓜地，如何用叉子刺猹。在少年鲁迅的眼里，“闰土的心里有无穷无尽的希奇的事，都是我往常的朋友所不知道的”①。

可是，30年以后，中年闰土的乡村生活完全是另一番景象。鲁迅是这样描述他们的见面的：“我问问他的景况。他只是摇头。……他只是摇头；脸上虽然刻着许多皱纹，却全然不动，仿佛石像一般。他大

①《鲁迅全集》第1卷，人民文学出版社2005年版，第504页。

约只是觉得苦，却又形容不出，沉默了片时，便拿起烟管来默默的吸烟了。”① 鲁迅用“摇头”、“沉默”、“吸烟”这样一些动词来描述闰土生活的艰辛与无奈。他把闰土的脸比喻成“石像”，表明闰土对眼前的生活苦难只有默默地承受，没有反省，也没有反抗，听凭命运的摆布。“仿佛石像一般”这一句也可以理解为“仿佛石像一般‘麻木’”。正因为这“麻木”与“沉默”，鲁迅形容中年的闰土是一个“木偶人”。“木偶人”的生活方式是呆板的、消极的、无生机的。闰土的乡村生活世界就是这样一个“木偶人”式的生活境域。对此，鲁迅“并不感到怎样的留恋”②。他不仅不留恋，而且还哀其不幸，怒其不争。

鲁迅对以中年闰土为代表的中国农民颇有微词，对农民的辛苦而麻木的生活方式既同情又愤恨。他甚至极端地说，中国人（包括农民）历来是做奴隶的料，还没有真正实现过人的价值。中国的历史也被他分为“想做奴隶而不得的时代”和“暂时做稳了奴隶的时代”两截。几千年来农民的生活即是奴隶的生活、“木偶人”的生活。尽管如此，鲁迅对中国乡村生活的未来还是怀有一定的希望的。《故乡》一文的结束语正表明了他对希望的期盼：“希望是本无所谓有，无所谓无的。这正如地上的路；其实地上本没有路，走的人多了，也便成了路。”③ 这话暗示我们，希望之所以为希望是因为人人怀有希望。大多数人的希望铸就了希望的未来。但这种希望是以“韧性的战斗”为前提的。他在《娜拉走后怎样》一文中狠狠地说：“对于这样的群众没有法，只好使他们无戏可看倒是疗救，正无需乎震骇一时的牺牲，不如深沉的韧性的战斗。”④ 鲁迅认识到与农民和国民的劣根性作斗争是长期的，“韧性”两字刻画了

①《鲁迅全集》第 1 卷，人民文学出版社 2005 年版，第 508 页。
②③《鲁迅全集》第 1 卷，人民文学出版社 2005 年版，第 510 页。
④《鲁迅全集》第 1 卷，人民文学出版社 2005 年版，第 171 页。

斗争的艰巨性和长期性。

与鲁迅对乡村农民生活世界持犀利的批判姿态不同，沈从文却以舒缓平和的语调呈现了农村生活秀丽而自然的一面，对农村的田园山水与平凡人的恬静生活充满了赞誉之情。

沈从文用小说和散文描写祥和的湘西农村生活。在沈从文的笔下，农村保留了很多淳朴的民风与民俗。农村是一个别样的天地。沈从文本人来自农村，熟悉农村的生活与故事。他把自己描写成乡下人。他自叙："说乡下人我毫无骄傲，也不在自贬，乡下人照例有根深蒂固永远是乡巴佬的性情，爱憎和哀乐自有它独特的式样，与城市中人截然不同！他保守，顽固，爱土地，也不缺少机警，却不甚懂诡诈。他对一切事照例十分认真，似乎太认真了，这认真处某一时就不免成为'傻头傻脑'。"①

怀着对农村生活的留恋，沈从文写下了著名的小说《边城》。该小说以一位渡船老人和他的孙女翠翠为核心人物，描写发生在湘西边境小山城茶峒的故事。《边城》展现的是湘西农村自然宁静的生活世界，其特征可用沈从文使用的"优美、健康、自然"三个词来描述。举一例加以说明，下面是小说中的一段话：

> 老船夫不论晴雨，必守在船头，有人过渡时，便略弯着腰，两手缘引了竹缆，把船横渡过小溪。有时疲倦了，躺在临溪大石上睡着了，人在隔岸招手喊过渡，翠翠不让祖父起身，就跳下船去，很敏捷地替祖父把路人渡过溪，一切溜刷在行，从不误事。……风日清和的天气，无人过渡，镇日长闲，祖父同翠翠便坐在门前大岩石

①《沈从文选集》第5卷，四川人民出版社1983年版，第229页。

上晒太阳；或把一段木头从高处向水中抛去，嗾使身边黄狗从岩石跃下，把木头衔回来；或翠翠与黄狗皆张着耳朵，听祖父说些城中多年以前的战争故事；或祖父同翠翠两人，各把小竹作成的竖笛，逗在嘴边吹着迎亲送女的曲子。①

这段话描写的是祖父与孙女悠闲的日常生活。祖父是渡口的船工，他以渡船为生，以渡船为乐，以船客为伴，累了就休息，在溪水边枕石而眠，在休息时渡船由孙女代劳。在没有人来过渡的日子里，祖孙俩闲暇自得，与狗嬉戏，舒心歌唱。这真是一幅其乐融融的田园诗般的生活景象，显示出沈从文对农村自然质朴的生活方式的赞赏。当然，他对边城生活的赞美主要出于对边城人的赞美。他更欣赏的是正直而热爱生活的边城人的性格。他说，在小说《边城》中，“我要表现的本是一种‘人生的形式’，一种‘优美，健康，自然，而又不悖乎人性的人生形式’”②。“优美、健康、自然”不仅适用于描述农村的自然风光与生活世界，而且适用于描述边城人的性格与人生态度。

随着连绵的内战，边城人的生活发生了很大的变化，他们“失去了原来的朴质，勤俭，和平，正直的型范”。沈从文对此充满了忧虑与忧患。由于现实的对照，沈从文对那种“优美、健康、自然”的边城生活世界更加留恋。他说：“《边城》中人物的正直和热情，虽然已经成为过去了，应当还保留些本质在年青人的血里和梦里，相宜环境中，即可重新燃起年青人的自尊心和自信心。”③在他的眼里，农村是一个质朴的生活世界。他寄希望于类似的生活世界的复兴。当然，他没有像梁漱溟那

①《沈从文选集》第 4 卷，四川人民出版社 1983 年版，第 269—270 页。
②《沈从文选集》第 5 卷，四川人民出版社 1983 年版，第 231 页。
③《沈从文选集》第 5 卷，四川人民出版社 1983 年版，第 237 页。

样提出具体的乡村建设理论主张。

与鲁迅的既同情又批判、沈从文的既赞美又忧虑的态度都不同，毛泽东对农村生活的态度是基于调查研究而做出的。1927 年 1 月至 2 月，毛泽东回湖南实地考察了湘潭、湘乡、衡山、醴陵、长沙五县的农民运动情况，写出了《湖南农民运动考察报告》。当时一些人评价农民运动“糟得很”。他对此种说法提出批评，用事实证明农民运动不是“糟得很”，而是“好得很”，不是“痞子运动”，而是“革命先锋”运动。

农民运动的兴起表明农民处于很糟糕的生活境况之中。毛泽东在《中国社会各阶级的分析》一文中对各类农民的生活状况有过描述，如自耕农属于小资产阶级；绝大部分半自耕农、贫农属于半无产阶级，这部分农民所占农民人数的比例很大；长工、月工、零工等雇农属于农村无产阶级。贫农分两种，最好的贫民可以“勉强维持生活”，最差的贫民的生活十分穷困，他们“既无充足的农具，又无资金，肥料不足，土地歉收，送租之外，所得无几，更需要出卖一部分劳动力。荒时暴月，向亲友乞哀告怜，借得几斗几升，敷衍三日五日，债务丛集，如牛负重。他们是农民中极艰苦者，极易接受革命的宣传”①。毛泽东运用阶级分析的方法，分阶级把握农民的实际经济状况和生活处境，指出了农民运动产生的必然性。

从毛泽东的阶级分析中，可以看到他十分注意农民的革命性与政治激情。他把农民打土豪劣绅看作革命行为，认为这是应该加以充分肯定的正当行为。“你若是一个确定了革命观点的人，而且是跑到乡村里去看过一遍的，你必定觉到一种从来未有的痛快。无数万成群的奴隶——农民，在那里打翻他们的吃人的仇敌。”② 毛泽东列举了农民在农民协会

---

①《毛泽东选集》第 1 卷，人民出版社 1991 年版，第 7 页。
②《毛泽东选集》第 1 卷，人民出版社 1991 年版，第 16 页。

领导下所做的14件大事，例如在政治上和经济上打击地主、推翻土豪劣绅的封建统治、推翻地主武装建立农民武装、推翻县官老爷衙门差役的政权、清匪、废苛捐、修道路修塘坝等，这些都说明农民运动实在是改善农民生活世界的革命运动。

在思想家鲁迅眼里，农民是愚昧、落后的代表，是受礼教束缚的受害者。在文学家沈从文眼里，农村拥有诗意般的田野风光，并拥有善良而诚实的乡民。在马克思主义者毛泽东眼里，农民身上背负着无穷的革命力量，农村是一个革命的根据地。与这些思路都不同，新儒家梁漱溟认识到农村是保存儒家文化的基地，农民是受儒家文化熏陶的主体，因此他在乡村生活中看到了儒家文化复兴的希望。为什么他会把乡村生活与儒家文化的复兴联系起来呢？这需要我们深入理解梁漱溟对中国社会问题的诊断。

与陈翰笙、明恩溥、鲁迅、沈从文和毛泽东一样，梁漱溟非常关心中国的农村。经常萦绕在他脑海里的一个现实的问题是：中国的问题尤其是农村的问题究竟出在哪里？他认为，中国的问题在于几千年来的社会组织构造濒临崩溃。社会组织构造的中心部分是礼俗法制，或者是文化，文化是社会组织的内核，因此，中国的问题也可以说是"文化失调"的问题。① 这样，筹建新的组织形式成为解决中国问题和进行乡村建设的一个关键因素。新的组织形式将会是什么呢？梁漱溟的回答是"乡村组织"，如村学、乡学、合作社等。广义地说，"乡村"也是一个"乡村组织"，是一个放大了的"乡村组织"。为了叙述的方便，我们把"乡村组织"和"乡村"合称为"乡村"。理想的"乡村"是一个什么样的组织呢？建造"乡村"的实质意义是什么？它将承担哪些功能呢？这

---

① 参见《梁漱溟全集》第2卷，山东人民出版社1990年版，第162页。

些问题有待下文研究。

笔者认为，不能把乡村仅仅理解成一个经济组织或政治团体，也不能把乡村仅仅理解成反对都市化的场所，更不能把乡村建设定义为“道德的乌托邦”就将它束之高阁。从生活世界的视角来观察乡村，才能使我们更深层次地把握梁漱溟乡村建设理论的实质。梁漱溟构想乡村实际上是构想一个新的生活世界。当代西方哲学家所说的“生活世界”的含义和梁漱溟设想的“乡村”有不少契合之处，尤其是在这一点上，即生活世界是一个意义的发源地，尤其是人生意义的发源地。

梁漱溟认为，中国的现代历史是一部“乡村破坏史”①。近几十年来，破坏的力度更大，“乡村纯落于被破坏地位，破坏的程度日渐加深加重加速，不会停止；并且风俗习惯也将根本改变了”②。梁漱溟对于这种乡村破坏现象痛心疾首。乡村被破坏的一个因素是我们总想学西方的现代化，走都市化的路子，结果弄巧成拙。梁漱溟所说的“破坏”可以从几个角度来了解，其中一个最基本的含义是指儒家生活世界的“破坏”。被破坏的儒家“乡村”其实是一个保存了大量传统礼俗、价值观的地方，是一个意义的聚集地，有很多宝贵的伦理资源。

乡村的破坏还是有形的、可见的方面，对儒家意义秩序的破坏是无形的，损失更大。在乡村所遭受的无形方面的破坏中，最糟糕的破坏是“精神破产”。什么是“精神破产”呢？梁漱溟指出：“这是指社会上许多旧信仰观念风尚习惯的动摇摧毁，而新的没有产生。以致一般乡民都陷于窘闷无主，意志消沉之中。”③更具体地说，“精神破产”指的是价值的失范。梁漱溟说：“我们要知道，任何一种社会，都有其价值判断，

①《梁漱溟全集》第 2 卷，山东人民出版社 1990 年版，第 150 页。
②《梁漱溟全集》第 1 卷，山东人民出版社 1989 年版，第 606 页。
③《梁漱溟全集》第 5 卷，山东人民出版社 1992 年版，第 349 页。

是非好歹；可是现在的乡村社会就失掉了它的价值判断，所以乡下人整天在苦闷无主之中。”① 乡村“精神破产”意味着儒家价值世界和生活世界面临严重危机，人们的精神生活失去了方向感。

尽管如此，梁漱溟还是认为中国的乡村是一个最适宜于保存与发展儒家文化的基地。在乡村，有很多优点有待重估与开发，譬如，农民生活在大自然中，可以“使他心里宽舒安闲”；他在日常生活中接触有生命的生物，“引发一种自然活泼之温情”；农民的生产与耕作与自然气候相合拍，必须跟着自然界的节奏，“所以养成他一种从容不迫的神气。从他的从容，就可以对他所接触的一切印象咀嚼领略而产生一种艺术味道的文化、艺术味道的人生”②。农民身上呈现的这些生活情趣与人生姿态是“儒家生活世界”的有机组成部分。

按照梁漱溟的设想，如果通过乡村建设，对乡村组织加以创造性的改造，修补被“破坏”的成分，发展既有的长处，“乡村”就能成为现当代中国人生存的意义源泉地，成为中国人的生活世界。这是一条与中国传统精神十分合拍的现代性道路。因此，中国社会改造、乡村建设的实质是构造一种儒家生活世界、一种礼俗秩序与意义秩序。“新社会、新生活、新礼俗、新组织构造，都是一回事，只是名词不同而已。”③ 它将成为中国人的精神家园，一个舒适的生活场所。

乡村建设是梁漱溟给出的解决中国社会问题的答案。这样，研究中国社会问题的关键是研究乡村建设。这个答案与鲁迅所说的“韧性的战斗”、沈从文所说的“忧患”、毛泽东所说的阶级斗争都不同，它是一个改良性的、整体性的、现实性的社会改造方案，其中以儒家生活世界的

①《梁漱溟全集》第 5 卷，山东人民出版社 1992 年版，第 501 页。
②《梁漱溟全集》第 2 卷，山东人民出版社 1990 年版，第 314—315 页。
③《梁漱溟全集》第 2 卷，山东人民出版社 1990 年版，第 278 页。

重整为核心。

从梁漱溟自身思想的发展历程看，他把眼光转向乡村建设出于一种觉悟。何谓觉悟呢？他指出：

> 悟得了什么？并不曾悟得什么多少新鲜的。只是扫除了怀疑的云翳，透出了坦达的自信；……否认了什么？否认了一切的西洋把戏，更不沾恋！相信了什么？相信了我们自有立国之道，更不虚怯！天下事，有时非敢于有所舍，必不能有所取；有时非有所取，亦每不敢有所舍。不能断然有所取舍，便是最大苦闷。于所舍者断然看破了；于所取者断然不予放过了；便有天清地宁，万事得理之观。①

对上述觉悟的真实性，学术界有一些争论。艾恺指出，一些历史学家"错误地"相信了这段话，以为梁漱溟真的经历了一个"根本的内心转变"。按照艾恺的观点，梁漱溟并没有经历这样的转变，他对中国文化的判断在觉悟之前与觉悟之后没有多大的改变。② 如何评价艾恺的观点？我以为，这要看如何界定觉悟？梁漱溟所说的觉悟有特定含义，不是指纯粹的断裂。在梁漱溟眼里，觉悟指明白如何取舍，知晓该取何者，该舍何者。以前对某些事情犹豫不决，无法痛下决心，现在知道取舍的道理了，这知道即为觉悟。困扰梁漱溟的问题就是民族前途问题或社会改造的问题。之前他对西方文化和中国文化如何取舍的问题把握不定，到了 1927 年，他终于觉悟了，觉悟到乡村建设（乡治）是解决中国社会问题的最佳出路。乡村建设观点的提出意味着他确立了这样的信念：解

①《梁漱溟全集》第 5 卷，山东人民出版社 1992 年版，第 13 页。

② 参见［美］艾恺：《最后的儒家——梁漱溟与中国现代性的两难》，王宗昱、冀建中译，江苏人民出版社 2003 年版，第 111 页。

决中国社会的问题要走与民族精神相符的道路，而不是走西方化或西方现代化的道路。

因此，我们认为，这次觉悟体现了梁漱溟思想发展的连续性与间断性。间断性至少体现在两方面。

第一方面，在“五四”时期，他思考中西文化问题，提出西方文化、中国文化和印度文化的文化类型说。1927年以后，他的思考重心转向乡村建设问题，① 关注农村社会基层的改造，并付诸实施。这种转向体现了梁漱溟思想发展的间断性。

第二方面，梁漱溟早年很欣赏西方政治制度，“象〔像〕民主和法治等观念，以及英国式的议会制度、政党政治，早在卅五年前成为我的政治理想” ②，经过1927年的觉悟，他认识到将西方的政治制度移植到中国是一条不通的路。他说：“经过此番觉悟之后，即坚决而肯定了我的主张，从乡村起培养新政治习惯，培养中国式的新政治习惯，而不是西洋式的。” ③ 制度的确立以习惯为基础，中国特色民主制度的建设需要培养新的民主习惯。这是梁漱溟在觉悟之后确立的信念。

在这些思想转折的背后，也存在着一定的连续性。连续性体现在两方面。

第一方面，在《东西文化及其哲学》中，他坚持中国儒家文化优越于西方文化，认为复兴中国儒家文化十分必要。他的乡村建设的主要目标之一是探索中国儒家文化复兴的现实可能性及其途径，关键是建

① 1927年之后梁漱溟转向乡村建设，这个判断主要依据梁漱溟在《主编本刊〈村治〉之自白》中的说法，参见《梁漱溟全集》第5卷，山东人民出版社1992年版，第17页。梁漱溟在《乡村建设理论》的自序里还有另一种大致接近的说法，他的乡村建设思想“萌芽于民国十一年，大半决定于十五年冬，而成熟于十七年”，即1928年，参见《梁漱溟全集》第2卷，山东人民出版社1990年版，第144页。

②《梁漱溟全集》第2卷，山东人民出版社1990年版，第681页。

③《梁漱溟全集》第2卷，山东人民出版社1990年版，第24页。

设新的社会组织构造。“新社会组织结构之开展，以讫完成，即文化建造成功，亦即民族复兴。”① 很显然，这个看法不是对《东西文化及其哲学》一书主要观点的背离，而是延续。晚年梁漱溟在一篇文章《我致力乡村运动的回忆和反省》（1977 年）中指出：“早在五十多年前我便预测世界最近未来将是中国文化的复兴；语见旧著《东西文化及其哲学》第五章。早在四十年前便在乡村建设运动中图实现其萌芽（注：村学、乡学），正为所思所见一贯不易，言之不觉重复。”② 这话说明，他的乡村建设思路和早期的文化哲学是一致的。

第二方面，无论是对中西文化问题的讨论，还是对乡村建设问题的讨论，都涉及人生意义问题与生活世界重整问题，都从不同的角度推进人生意义的思考。在这一点上，梁漱溟的思想在觉悟前与觉悟后是有一致性的。

梁漱溟进一步认为，他所得的觉悟不仅是个人的开悟，而且是“中国民族的开悟”③。为什么说是民族的觉悟呢？他认为，之前的民族自救运动存在诸多问题，本质上是一场“祸国运动”④。现在该是整个民族觉醒的时候了，是正视儒家现代性的时候了。梁漱溟的论述表现出他有作为民族觉醒之代言人的姿态。他要为民族自救运动提出新的措施和新的方向。按他的想法，要从文化改造的角度重新理解民族自救运动。乡村建设是民族自救的一个途径，其指向的目标是儒家文化的复兴或儒家生活世界的重整，即“民族自觉”。由于儒家文化被梁漱溟定义为世界的未来文化，“吾民族实负有开辟世界未来文化之使命”⑤，因此，通过乡村建设复兴儒家文化的实质是在建设世界文化，而不仅仅是民族文化。他

①《梁漱溟全集》第 5 卷，山东人民出版社 1992 年版，第 420 页。
②《梁漱溟全集》第 7 卷，山东人民出版社 1993 年版，第 428 页。
③《梁漱溟全集》第 5 卷，山东人民出版社 1992 年版，第 44 页。
④《梁漱溟全集》第 5 卷，山东人民出版社 1992 年版，第 107 页。
⑤《梁漱溟全集》第 5 卷，山东人民出版社 1992 年版，第 113 页。

所谓的“民族的开悟”就是指要悟到这样两点：第一点，在世界文化范围内认识乡村建设和儒家生活世界重整的意义；第二点，要认识到儒家现代性在中国是有可能的，但这种现代性一定不是西方式的，而是反思性的，不仅反思西方的现代性，而且反思儒家的精神传统。

所以，作为现代中国的思想家，梁漱溟的原创性思想不仅体现在他的文化哲学上，而且体现在乡村建设理论上。在笔者看来，后者的重要性远大于前者。目前我们对梁漱溟思想的研究，对他的乡村建设思想所具有的理论价值多少有所忽视。美国学者艾恺是梁漱溟思想的研究专家，他对此也有切身的体会。他在他的著作《最后的儒家》的“中文版序言”里说了这样一段“感悟性”的话：

> 梁先生过世后，我觉得，我对他的评价应作一些改动。现在看来，我对他所提出的世界文化三个路向和乡村建设理论的意义评价偏低。通常，一件事做成了，人们会说那是对的；一件事没有做成，人们就说那是错的。但是并非任何事都宜于根据我们眼见的成败去认识和估量。多次去邹平后，我觉得，本来是他对了。他提出的确实是建设中国的长期方案。①

艾恺的话是在作自我批评，表明他原先对梁漱溟的乡村建设理论的评价偏低，而实际上这一理论有正面的价值。有学者指出，梁漱溟的乡村建设理论“表面上是要创造新文化，但事实上，却是以‘古制’来救济现代中国的乡村。故是一种极为消极性的农村复兴运动”②。这种说法肯定

---

①［美］艾恺：《最后的儒家——梁漱溟与中国现代性的两难》，王宗昱、冀建中译，江苏人民出版社2003年版，第3页。

② 谭宇权：《梁漱溟学说评论》，文津出版社1999年版，第40页。

乡村建设理论有消极性的意义，但对正面价值有所忽略。那么，乡村建设理论的正面价值何在呢？该作怎样的评价呢？艾恺在序言里没有挑明，而这正是我们所要探究的议题之一。

从正面看，梁漱溟说乡村建设是“一个含有极充分、极强烈的民族自觉的乡村建设运动”。什么叫民族自觉？“就是使中国人认识自己，认识自己的民族精神。”[①] 根据此说，乡村建设可以被理解为是一个精神整顿、精神陶冶的运动，其目的是使中国人了解民族文化和民族精神，按中国人的礼俗而生活。所谓精神陶冶主要包括三个方面的内容：“合理的人生态度与修养方法的指点，人生实际问题的讨论，及中国历史文化的分析。”[②] 这些方面的训练都是为了增强中国人的民族精神，改善自己的精神结构，过属于自己的生活，过有精神品位的生活。这些正面价值是梁漱溟的乡村建设运动所提倡的。要重估这些价值，就要重新审视他的乡村建设理论与整个哲学。

重新评价梁漱溟的哲学与乡村建设理论的一个入口处是《乡村建设理论》一书。纵观梁漱溟的一生著述，主要的著作有四部，《乡村建设理论》是其中之一，其余三部为《东西文化及其哲学》、《中国文化要义》与《人心与人生》。按照一些学者的研究，《东西文化及其哲学》是其早年代表作，《中国文化要义》是其中年代表作，而且代表梁漱溟成熟思想的高峰，《人心与人生》是其晚年代表作。[③] 也有学者指出，《中国文化要义》标志着梁漱溟的思想转入道德人本主义的成熟期。[④] 那么，《乡村建设理论》在梁漱溟的思想体系中居于什么样的地位呢？很多人或者对此语焉不详，或者认为它不是一部重要的思想性著作，只是一部

---

①《梁漱溟全集》第 5 卷，山东人民出版社 1992 年版，第 512 页。

②《梁漱溟全集》第 5 卷，山东人民出版社 1992 年版，第 501—502 页。

③ 参见陈来：《现代中国哲学的追寻》，人民出版社 2001 年版，第 42、246 页。

④ 参见曹跃明：《梁漱溟思想研究》，天津人民出版社 1995 年版，第 95 页。

论述乡村建设的具体举措的社会学著作或经济学著作。牟宗三对《乡村建设理论》褒贬各半。他说这是梁漱溟“最用心的著作，企图自农村风俗习惯的横剖面深刻剖析中，归结出中国文化的特征，但是纵惯性不够，在方法论上‘从果说因’，是有问题的”①。“最用心”三个字点出了《乡村建设理论》在梁漱溟思想著述中的地位。

其实，在《中国文化要义》和《人心与人生》这些后《乡村建设理论》的著作中，都带有乡村建设理论的“印子”，例如，《中国文化要义》认为中国文化是以伦理为本位的文化，《人心与人生》重申理智与“理性”之分，这些观点大多直接脱胎于梁漱溟乡村建设的理论与实践。牟宗三说：“《中国文化要义》是从他的《乡村建设理论》简约出来的。”② 笔者认为这不是简约，而是发展或伸展。梁漱溟自述：“在我思想历程上，又是一脉衍来，尽前后深浅精粗有殊，根本见地大致未变，特别第四是衔接第三而作，其间更多关系。所以追上去看第三本书，是明白第四本书的锁钥。”③ 此处的第三本书是指《乡村建设理论》，第四本书是指《中国文化要义》，两书有直接的承继关系，后者是前者的延伸和发挥。因此，笔者想提出的一个看法是：我们不能离开乡村建设来深入理解梁漱溟的哲学。乡村建设理论不仅是他的早期文化哲学的逻辑伸展，而且是他的后期生命哲学确立的前提，起着承上启下的作用。无论是从思想发展的时间脉络还是从思想发展的逻辑脉络来看，乡村建设理论居于中介地位，是梁漱溟哲学发展的关键点，自然也是我们解读的重点。因此，笔者试图从剖析乡村建设的哲学意义入手，进而希望达到重新理解梁漱溟哲学的目的。我们并不打算讨论乡村建设的具体对策与措

①② 牟宗三：《我所认识的——梁漱溟先生》，见梁培宽编：《梁漱溟先生纪念文集》，中国工人出版社 1993 年版，第 209 页。

③《梁漱溟全集》第 3 卷，山东人民出版社 1990 年版，第 3 页。

施，而是想就“乡村”概念与乡村建设的哲学意义做一些学理的讨论与阐释，进而为我们重新解读梁漱溟哲学打开一个新的向度。

一些学者从社会学、历史学的视角来研究乡村建设，取得了有益的成果，例如郑大华撰写的著作《民国乡村建设运动》① 对乡村建设运动兴起的背景、思想、发展过程、各地的实验进行了历史的考察。可以预见，很多学者不会把梁漱溟的乡村建设作为一个哲学话题来加以研究。但是，笔者认为，在一定意义上，哲学的视角恰好可以与社会学、历史学的研究视角形成互补，提供深层次的理论铺垫。生活世界理论可以为我们提供这样一个哲学的视角，使我们深入地透视梁漱溟的乡村建设理论的当代价值。于是，问题发生了转换。如何理解中国社会的问题变成了如何理解乡村建设理论的问题，而这个问题又变成了如何理解生活世界的哲学问题。

梁漱溟善于思考问题。在少年、青年时代，他抓住了两个重要问题，即人生问题和社会问题。这两个问题也成为他一生探询的问题。如前所述，人生问题和社会问题是有关联的，人生问题的解决有赖于意义世界（生活世界）的建构，社会问题的解决也有赖于生活习惯、态度（生活世界）的塑造，生活世界的理论能把两者沟通起来。因此，我们认为，儒家生活世界理论是梁漱溟哲学的核心话题。重新审视梁漱溟的哲学的最佳途径是考察他的儒家生活世界理论。

三、西方哲学视野中的生活世界

生活世界概念是从西方哲学家那里借来的术语，把它和儒家思想结合在一起，构成“儒家生活世界”这一新概念。需要追问的是，“儒家生活

① 郑大华：《民国乡村建设运动》，社会科学文献出版社 2000 年版。

世界”概念是否可能？它的内涵如何界定？在现代中国哲学家中，对儒家生活世界做出较多论述的哲学家大概要数梁漱溟。梁漱溟的乡村建设可以看作是在中国农村建构儒家生活世界的试验，他的整个哲学可以看作是在为儒家生活世界在现代中国的重整做理论的论证。在讨论梁漱溟的“儒家生活世界”概念之前，了解西方哲学中的生活世界概念的内涵是必要的。

在当代西方哲学中，胡塞尔和哈贝马斯对生活世界理论的阐述是最有特色的。

晚年胡塞尔明确把生活世界作为一个现象学的议题加以论述。胡塞尔提出生活世界概念是与对科学危机的反思联系在一起的。近代以来，实证科学取得了巨大的成就，这种成就已经使科学威名远扬，科学思维扩散到社会科学和人文学科领域，甚至侵入到人们的人生观与世界观，影响到人们对人自身的界定。胡塞尔说：“在十九世纪后半叶，现代人让自己的整个世界观受实证科学支配，并迷惑于实证科学所造就的‘繁荣’。这种独特现象意味着，现代人漫不经心地抹去了那些对于真正的人来说至关重要的问题。只见事实的科学造成了只见事实的人。”① 这个概括体现了现时代人的生存处境。在实证科学的影响下，事物被纳入到科学的范畴体系中，成为可以描述的材料或事实。用实证主义的眼光看人，人也成为对象，成为可用科学概念加以描述的事实。当人被实证科学定义成一个“物体”或“客体”的时候，人的存在失去了意义的根基，人性被凿空了，人在世俗世界里变得无所适从了，找不到生命的方向。胡塞尔说：“伽利略在从几何的观点和从感性可见的和可数学化的东西的观点出发考虑世界的时候，抽象掉了作为过着人的生活的人的主体，抽象掉了一切精神的东西，一切在人的实践中物所附有的文化特

①［德］胡塞尔：《欧洲科学危机和超验现象学》，张庆熊译，上海译文出版社 1988 年版，第 5—6 页。

性。这种抽象的结果使事物成为纯粹的物体，这些物体被当作具体的实在的对象，它们的总体被认为就是世界，它们成为研究的题材。”① 胡塞尔把科学的危机的实质归纳为人性的危机。

胡塞尔透过科学的危机，看到了人性的危机，看到了生活意义的危机。这种危机的产生与科学主义和实证主义的泛滥有密切关系。科学作为一种普遍的知识系统，由概念、符号、命题、公式等组成。科学的世界是概念与命题的世界，是用概念和命题去描述周围生活世界的结果，是一个观念性的、课题化的世界。胡塞尔指出：“早在伽利略那里就已经开始以奠基于数学中的观念性的世界来偷偷地替代那个惟一现实的、在感知中被现实地给予的、总能被经验到并且也能够经验到的世界，即我们的日常生活世界了。”② 由于有了科学的概念与符号，前科学的世界发生了变化，由原先自在的世界变成了符号化的世界、数学化的世界。人们为世界制作了一件科学的外套。久而久之，当人们全神贯注于科学世界的时候，把符号化的世界、科学的外套当作真正的存在，科学世界的源泉处于人们的视野之外，遗忘了科学世界得以确立的前提，遗忘了科学的基础性世界。这个基础性世界不是别的，就是指生活世界。胡塞尔从审查当代科学危机入手，引出生活世界问题。这个问题与人的生活意义问题是勾连在一起的。生活世界的遗忘呈现的是生活意义的丧失。

从上文讨论中引出生活世界的第一层含义，即它是前科学的、可被直观到的世界。胡塞尔指出：“生活世界，即在我们的具体的世界生活中不断地作为现实的东西而给予我们的世界。”③ 这个世界具有客观实在性，是人们可以经验到的现实的世界。在当代，由于实证科学的发达，

① ［德］胡塞尔：《欧洲科学危机和超验现象学》，张庆熊译，上海译文出版社 1988 年版，第 71 页。
② ［德］胡塞尔：《生活世界现象学》，倪梁康、张廷国译，上海译文出版社 2005 年版，第 242 页。
③ ［德］胡塞尔：《生活世界现象学》，倪梁康、张廷国译，上海译文出版社 2005 年版，第 245 页。

这个实在的世界已经被科学符号世界替代了。科学的危机也由此而产生。克服危机的一个出路是回归生活世界。这里，回归的意思主要不是指回归到日常的生活世界，而且指回归到另一个境域性的生活世界。这就涉及生活世界的第二层含义。

生活世界的第二层含义与前面的含义完全不同，它是纯粹先验现象，是一个普遍的境域。这个层面上的生活世界是由意向性活动造成的，具有非现成性、构成性的特点。意识的意向性是活动的，一方面它有一个指向，另一方面在指向所及之处有一个边缘境域，此边缘域也是一个匿名的、隐藏的视域。不能因为它是边缘的，就忽视其存在，它的重要性不可低估。正是这个边缘域使整个意向活动得以可能。黑尔德（Klaus Held）说："一个视域虽然并不将所有那些实际地作为对象而出现在它之中的东西确定下来，但它却决定着，哪些东西可以出现在它之中。"① 显现出来的东西常常是以边缘域为背景条件的。一旦边缘域被擦除，凸显的部分也就烟消云散。随着意向性活动的变化，边缘域也在变化，由此形成处于构成状态之中的境域总体，即生活世界。

作为境域或视域的生活世界也有几层意思，上面提到的边缘域只是其中一层主要的意思。其他如文化传统也是视域的一部分，也可被视为生活世界。

相对科学研究的对象世界，生活世界更具有本源性。黑尔德指出："世界成为现代科学之总体的课题，但这个'世界'被理解为对象的总和。而作为先验现象学课题的世界则是普全视域，即作为指明关系而组织起来的我们所有经验对象之权能性的游戏场。"② 作为普全视域的生活世界是科学对象世界的根基。如果说前现代的科学研究还遵循着生活世

①［德］胡塞尔：《生活世界现象学》，倪梁康、张廷国译，上海译文出版社 2005 年版，第 37 页。

②［德］胡塞尔：《生活世界现象学》，倪梁康、张廷国译，上海译文出版社 2005 年版，第 35—36 页。

界设定的视域，那么，现代的科学研究完成打破了这种限定，超越了并遗忘了视域本身。胡塞尔的生活世界理论提示人们注意现代科学的危机，尤其是注意科学危机背后的生活意义的危机。

生活世界的多重含义在胡塞尔的论述中是混杂在一起的。一些学者已经做了相应的区分以澄清胡塞尔生活世界理论的内涵。① 笔者以为上面提到的两层含义是可以统一的。现实的生活世界与作为边缘域而存在的生活世界属于不同层次，前者是可经验的实在，后者是可直观的视域，两者并不矛盾。对于胡塞尔而言，后者更为重要，是现象学的世界概念。

在胡塞尔之后，生活世界成为当代西方哲学界的一个主要概念。许茨和哈贝马斯等哲学家都在不同层面上发挥了生活世界理论。对胡塞尔来说，生活世界"是一个科学批判的概念而不是社会哲学的概念"②。对于许茨来说，生活世界是一个社会哲学的概念。他主要从日常生活世界的角度来阐发。

许茨首先把日常生活的世界界定为一个主体间际（主体间性）的世界。这个世界不是单个个体的世界，而是与他人共存的世界。他人不仅包括同辈人，而且包括前辈们。在生活世界中，人们共同工作，相互发生影响，前辈们以各种经验或传统与后代发生影响。其次，生活世界是一个文化世界。之所以说它是文化的，有两个理由。其一，生活世界是一个意义的框架，"是一个我们只有通过我们在这个生活世界中的行动才能够创立的、意义相互联系的宇宙"。它是意义的发生地，人们从中汲取行动的意义。其二，生活世界有它的历史性，是世代累积起来的。

---

① 笔者对胡塞尔的生活世界两种含义的区分主要参考朱刚：《胡塞尔生活世界的两种含义》，见尹树广、黄惠珍编：《生活世界理论》，黑龙江人民出版社 2004 年版，第 106—119 页；倪梁康：《现象学及其效应》，三联书店 1994 年版，第 129—138 页。

②［德］胡塞尔：《生活世界现象学》，倪梁康、张廷国译，上海译文出版社 2005 年版，第 28 页。

"我们在传统和习惯性中遇到它，而且我们之所以能够考察它，是因为这种'已经给定的东西'回过头来指涉人们自己的活动或者其他他人的活动，它就是这种活动积淀。"①

许茨从主体间性和文化性的角度剖析生活世界，是对胡塞尔生活世界理论的推进。在胡塞尔提出生活世界概念之后，哈贝马斯也对此表现出极大的兴趣，他指出："胡塞尔在他晚期论'生活世界'的著作中曾尝试探讨绝对属己和彻底自明的基础。……我在这里不想使用胡塞尔的方法和他引入生活世界概念的语境，但我吸收了胡塞尔研究的核心内容；在我看来，交往行为也是包含在生活世界当中的，而生活世界主要是通过吸收风险，回过头来去揭示大量的背景知识。"② 此话点出了哈贝马斯的交往行为理论与生活世界理论的内在关系。他在交往行为理论的框架下进一步发展出了自己的生活世界理论，同时也对胡塞尔的生活世界理论做出了批评。

与胡塞尔的立场一样，哈贝马斯也认为生活世界具有基础性，它是人们行动与理解的背景条件。生活世界的知识是一种在背后起作用的背景知识，人们无法摆脱它，因为它实实在在起着不可忽视的"支配性"作用，但又不易觉察到它，因为它常常隐匿在人们的背后。哈贝马斯概括出生活世界背景有三个特征，即绝对的明确性、总体化力量和整体论。③

哈贝马斯的生活世界理论与胡塞尔的生活世界概念有很多不同，其中之一是，哈贝马斯试图细致地区分生活世界的成分。他从文化、社会和个性三个方面来解说生活世界的结构。

---

①［奥］许茨：《社会实在问题》，霍桂桓、索昕译，华夏出版社 2001 年版，第 189 页。
②［德］哈贝马斯：《后形而上学思想》，曹卫东等译，译林出版社 2001 年版，第 73 页。
③ 参见［德］哈贝马斯：《后形而上学思想》，曹卫东等译，译林出版社 2001 年版，第 79 页。

生活世界有文化的部分。哈贝马斯说："文化是一种知识储备，交往行为者通过就世界中的事物达成沟通，并用这些知识储备来做出富有共识的解释。"①知识储备的说法相当于解释学上所说的前理解。当人们试图理解一个事物时，人们的理解总是受到文化传统的制约，诸多的文化传统构成前理解或"偏见"。前代人的有效经验与解释都积淀在前理解之中，成为一种有意义的储备。在交往行为中，人们通过语言进行沟通，沟通的过程一定牵涉理解与前理解，其目标是达成共识。这个沟通的过程是文化再生产的过程。

生活世界有社会的部分。社会指"一种合法的秩序，依靠这种秩序，交往行为者通过建立人际关系而创立一种建立在集体属性基础上的团结"②。社会包括制度、法律规范及其相应的实践活动。人们的行为需要社会规范加以调整，建立正当的人际关系。在规范的导向下，人们形成合理的社会秩序与社会认同。

生活世界有个性的部分。"个性是一个用来表示习得力量的术语，有了这些习得的力量，一个主体才会具有言语和行为能力，才能在各种现成的语境中参与沟通过程，并在不同的互动语境中捍卫自己的同一性。"③个性的形成包含着两个方面：一方面指个人的社会化，在与他人的互动中获得各种交往能力；另一方面指个人在社会化过程中逐渐形成并保持自我认同。

生活世界的三个成分具有不同的功能，即构成交往主体的知识储备、规范导向和交往能力，这些功能在文化的再生产、社会的一体化、个人的社会化过程中得到发展与整合。从总体上看，生活世界是有结构的，但是前理论的，有整体性。它作为一个背景性资源，是处于人们背

①②③［德］哈贝马斯：《现代性的哲学话语》，曹卫东等译，译林出版社2004年版，第387页。

后的奠基性的东西，是达成主体间的相互理解所必需的东西。正是这背后的东西对人们的理解、交往行为起着定向、导向的作用。人们置身其中，是有方向感与意义感的。

哈贝马斯的生活世界概念与交往行为密切相关，两者具有互补性。“生活世界是交往行为培育的结果，而交往行为反过来又依赖于生活世界的资源。”① 一方面，交往行为是诉诸语言沟通与解释的、发生在主体之间的行为，主体间的沟通和解释的顺利进行需要依托一定的资源或借助一定的视域，生活世界正好提供了这样的资源或视域。哈贝马斯说：“交往行为的主体总是在生活世界的视野内达成共识。他们的生活世界是由诸多背景观念构成的，这些背景观念或多或少存在着不同，但永远不会存在什么疑难。这样一种生活世界背景是明确参与者设定其处境的源泉。”② 不成问题的生活世界是交往行为者的处境或资源，由此出发，主体之间才会达成富有意义的共识。另一方面，上述的交往活动也具有某种生产性，生产着生活世界本身。由此可见，生活世界在人际的交往环境中得到不断丰富与更新。

“生活世界”是西方哲学的术语。胡塞尔、哈贝马斯等当代西方哲学家对此概念都有自己的理解，理解的差异也比较大。我们综合不同西方哲学家的论述，大致概括“生活世界”的几个主要特征，以此作为我们考察“儒家生活世界”概念的基础。

第一，生活世界是意义的发源处，具有本源性，科学知识的意义、客观事物的意义只有借助于生活世界才能理解。这是意义理解的一个原初场景。因此，它是前科学的，前概念的。生活世界可被经验到，但不可能像经验对象一样被经验到，人无法经验生活世界之全体。人生活在

---

①［德］哈贝马斯：《现代性的哲学话语》，曹卫东等译，译林出版社2004年版，第386页。

②［德］哈贝马斯：《交往行为理论》第1卷，曹卫东译，上海人民出版社2004年版，第69页。

这个世界中，从中汲取意义。生活世界滋养着人，也超越所有个人的经验。

第二，生活世界是一个构成性的境域，它不是一个纯粹的物质空间，“现象”在它的境域内浮现出来。这个境域是集体性的，是包含了我、你、他、我们、你们、他们在内的集体的视域，是历史地、文化地累积起来的，正如加达默尔所指出的，生活世界本质上是一个“历史性概念”，“与主体性相关联”①，离开了个人、集体与文化传统，也就没有生活世界。

第三，生活世界不是不变的实体，而是向着未来开放的。它不是封闭的，而是敞开的。正是未来维度的敞开，使得生活世界具有生产性和成长性。它不是认识对象，对象唯有通过它才获得真切的意义。

四、儒家生活世界的维度

结合西方哲学家对于生活世界的论述，笔者提出“儒家生活世界”概念，试图从生活世界角度理解儒家的文化传统及其现代生命力，为儒学的现代性提供一个可能的视域。梁漱溟的乡村建设实验为我们昭示儒家生活世界的可能性。

美国学者艾恺问梁漱溟生活中最重要的大事是什么，晚年梁漱溟回答说：“大事一个就是为社会奔走，做社会运动。乡村建设是一种社会运动，这种社会运动起了相当的影响。”②这说明乡村建设是梁漱溟一生中重要的事情之一。这种重要性不仅可以从它的社会影响力上看出，而且可以从它所蕴涵的创造性理论上看出。这个理论就是指儒家生活世界

---

①［德］加达默尔：《真理与方法》上卷，洪汉鼎译，上海译文出版社1999年版，第318页。
② 梁漱溟：《这个世界会好吗》，东方出版中心2006年版，第109页。

理论。

因此，当我们评价梁漱溟的乡村建设时，不能只抓住其中的只言片语或一些具体措施而下断语，判定他的乡村建设毫无建树。我们必须用长远的目光来看待这一工作的意义。他的乡村建设的主要意义不在于提出具体的应急措施，而在于思考中国文化的出路，思考中国人的精神发展之路，思考儒家生活世界的重整之路。从儒家生活世界的重塑来理解梁漱溟的乡村建设，把他看作儒家生活世界理论的实践者。这是一个新的论述视角。这个视角是否契合梁漱溟自己的说法呢？答案是肯定的。梁漱溟说："所谓乡村建设，事项虽多，要可类归为三大方面：经济一面，政治一面，教育或文化一面。虽分三面，实际不出乡村生活的一回事。"① 此语点出了乡村生活世界建设的重要性，因为经济、政治与文化三方面均会聚于生活世界，在生活世界中有所表露。

"儒家生活世界"在儒学内部是一个新术语，但是从思想渊源上看，它并不新。儒学所昭示的是人们的生活经验与生活智慧，与当代西方哲学家谈论的生活世界有重合之处。有学者指出："儒学所强调的实践是通极于道的，但它又必然的与广大的生活世界及丰富的历史社会总体结合在一起，它既是一本体的实践（即道德的实践），同时是一日常的实践，亦是社会的实践，因此，它必须涉及到客观的结构世界，不能只停留在主体即是道体的'一体化'的结构之中。"② 这话指出儒家的实践与生活世界是相通的。儒家的道德实践从来不是超越尘世的活动，而是扎根于平庸的现实生活，是每个平常人都可仿效、都可践行的。换言之，儒家倡导的实践具有庸常性，它本来就没有离开过日常生活世界，两者具有天然的联结关系。梁漱溟对此有深刻体悟。他在"孔家思想史"

①《梁漱溟全集》第 5 卷，山东人民出版社 1992 年版，第 227 页。
② 林安梧：《当代新儒家哲学史论》，文海学术思想研究发展文教基金会 1996 年版，第 217 页。

的演讲（1923—1924年）中说过："中国的问题不是向外看，是注意在'生活的本身'，讲的是变化，是生活。……从孔子起以至宋、明，在那一条路极有受用的，如程明道、王阳明等，决不是想出许多道理来告诉人；他们传给人的只是他们的生活。"① 梁漱溟看重的不是孔子和王阳明表述出来的思想，而是他们的生活。孔子和王阳明向人展示的与其说是儒家的思想世界，不如说是儒家的生活世界。对于后人来说，重要的是如何进入他们的生活世界，进而把握他们的思想世界，而不是学究地、抽象地谈论他们的思想，疏远他们的生活。生活世界概念虽然不是儒家的用语，但是并非与儒家思想彼此隔绝。在一定程度上，它可以成为进入儒家思想世界的一个入口。

梁漱溟固然没有提出"儒家生活世界"这个新的概念，但是他的哲学（包括乡村建设理论）蕴含着丰富的儒家生活世界的思想。那么，究竟从哪些角度来把握他的儒家生活世界思想呢？

答复这个问题还得回到梁漱溟的文化哲学。他在《东西文化及其哲学》中表达过这样的观点：西方文化侧重于解决人与自然之间的问题，中国儒家文化侧重于解决人与人之间的问题，而印度文化侧重于解决身与心之间的问题。这是说，人与人的交往关系成为刻画儒家文化特征的东西，相应地，"儒家生活世界"概念也可从人与人的交往关系这个角度加以把握。在人与人的关系中，有三个层次的交往方式，一是在日常生活中形成的礼俗交往，二是在政治生活中形成的民主交往，三是在精神生活中形成的生命交往，由此形成儒学的三重世界，即礼俗世界、政治世界与生命世界。我们大致可以从这三个层面来梳理梁漱溟的儒家生活世界思想。也就是说，在梁漱溟的论述中，"儒家生活世界"包括三

---

①《梁漱溟全集》第7卷，山东人民出版社1993年版，第874—875页；另可参见《梁漱溟全集》第4卷，山东人民出版社1991年版，第768—769页。

个成分。相应地，他的儒学也包括三个面相。

“儒家生活世界”的第一个成分指日常生活世界，主要指儒家的礼俗世界。它由习俗、惯例、礼仪、伦理规则等组成。儒家的礼俗规范着人们的日常行为，告诉人们怎么做才是正确的，使人们明白对的、合理的标准是什么。礼俗不仅承载着伦理规范的内容，而且是社会秩序有序化的保证。儒家的礼俗渗透于日常生活的方方面面。只有借助于礼俗的力量，社会才变得井然有序。

生活世界首先标识的是伦理关系。我们可以把日常生活形式、行为方式、风俗习惯统称为伦常（Customs）。德国现象学专家黑尔德说：“伦常构成 ethos，也即一个熟悉的共同场所，一个人类共同体持续不断地逗留在这个共同场所中，通过行动来塑造他们的共同生活。”① 梁漱溟所谓的乡村可被设想为这样一个共同的场所——儒家的伦常在此场所中发挥着纽带的作用，以隐而不见的、潜移默化的方式起着作用，把人与人自然地连接在一起，共享着生命的意义与伦理的价值。

在乡村伦常生活世界的构建之中，义务与“理性”是两个关键词。

在西方社会中，存在着个人本位和社会本位两种学说。梁漱溟指出，它们是在群己关系上的极端观点。他主张理想的群己关系是伦理本位的。那么，什么是伦理呢？伦理就是人与人的关系，“伦理就是伦偶，人一生下来即有与他相关系的人，并且他的一生也始终是与人在相关系中”②。这就衍生出一个如何处理人与人的关系问题。理想的状态是互相尊重对方，也即互相以尽义务为自己的职责，由此保持人与人之间的和谐关系。“伦理关系即表示一种义务关系。”③ 一个以伦理为本位的社会一

①［德］黑尔德：《世界现象学》，倪梁康等译，三联书店 2003 年版，第 131 页。
②《梁漱溟全集》第 2 卷，山东人民出版社 1990 年版，第 305 页。
③《梁漱溟全集》第 5 卷，山东人民出版社 1992 年版，第 94 页。

定是一个倡导义务、责任优先而不是权利优先的社会。

作为生活世界的乡村不仅是义务优先的社群，而且是一个理性组织。“理性”是梁漱溟的独特用词，与理智相对立。理智表示主体的计算、筹划能力，而“理性”是无私的感情，是通达的心理，无私心杂念。梁漱溟常常引用杜威(John Dewey)《民主主义与教育》中的一段话，①说明理想的乡村是以“理性”为主导的，是浸透着“理性”精神的社群。儒家乡村不是杜威所说的机械化的社会组织。在儒家的乡村里，人凭借“理性”直觉到人与人的义务关系，进而构筑起伦理的情谊，构成生活世界的伦理境域。“这个社会组织乃是以伦理情谊为本源，以人生向上为目的，可名之为情谊化的组织或教育化的组织；因其关系是建筑在伦理情谊之上，其作用为教学相长。这样纯粹是一个理性组织，它充分发挥了人类的精神（理性），充分容纳了西洋人的长处。”②在乡村伦理中，“理性”与义务是互相缠绕着的。它们共同构成了中国人的伦理精神家园。

儒家礼俗的最基本内容是伦理规范。按照梁漱溟的看法，规范是外在的，规范的内在依据在于伦理“理性”。梁漱溟的伦理“理性”指在人与人交往中直接体验到的互为对方尽义务的伦理情谊。这份情谊是非反思的，是超越理智和功利的。一方面，伦理情谊是人心中普遍的情感；另一方面，它是在人际交往中生成的，具有境域性的特点。

礼俗生活世界所彰显的儒学可称为礼俗儒学。它构成了现代儒学的第一个维度。

“儒家生活世界”的第二个成分指包容民主精神的团体生活世界或政治生活世界。

---

① 参见《梁漱溟全集》第2卷，山东人民出版社1990年版，第310—311、565—566页。

②《梁漱溟全集》第2卷，山东人民出版社1990年版，第308—309页。

“儒家生活世界”不等于日常的现实生活世界，不等于日常世界，它还有别的向度。按照梁漱溟的理解，作为生活世界的乡村除了伦理礼俗的向度外，还有一个政治的向度。

生活世界不是孤立个人的活动场所，而是社会性的生活境域。人生活于群体、社会之中，团体的生活是普通的个人都无法逃遁的。梁漱溟思考，什么样的团体生活才是理想的？梁漱溟认为中国没有西方那样的团体组织，西方人以民主方式组织团体，是西方文化的特色之一，这一点值得中国人学习。梁漱溟认为，当代中国人的生活世界的重整一定要吸收西方的民主团体精神，使中国人的团体生活成为民主的生活。他说：“照我个人的意见，民治制度是不可废除的。”[①] 当然，他所谓的民主不是指西方意义上的民主，而是指儒家民主。

作为世界生活的乡村不仅是个伦理生活的场景，也是一个政治生活的领域。人们既可以从中获得伦理意义的支撑，又可以获得政治自由，自由地表达自己的意见，发展人的个性，并受到人们的尊重。现代新儒家牟宗三一直在学理的层面上努力开启儒家的民主政治，相形之下，梁漱溟早在他之前就已经在乡村开始了民主政治的实践，寻找通向民主政治的切实可行之路。但是他所说的政治不是西方的或俄国的政治，而是他独创的儒家乡村政治。虽然梁漱溟不同意走西方民主政治的道路，但不等于他不认同民主精神。事实上，他对民主精神的精辟论述昭示出：他把民主作为一种生活方式来理解。民主的生活方式积淀在生活世界之中，构成乡村生活的重要政治向度。从这个角度上看，梁漱溟并没有像有些学者声明的那样“放弃民主之路”[②]，恰恰相反，他是在中国的乡村坚持和实践一种新的具有中国特色的民主政治，即儒家民主政治。

---

①《梁漱溟全集》第5卷，山东人民出版社1992年版，第665页。
② 何信全：《儒学与现代民主》，中国社会科学出版社2001年版，第84页。

梁漱溟一方面继承儒家的道德共同体的理论，另一方面又参考西方的政治哲学，在有限的程度上认可权利理论，试图把两者结合起来，建构一个道德—权利的生活世界。这个理论的实践就在于乡村建设。他努力建设理想化的乡村组织，使之成为道德—权利的共同体，一个新的生活世界。用他自己的话来说，理想的社会是“政教合一”的社会。很显然，他的这个理论包含着尖锐的矛盾，即道德（“教”）和权利（“政”）之间存在着冲突。当两者发生冲突的时候，就产生道德优先还是权利优先的问题。梁漱溟在此问题上基本上保持了传统儒家的道德主义立场，主张道德义务优先于权利。换言之，政治生活最终是以伦理生活尺度为基础的。在乡村的生活世界中，以清明“理性”和道德义务为中心词的伦理生活控制和调节着政治（民主和权利）的取向。乡村伦理境域的不断构成，推动着政治生活的自由进程。

围绕着政治生活世界而展开的儒学可称为政治儒学。它构成了现代儒学的第二个维度。

“儒家生活世界”的第三个成分指精神生活的世界或生命（心性）的世界。

“儒家生活世界”的更高层次指一个渗透着儒家“仁”的精神的意义域，其中最重要的成分是生命的意义。梁漱溟特别看重生命，尤其是道德生命与宇宙生命。生命不仅表现为生理意义上的生命延续，而且表现为精神的、文化的意义上的生命延续。梁漱溟强调的是后者。对儒家来说，生命世界也就是心性的世界，一个关乎人心与人性改造的世界。

梁漱溟从早年的《东西文化及其哲学》到晚年的《人心与人生》都对心性问题有专门的论述。他的心性论成为他的早期文化哲学的基础。早年的心性论发展成为后来的儒家生命哲学。生命概念成为他的哲学的关键词之一。

梁漱溟甚至用生命观念去解读杜威哲学。这当中自然包含着很多误解的成分。杜威强调的是生活的品质、生活经验的生长，而不是生命。生命与生活是既相连又相分的观念：一方面，生命展开于生活之中；另一方面，生命超越于生活，生命的智慧是通究天地的智慧，是对日常生活的超拔。梁漱溟用生命观念去理解杜威，实际上是用儒家的道德学说去理解杜威，把杜威哲学儒家化。

围绕着儒家生命世界的构筑而展开的学问可称为生命儒学或心性儒学。它构成了现代儒学的第三个维度。这样，“儒家生活世界”的三个维度也可用礼俗儒学、政治儒学和心性儒学加以标识，三者构成了现代儒学的基本面相。这三个面相之间是有逻辑关联的：一方面，心性儒学构成礼俗儒学和政治儒学的形而上学基础；另一方面，礼俗儒学和政治儒学则成为心性儒学在社会生活中展开的两翼。这样，如何重整“儒家生活世界”的问题相应表现为如何建设礼俗儒学、政治儒学和心性儒学的问题。

我在此使用的“儒家生活世界”概念主要不是一个先验论的概念。“儒家生活世界”是一个儒家意义不断得到重整与重释的世界，它由各种礼仪风俗、宗族组织、习惯、民间信仰等组成。它既不是纯粹精英的思想世界，也不是底层民众的心理世界，而是社会精英、知识分子与普通民众共享的意义世界。这是一个居于中间层次的世界，它的意义与象征符号渗透于上层人士和下层百姓的生活方式之中。因此，我们在此处谈论政治儒学并不涉及它的所有内容，而是指在儒家生活世界之内的政治儒学，也即为上下层人士共享的相关政治儒学的内容。礼俗儒学和心性儒学的情况也是如此。

葛兆光在研究中国思想史时提出一个看法，说以前的很多思想史研究侧重研究的是精英的思想或文本中的思想，他要研究的是一般的知识、思想和信仰。这怎么理解呢？他在《中国思想史》中说："过去的思想史只是思想家的思想史或经典的思想史，可是我们应当注意到在人们生活的实际的世界中，还有一种近乎平均值的知识、思想与信仰，作为底色或基石而存在，这种一般的知识、思想与信仰真正地在人们判断、解释、处理面前世界中起着作用，因此，似乎在精英和经典的思想与普通的社会和生活之间，还有一个'一般知识、思想与信仰的世界'，而这个知识、思想与信仰世界的延续，也构成一个思想的历史过程，因此它也应当在思想史的视野中。"① 这个一般的知识、思想和信仰世界是精英文化与普通人生活的中介环节和聚焦点，渗透于上层和下层两个层面。我们所使用的"儒家生活世界"也有类似的特点，它属于公共的、可被共享的领域。

因此，我所说的"儒家生活世界"不同于美国学者杜赞奇（Prasenjit Duara）所使用的"文化网络"（Culture Nexus）概念。在《文化、权力与国家》（*Culture*, *Power*, *and the State*）一书中，杜赞奇用"文化网络"术语来描述在乡村社会起作用的规范体系和组织体系。他说："文化网络由乡村社会中多种组织体系以及塑造权力运作的各种规范构成，它包括在宗族、市场等方面形成的等级组织或巢状组织类型。"② 就概念所包含的内容而言，"文化网络"与"儒家生活世界"有相重合的地方，但是，两者有一个根本性的差别，"文化网络"概念主要用于分析乡村社会中的权力运作关系，分析国家政权与乡村社会之间的互动关系，比如，分析宗教和宗族分别是如何影响在乡村社会中公共权力的实施的，所以他所说的"文化网络"指的是"权力的文化网络"，

① 葛兆光：《中国思想史》第1卷，复旦大学出版社1998年版，第13页。

②［美］杜赞奇：《文化、权力与国家——1900—1942年的华北农村》，王福明译，江苏人民出版社2006年版，第10页。

乡村的权力关系是他在《文化、权力与国家——1900—1942 年的华北农村》一书中分析的重点对象。儒家生活世界理论更侧重于生活意义和生命意义的分析，较少涉及乡村的权力关系。

“儒家生活世界”概念固然以儒家思想为基础和主体，但也不排斥其他思想的渗入，如佛学的潜移默化的影响。梁漱溟早年一度信佛，晚年又说自己是一个佛教徒。在他关于文化发展的设想中，佛教是儒家文化的未来发展方向。在 20 世纪 30 年代，他说要以出家的精神做乡村建设的工作。佛学对他的影响是无法回避的。因此，不能把“儒家生活世界”概念想象成纯粹儒家的。我们在生活世界概念之前加“儒家”两字，只是表明在此种生活世界的组成过程中，儒家思想居于主体地位，与此同时，佛学、西方哲学等思想元素也以各种形式发挥着一定的作用。

我们设定的研究课题是“现代儒家生活世界的重整”。这个话题不仅涉及“儒家生活世界”概念的界定，还涉及“重整”一词的含义解说。“重整”一词中的“整”字包含多种意思，例如，整理、解释、反思、整合、整顿、整肃、整饬等，重新整顿是“重整”的一个基本的意思。这些意思表明梁漱溟试图对“儒家生活世界”进行重新整顿与改造，而不是简单的否定或肯定，显示他的新儒家哲学具有反思性。今天，我们重新认识与阐释梁漱溟的“儒家生活世界”理论，既可以看作是这种哲学反思的延续，也可以看作是对他的新儒家哲学的某种重构与发挥。

The Confucian Life-world

第二章 礼俗生活世界①

① 本章部分内容请参见拙文《儒家礼俗的现代生命力》,《人文杂志》2007年第5期。

在日常生活层面上，儒家生活世界展现为礼俗生活世界或礼俗秩序。

梁漱溟是“问题中人”①，一直在思考解决中国问题的出路。中国的问题本质是一个文化失调的问题，失调表现在儒家文化的失势和西方文化的强势入侵。梁漱溟感觉到儒家文化遭遇到了前所未有的挑战，他于是开始思考儒学的现代生命力问题。经过东西方文化论战，他得出了与陈独秀、胡适等思想家完全不同的结论，陈独秀说孔子之道不适合现代生活，而梁漱溟则认为儒学在现代生活中仍然有生命力，但是它既被破坏了，也被遮蔽了。对儒学的最好辩护是对儒学的生命力加以开显与发扬。在梁漱溟对儒家文化命运的思考中，他注意到礼俗关系的重塑也许是儒学生命力开显的一个重要向度。

① 参见《梁漱溟全集》第2卷，山东人民出版社1990年版，第3页。

梁漱溟从早期到晚期一直关注儒家礼俗的重建问题，在早期的《东西文化及其哲学》、中期的《乡村建设理论》、晚期的《人心与人生》等著作中都讨论了礼俗话题。当然，他关于儒家礼俗的观点主要表述在《乡村建设理论》一书中。他把儒家礼俗的重建看作乡村建设和中国现代性发展的有机组成部分。他说："乡间礼俗的兴革，关系乡村建设问题者甚大。不好的习俗不去，固然障碍建设；尤其是好的习俗不立，无以扶赞建设的进行。"① 梁漱溟在乡村建设的实践中逐渐形成了一套礼俗儒学话语。

对于梁漱溟来说，重整礼俗生活世界的关键在于儒家礼俗的改造。改造儒家礼俗首先需要了解传统礼俗社会秩序的特点和儒家礼俗的内涵，这两种了解成为本章第一、二节的内容。儒家礼俗的改造不是凭空的，要依托传统资源，古代乡约和讲学是两种可资利用的资源。对这两种资源的分析将成为本章第三、四节的主要内容。最后一节将对流行的几种见解提出批评。

一、社会构造与礼俗秩序

本节涉及三个主要概念："社会"、"(社会)构造"和"礼俗秩序"。它们是理解梁漱溟的礼俗生活世界概念的中心词。

梁漱溟频繁使用"社会"概念，用法特别，值得一说。他怎么界定"社会"概念？这需要从他对民族国家概念的理解说起。

梁漱溟把西方民族国家和帝国主义联系起来，由批评帝国主义进而批评民族国家。他对帝国主义的批评从他对胡适的批评中可以看出。胡

①《梁漱溟全集》第5卷，山东人民出版社1992年版，第230页。

适在《我们该走哪条路?》中提出，现代中国的真正敌人不是资本主义、帝国主义和封建势力，而是贫穷、疾病、愚昧、贪污和扰乱五大恶魔。梁漱溟对此提出反驳，他说:“疾病、愚昧皆与贫穷为缘，贪污则与扰乱有关；贫穷直接出于帝国主义的经济侵略，扰乱则间接由帝国主义之操纵军阀而来，故帝国主义实为症结所在。”① 梁漱溟把胡适提到的五个问题都归结为帝国主义侵略的问题，从而表达他对帝国主义以及资本主义发展路径的质疑。

梁漱溟曾大段引用英国学者乌尔弗（Leoneard Woolf）的著作《帝国主义与文化》一书中的论述，表示他对帝国主义和西方现代文化的看法。乌尔弗谈到，影响帝国主义现象的一个思想渊源是国家主义。在欧洲近代史上，国家主义已经成为“宗教”，深入人心。欧洲人的国家主义刺激着帝国主义在世界范围内殖民扩展。② 由此认识，梁漱溟从对帝国主义的批评引出了对资本主义和民族国家话语的批评。他指出，在西方近代，资本主义经济、民主政治和民族国家是三位一体的。这三股力量的作用一方面使得西方国家更加强大，更加文明，人民生活水平迅速提高，另一方面使得它们带上了机械性和侵略性。梁漱溟说:“其文化的强霸征服力和虎狼吞噬性，实藉着这组织性机械性而益现威力，并成为不可勒止的狂奔之势。凡走上这条文化路径的民族无论在欧在美抑在东方如日本，都成为世界强国，所谓‘帕玩’(Power）者是。”③ 在梁漱溟眼里，西方国家是一个多少带有负面色彩的概念。他对民族国家话语是持批判态度的，对西方近代民族国家的发展道路颇有微词。

西方民族走上现代国家的道路是与西方文化的发展路向一致的，体

---

①《梁漱溟全集》第 5 卷，山东人民出版社 1992 年版，第 38 页。

② 参见《梁漱溟全集》第 5 卷，山东人民出版社 1992 年版，第 47—49 页。

③《梁漱溟全集》第 5 卷，山东人民出版社 1992 年版，第 51 页。

现了西方人意欲向前的人生态度，体现了身体文化的基本特征。由于西方民族国家的文明性与霸道性、组织性与机械性并存，梁漱溟把支撑民族国家发展的近代西方文化称为一幕尚未演完的“怪剧”。[①] 与之不同，古代中国文化走的心灵文化之路，到了现代，是不是也以民族国家为自己的发展目标呢？

梁漱溟的回答是既肯定又否定。他对西方民族国家话语和帝国主义的批评，并不意味着他拒斥把中国建设成为一个现代民族国家。事实上，他不否认在中国进行现代民族国家建设，他还在有些论述中把乡村建设理解为建国运动的一部分，说民族国家是乡村建设的目标之一，但是，在理想目标的设定上，他把民族国家建设放在相对次要的位置上，而把中国文化的复兴、中国伦理社会的复归放在较高的位置上。从他的大量著述来看，他要尽量使中国避免走西方民族国家的道路，而主张走与中国文化精神相契合的国家之路。但是民族国家建设并非他的终极目标，最后民族国家建设将走向理想社会之途，正如他所设想的：“中国今后将从伦理互保进而为乡村自治，由小范围的团体自治扩大到整个民族社会的一体性。”[②]

梁漱溟从对西方民族国家话语的批评中引出“社会”概念。由于西方文化和中国文化的路向不同，长期以来，中国没有走上民族国家道路，而走上了“社会”之路。所以，梁漱溟断定，古代中国不像国家。他说：“国家消融在社会里面，社会与国家相浑融。国家是有对抗性的，而社会则没有，天下观念就于此产生。”[③] 简言之，中国有社会但不像国家。

---

① 参见《梁漱溟全集》第5卷，山东人民出版社1992年版，第51页。
②《梁漱溟全集》第2卷，山东人民出版社1990年版，第419页。
③《梁漱溟全集》第3卷，山东人民出版社1990年版，第163页。

对“社会”和“国家”做出区分这个举动表明梁漱溟对近代西方文化有较深的认识。他从德国学者奥本海末尔（Franz Oppenheimer）的《国家论》中知道，在近代西方，“国家”和“社会”是对立的。此种对立的出现从洛克开始。奥本海末尔认为未来国家将演化为“自由市民团体”。梁漱溟说：“那时，将无国家而只有社会。但中国从他看来，却早就近于他所谓自由市民团体了。”[①]可见，梁漱溟的中国有社会但不像国家的观念明显受到了奥本海末尔和其他类似思想家的影响。

梁漱溟所谓的“社会”概念是不是西方近代意义的“社会”概念呢？答案是否定的。在以洛克为代表的自由主义的术语表中，“社会”与权力国家相对，是比较松散的集合体，人们为了某个具体的目的聚合在一起，常常带有民间性和自发性。国家奠基于武力和权力。在梁漱溟哲学的词汇表中，“社会”一词有广义和狭义之分，从广义角度看，“社会”可指各类组织和团体，如国家、协会等。从狭义角度看，“社会”更多指伦理社会或礼俗社会。在中国文化里，“社会”指以伦理关系为主导的社会，有点类似于德国学者滕尼斯（Ferdinand Tönnies）的“共同体”概念。

与梁漱溟的“社会”概念密切相关的是社会构造概念。

乡村建设理论的提出与梁漱溟对中国社会问题的深入考察有关。考察中国社会状况，自然要考察中国社会的组织构造。梁漱溟的眼光转向农村的组织结构，受到中国社会性质问题的论战的影响。

本次论战开始于20世纪20年代末，人们对中国社会的性质有不同的判断。陶希圣认为，中国自春秋战国以来就已经不是封建社会，宗法制度与封建制度已不存在，但宗法势力和封建势力尚存。自秦汉以来，

①《梁漱溟全集》第3卷，山东人民出版社1990年版，第26页。

统治中国社会的是士大夫阶级，“士大夫以其政治威力维持其土地所有权和身分〔份〕优越权”①，是由地主阶级转化而来。中国社会已经是一个不发达的资本主义社会，有时他称之为“金融商业资本之下的地主阶级支配的社会”②。自鸦片战争以来，以帝国主义资本为中心的资产阶级形成，从而与无产阶级形成对立面。陈独秀认为，现代中国已经是资本主义国家，因此中国的资产阶级革命已经结束。他说，1927 年大革命是一个转折期，“这一转变时期的特征，便是社会阶级关系之转变，主要的是资产阶级取得了胜利，在政治上对各阶级取得了优越地位，取得了帝国主义的让步与帮助，增加了它的阶级力量之比重；封建残余在这一大转变时期中，受了最后打击”③。李立三等人对陈独秀的观点提出反驳，论证中国的半殖民地半封建社会性质。从历史学上看，尽管各派的观点有纷争，但是这场论战仍然取得了一些重要成果，其中之一是马克思主义史学和唯物史观的影响力迅速上升。

梁漱溟并不完全赞同上述几种看法。他对中国社会的性质是什么的问题有自己的视角和答案。他不是从知识的视角而是从文化的视角切入这个问题的讨论。在中国社会性质问题的论战中，一些学者采取知识的或学科的进路，从经济学、历史学等学科的角度切入研究。例如，潘东周、王学文分别发表《中国经济的性质》、《中国资本主义在中国经济中的地位及其发展前途》等文章，从经济分析入手，指出中国是半殖民地国家，帝国主义的入侵阻碍了中国民族资本主义的发展。与他们的观点相左的学者如严灵峰出版《中国经济问题研究》(1931 年）一书，任曙

① 陶希圣：《中国社会到底是什么社会》，见张岱年、敏泽主编：《回读百年》第 2 卷，大象出版社 1999 年版，第 197 页。

② 陶希圣：《中国之商人资本及地主与农民》，见高军编：《中国社会性质问题论战》，人民出版社 1984 年版，第 115 页。

③《陈独秀关于中国革命问题致中共中央信》，见高军编：《中国社会性质问题论战》，人民出版社 1984 年版，第 79 页。

出版《中国经济研究绪论》(1931年)一书，他们也以中国经济的分析为基础，指出中国已经是一个资本主义社会。严灵峰说："帝国主义侵略中国以后，不但推进了中国国民经济中城市的资本主义经济成分不断的发展，并且也推动农业经济踏进资本主义的领域。"[①] 他们大多采用统计数据来论证自己的观点。这些研究都是在知识的进路上展开中国社会的性质问题。

梁漱溟对以知识的进路讨论中国社会的性质及其相关问题持怀疑态度。与中国社会的性质问题相关的另一个问题是中国在近代为什么没有发展到工业资本主义。当时对此问题有几种解答。有学者认为，这是由于自然地理上的限制，中国不是海上国家。也有学者认为，这是由于中国经济能自足、西方经济不能自足而导致的。另有学者认为，这是由于中国没有大量资本的累积，也没有大量可自由出卖劳动力的劳动者。还有学者认为，尚存的封建思想和势力阻碍着中国资本主义的发展，因此，中国社会是"为封建思想所支配的初期资本主义"。[②] 这几种观点基本上是从地理学、经济学、社会学等学科知识的角度立论，带有以知识解决问题的思路。梁漱溟对这几种观点和知识进路一一加以驳斥。他的驳斥和回答显示出他的以文化解决问题的思路。他从西方工业资本主义发展道路的背后看到了更基础的支撑物，即冒险进取、意欲向前的人生态度。正是从这种积极的人生态度中引出西方的文化路向，西方的工业资本主义要在这样一个文化发展的路向上加以认识。而中国的人生态度与文化路向与西方完全不同，中国文化发展呈现早熟现象。所以，在梁漱溟看来，中国没有发展出工业资本主义的问题根本不是一个知识的问

① 严灵峰：《再论中国经济问题》，见高军编：《中国社会性质问题论战》，人民出版社1984年版，第395页。

②《梁漱溟全集》第5卷，山东人民出版社1992年版，第98—99页。

题，而是一个文化的问题。中国和西方走上了不同的文化道路，中国走的是伦理文化的道路，近代西方走的是科学文化的道路。既然如此，中国文化不可能走到西方文化的道路上去，因此，中国没有发展出工业资本主义属于正常现象。这是文化层面上的回答。

知识的进路与文化的进路的区分表明，在梁漱溟的儒家生活世界理论中，用文化的方式解决问题的思路常常占据上风。梁漱溟更偏重于思考文化的问题，而不是知识的问题。

秉承文化的进路，梁漱溟用他自己的文化视角观察中国社会的组织构造。在他眼里，社会组织构造的问题比社会性质的问题更为基本。“一时一地之社会构造，实即其时其地全部文化之骨干；此外都不过是皮肉附丽与骨干的。”① 他在《乡村建设理论》和《中国文化要义》中得出结论说，中国社会的构造可以这样界定：它是一个伦理本位和职业分途的社会。

中国社会构造的第一个特点是伦理本位。这个论断是在对西方、苏联社会的比较中得出的。西方近代社会是个人本位的，苏联是社会本位的。在个人和社会的关系上，前者注重个人，后者注重社会，中国社会既不偏重个人，也不偏重社会，而注重人与人之间的关系，即伦理关系。人生来就生活于人与人的关系网络之中，家人之间的关系是最基本的，包含着情感交流、互尽义务的成分。由此扩展到社会关系，以伦理组织社会，化伦理于礼俗之中，形成伦理社会的秩序。“人类在情感中皆以对方为主（在欲望中则自己为主），故伦理关系彼此互以对方为重；一个人似不为自己而存在，乃仿佛互为他人而存在者。这种社会，可称伦理本位的社会。”② 从中国社会的组织构造上看，伦理秩序的实质是礼

①《梁漱溟全集》第 3 卷，山东人民出版社 1990 年版，第 49 页。
②《梁漱溟全集》第 2 卷，山东人民出版社 1990 年版，第 168 页。

俗。中国社会以儒家礼俗规范人们的行为，给人以道德的理想。所以，伦理本位的社会在一定意义上是礼俗本位的社会。

中国社会构造的第二个特点是职业分途。梁漱溟得出这个结论是与他对阶级的认识相关的。自马克思主义进入中国以后，阶级分析的方法逐渐流行。人们认识到，西方社会是阶级对立的社会。在中世纪，农奴与贵族对立；在近代，工人与资本家对立。于是，国内一些学者用阶级对立、阶级斗争的观点分析中国社会的性质。梁漱溟明确反对这种做法。他认为中国传统社会没有西方社会中阶级对立的现象。这一点可以从土地分配上见出。中国传统社会的土地分配情况有两个特点：第一，土地可自由买卖；第二，土地集中垄断的情况不明显，多数人拥有土地。他说，在山东邹平县，90%以上的农民有自己的土地。①这说明，在传统中国社会中，地主与农民没有形成两极对立的阶级，在西方中世纪农奴与贵族之间的阶级对立状况并不存在于中国。后来，梁漱溟说："不能说中国没有阶级，但阶级的分化不明不强、不固定。"②因此，阶级范畴不适合于分析中国社会的构造。这个结论和古代中国不像国家的结论是一致的。

在古代中国，不仅土地不过分集中，经济资本也较分散。在政治上，由于实行科举考试制度，为官的机会是向平民开放的。这样，构成社会主要成员的是士农工商四类人。他们都是职业化的社会成员，各司其职。规范这些社会成员的职业要求与道德行为的是儒家伦理，包括儒家礼俗。

梁漱溟对中国社会构造的概括已经凸显出礼俗生活的重要性，礼俗

---

① 参见《梁漱溟全集》第3卷，山东人民出版社1990年版，第146—149页。

② 山东省政协文史资料委员会、邹平县政协文史资料委员会编：《梁漱溟与山东乡村建设》，山东人民出版社1991年版，第89页。

成为维持中国社会秩序的主要手段。在现代中国，当旧有的社会秩序被打破、新的秩序还没有形成的时候，社会秩序的整顿有必要先从礼俗世界、礼俗秩序的整肃开始。因为儒家礼俗是中国传统社会构造的一个关键环节。

在20世纪30年代，中国共产党主张农村的改造首先不是从礼俗伦理世界开始，而应该从经济生活的改造开始。共产党的一些理论家对农民的经济生活做了很多的调研，这些调研报告支撑了他们对农村问题的看法。但是，梁漱溟的看法与此相反，他主张乡村建设先从礼俗伦理秩序的重整开始。梁漱溟的看法也有支撑材料，但主要不是经济方面的材料，而是礼俗方面的材料。双方视角的差异使他们对中国农村改造的设想也大相径庭。这里的差异表明当时人们对中国现代化发展的设计思路是多元的，在实践中究竟哪一种思路占据主导是历史的选择，不是出于个人的意愿。

在方法论上，梁漱溟关于社会构造的分析受到中国社会性质问题论战的影响，尤其是马克思主义历史分析方法的影响。马克思主义史学的影响力在这次论战之后越来越大，唯物史观的传播也越来越广泛。唯物史观方法论的特点之一在于注重对社会存在、社会事实的分析，主张从物质出发来解释意识，从社会存在出发来解释社会意识。在梁漱溟身上可以找到这个方法论思路的一些痕迹。在《东西文化及其哲学》时期，梁漱溟对中国文化的分析从观念、从文本出发，有很强的观念论的倾向，用意欲、人生态度来解释文化的发展模式与路向。20世纪20年代末期以来，他比较注意观察中国社会的组织构造，观察乡村人的礼俗生活与经济生活，这种观察所得的经验在《乡村建设理论》和《中国文化要义》中被总结成系统的理论。他说："我的许多实际而具体的主张，无一不本诸我的理论，而我的理论又根由于我对于社会之观察，以及对于历史之推论分析等等。”[①] 这个变化表明，20 世纪 30 年代的梁漱溟在方法论上更加注重实际，注重社会分析，不只是注重观念分析。这个思路与唯物史观的方法论取向有一致性。

与西方文化和西方近代社会构造相比，中国文化和中国社会构造的一个特色是以儒家礼俗伦理组织社会，弱点是缺乏团体组织。这样，挽救中国社会危机的一个途径是建设新的团体组织。建设新的团体组织显然不能照搬西方的模式，必须另有创新，以与中国人的心灵相契合。出现在梁漱溟面前的一个新问题是：在建设新的团体组织时，究竟以礼俗关系为主还是以法律关系或契约关系为主？梁漱溟选择了前者。他说：“中国将来的社会组织构造是礼俗而非法律。”“人与人之间关系日密，接触日多，所以行之者必有其道。此道非法律而是礼俗。”[②] 他的选择不是盲目的，而是基于对礼俗和法律关系的认识之上的。

梁漱溟指出，礼俗与法律不同，不同有许多具体的表现。表现之一是两者的产生方式不同。他引用孟德斯鸠的《法意》里的话来说明这一点：“盖法律者，有其立之，而民守之者也；礼俗者，无其立之，而民成之者也。礼俗起于同风；法律本于定制。”[③] 法律是由立法机关制定的，公民有遵守的义务，而礼俗是人们在不知不觉中形成的习惯性做法。

产生方式的不同是外在的，礼俗与法律还有更本质的差别。梁漱溟指出：

> 礼俗示人以理想所尚，人因而知所自勉，以企及于那样；法律

①《梁漱溟全集》第 2 卷，山东人民出版社 1990 年版，第 28 页。

②《梁漱溟全集》第 2 卷，山东人民出版社 1990 年版，第 277 页；《梁漱溟全集》第 5 卷，山东人民出版社 1992 年版，第 230 页。

③《梁漱溟全集》第 3 卷，山东人民出版社 1990 年版，第 120 页。

> 示人以事实确定那样，国家从而督行之，不得有所出入。虽二者之间有时不免相滥，然大较如是。最显明的，一些缺乏客观标准的要求，即难以订入法律；而凡有待于人之自勉者，都只能以风教礼俗出之。法律不责人以道德；以道德责人，乃属法律以外之事，然礼俗却正是期望人以道德；道德而通俗化，亦即成了礼俗。①

礼俗着眼于道德理想的提升，辅以公共舆论作裁决。法律着眼于行为的整顿，诉诸强制性的惩罚措施。施行礼治，在形式上看起来是不平等的，但在本质上是平等的，因为礼治考虑到人与人之间存在着的自然差别与社会差别，并将这些差别纳入治理者的视野。有学者如蒋庆把“形式上的不平等和实质上的平等”概括为礼治的精神。②

从历史上看，中国古代社会秩序的维护靠的是礼俗而不是法律。这成为梁漱溟倡导礼俗关系的主要历史理由。古代儒家把宗教、道德、法律、政治都化为礼俗，儒家的礼俗已经融入于百姓的日用常行之中，普通中国人依礼俗而生活。自儒家礼俗诞生之后，中国社会的组织结构也依此形成。梁漱溟指出：“我们过去的社会组织构造，是形著于社会礼俗，不形著于国家法律，中国的一切一切，都是用一种由社会演成的习俗，靠此习俗作为大家所走之路（就是秩序）。”③新的团体组织的塑造不能脱离开中国的传统，即是说，它一定以儒家的礼俗而不是西方的法律为基础。梁漱溟把礼俗关系而非法律关系看作新团体组织建设的主导原则。

借用时下“法治”、“德治”的说法，梁漱溟的思路也许可以表述为

---

①《梁漱溟全集》第3卷，山东人民出版社1990年版，第121页。

② 参见杜维明等：《文明对话与当代学术的发展》，见蔡德麟、景海峰主编：《文明对话》，清华大学出版社2006年版，第48页。

③《梁漱溟全集》第2卷，山东人民出版社1990年版，第276页。

除此之外的第三种进路，即“礼治”。

梁漱溟关于礼俗关系和法律关系的论述使我们想起滕尼斯的“共同体”（Gemeinschaft）与“社会”（Gesellschaft）的理论。滕尼斯的理论也许有助于我们把握梁漱溟礼俗观的当代意义。

滕尼斯区分了“共同体”与“社会”两个概念，用来描绘传统人和现代人的组织形式的差异。在传统，人们的生活更多属于“共同体”；在现代，人们更多属于社会性的团体组织。“共同体”和“社会”有什么差别呢？滕尼斯指出：“共同体是持久的和真正的共同生活，社会只不过是一种暂时的和表面的共同生活。因此，共同体本身应该被理解为一种生机勃勃的有机体，而社会应该被理解为一种机械的聚合和人工制品。”①“共同体”有血缘、地缘和精神共同体等三类，人们生活在“共同体”中，相互之间保持着亲密的关系，有一种默契或默认一致。人们之间的默契渗透在礼俗之中，人们对礼俗的遵守十分自然，仿佛是出于自己的本性，人们凭着礼俗交往，一举一动多有深意，大多可以为对方领会。“共同体”营造的是礼俗关系，人们过着共同的人情化的生活方式，共享着基本的意义世界。对于儒家来说，家庭、邻里、友朋都是“共同体”，而且是意义的“共同体”。生活在这样的“共同体”中，共同享受着生命的意义。

“社会”与“共同体”一样，也是人们结合的方式，但是“社会”这种结合体是利益或权利的结合体，不同于作为意义结合体的“共同体”。在“社会”中，利益的交换者之间常常靠契约来规定各自的权利和义务，从而明确自己的收益。“社会”存在的前提是独立的个人，这些个人都有自己的目的，他们之所以生活在一起，是因为共同的“社

---

①［德］斐迪南·滕尼斯：《共同体与社会》，林荣远译，商务印书馆1999年版，第54页。

会”生活更有利于实现自己的目的。生活在“社会”之中，就是生活在讨价还价、寻求利益平衡的环境之中。“社会”看起来是一个联合体，实际上是一个比较松散的、有着内在张力的契约联合体。

在近代西方，“社会”发展迅速，其规模也超过“共同体”，相比之下，“共同体”逐渐萎缩，更多的人抛弃了传统的“共同体”生活方式，进入各种类型的“社会”之中。所以，“共同体”的发展方向是“一步一步迈近社会的”，用马克思的话来说，从“共同体”到“社会”的发展可以从这样一个事实上得到注解：“资产阶级撕下了罩在家庭关系上的温情脉脉的面纱，把这种关系变成了纯粹的金钱关系。”① 包含温情关系的家庭是“共同体”的象征，包含金钱关系的市场是“社会”的象征。从“共同体”到“社会”的转轨折射了现代性的发展历程，这是一方面。另一方面，正如滕尼斯所说，“共同体的力量在社会的时代之内，尽管日益缩小，也还是保留着，而且依然是社会生活的现实”②。“共同体”的生活方式并未随着“社会”的发展而消失掉。进入后现代社会，“共同体”关系在一定程度上有所复兴，其理论主张主要体现在当代的社群主义之中。

在一定意义上，梁漱溟所说的礼俗关系和法律关系相当于滕尼斯所说的“共同体”和“社会”，或者相当于费孝通所说的“礼俗社会”和“法理社会”③。“共同体”是礼俗关系构造的世界，成员之间的关系主要靠伦理情谊维系，“社会”是法律或契约关系构造的世界，这是一个由众多陌生人组成的世界，人与人之间的情感联系被淡化到最低点。在新的团体组织的建设中，梁漱溟坚持礼俗关系之于法律关系的优先性，这

①《马克思恩格斯选集》第1卷，人民出版社1972年版，第254页。
②［德］斐迪南·滕尼斯：《共同体与社会》，林荣远译，商务印书馆1999年版，第341页。
③ 参见费孝通：《乡土中国·生育制度》，北京大学出版社1998年版，第9页。

个做法有违于滕尼斯描述的现代欧洲历史的发展进程，但不能据此说梁漱溟的这个立场是反现代性的。我们更愿意把梁漱溟的做法看作是对另一种现代性的尝试，这种现代性的特点在于强调继续发挥儒家礼俗作用的重要性。

滕尼斯说“共同体”依然在当代社会中有其价值，就此而言，梁漱溟对礼俗关系的重视是有所见的。那么，怎么来理解礼俗的当代价值呢？美国社会学家希尔斯（E. Shils）指出，孔子的礼是市民社会不可缺少的调节机制，礼具有市民社会所需的价值资源。① 英国思想家柏克是1789年法国大革命的批评者。他指出，古代礼俗对于欧洲的繁荣是有贡献的，法国革命却要将这些礼俗扫荡涤净。他说：“在你们完成革命的那一天，欧洲作为一个整体是处在繁荣状态中的。那种繁荣在何种程度上得益于我们古代礼俗的精神和观念，这一点不易确定。但是，由于这些因素不可能不发挥其应有的作用，我们必须假定，总的来说，其作用是有益的。”② 上述两种观点和梁漱溟的礼俗儒学有相近的立场，梁漱溟虽然没有阐发礼俗和市民社会之间的关系，但是他注意到礼俗对于现代社会发展的可能作用，认为建设中的中国现代社会将是一个礼俗的社会。这个看法启示我们，在现代社会注重权利、法治建设的同时，要注意礼俗关系在改善生活世界方面的作用。

梁漱溟对礼俗关系的倚重并不意味着对法律关系的忽视。在他的早期思想中，他对法律颇为重视。这个立场特别表现在《论学生事件》（1919年）这篇文章中。在五四运动中，不少北京的爱国学生被捕，一些人竭力营救和保释，梁漱溟出乎意料地冷静，他主张诉诸法律程序处

① 参见杜维明：《从文明对话到对话文明》，见蔡德麟、景海峰主编：《文明对话》，清华大学出版社2006年版，第22页。
②［英］埃德蒙·柏克：《自由与传统》，蒋庆等译，商务印书馆2001年版，第265页。

理学生运动中一些学生的过激行为。他说："我愿意学生事件付法庭办理，愿意检厅去提起公诉，审厅去审理判罪，学生去遵判服罪。……纵然曹、章罪大恶极，在罪名未成立时，他仍有他的自由。我们纵然是爱国急公的行为，也不能侵犯他，加暴行于他。"①他的这番话带有西方法治思想的倾向，力图在社会生活中维护法律的权威。即使是爱国的行为，也必须遵守法律。尽管后来梁漱溟对法律作用的强调有所淡化，转而突出礼俗在生活世界中的作用，但是这种转变并没有消弭法律秩序的社会功能。

二、儒家礼俗的内涵

究竟该如何理解梁漱溟的儒家礼俗观的内涵呢？

儒家所谓的礼包含很多内容，如礼制、礼仪、礼俗、礼节、礼乐等。梁漱溟在其著作中用得较多的是"礼俗"一词。礼制、礼节、礼仪的时代性很强，其内容常随时代的发展而发展，相比之下，儒家的礼俗更贴近人们的日常生活世界，渗透在人们的人伦日用之中。

严格地说，礼和俗是有差异的。一般而言，礼是正式的规则制度，而俗指风俗、习俗等非正式的规则制度。梁漱溟把礼与俗并用。一方面，这表明梁漱溟所说的礼俗关系包括了正式的和非正式的规则制度，对两者不作严格的区分；另一方面，这也表明梁漱溟所讨论的礼俗不是高悬于人们的行为之上的东西，而是融化于日常伦理行为之中的东西，是化为人们的生活方式的东西，从这个意义上说，礼俗世界即伦理生活世界。在理论上，礼俗世界可区分不同的层次，如风俗礼仪是一个层

①《梁漱溟全集》第4卷，山东人民出版社1991年版，第571页。

次，伦理观念是另一个层次；在实践中，这些层次是缠绕在一起的，很难做出清晰的分别。

如上文所述，建设新的乡村团体组织以礼俗为本。梁漱溟所说的礼俗是在改造传统儒家礼俗的基础上形成的，主要指儒家的生活方式。具体地说，它包含三个层次的含义：一是伦理责任；二是情感联系；三是生命显露。

第一，礼俗的伦理向度。

儒家的仁义渗透在礼俗之中，礼俗体现了儒家倡导的伦理责任。梁漱溟指出，儒家文化既非以个人为本位，也非以社会为本位，而是以伦理为本位的文化。伦理的基本含义指人与人对等地承担义务，在"我"担负起对"你"的义务的时候，"你"也相应地担负起对"我"的义务，义务的承担是相互的。"新社会是伦理本位合作组织而不落于个人本位或社会本位的两极端。伦理就是确认相关系之理，互以对方为重，团体与份〔分〕子之间得一均衡。"①这种伦理的义务通过儒家的礼俗表现出来。

儒家的礼俗作为伦理义务的体现，是行为的规范。作为规范，礼俗不仅包括民风民俗之俗，而且包括行为习惯之俗，不仅包括伦理规范之礼，如开会时不大声喧哗等规范，而且包括礼貌与礼仪之礼。后者指人们在实施伦理规范时应遵循的礼节，如对长辈的恭敬。在生活世界里，礼俗与行为是不可分割的，一方面，人们的行为渗透着礼俗；另一方面，所有的行为都打上了礼俗的烙印。礼俗与人们的日常生活世界是如此的合拍，以至礼俗成为人们熟知的、习以为常的东西。

在此意义上，梁漱溟将会十分赞同唐君毅的下列论断："离开伦理，

①《梁漱溟全集》第2卷，山东人民出版社1990年版，第561页。

个人固然亦可有高卓一面的道德成就而令人尊崇仰赞，但只有在伦理关系中（如朋友、夫妇），才有互相内在的意义，才有最高的道德。”① 道德与伦理是有差别的。礼俗主要构筑的是一个伦理的环境，一个培育高尚道德的环境。

第二，礼俗的情感向度。

传统儒家有礼因人情而生的说法。《论语》有一个故事体现这一点。宰我抱怨“三年之丧”时间太长的时候，孔子问他是否心安。“女安，则为之！夫君子之居丧，食旨不甘，闻乐不乐，居处不安，故不为也。”“子生三年，然后免于父母之怀。夫三年之丧，天下之通丧也。”② “三年之丧”礼俗的确立是以亲情为基础的，是子女对于父母孝敬的真情表达。梁漱溟承继这一个传统，肯定礼俗的情感向度。这一向度至少包括两方面的含义。

一方面，礼俗是人的情感的投射、积淀与表达。儒家的礼俗是讲人情的，礼俗不是冷冰冰的教条，而是在人情交往中可以灵活应用的原则与习俗，包含人的情感成分。清代学者凌廷堪对礼俗与人情之间的关系有较多的论述。他曾提出“以礼代理”思想，批评宋儒所推崇的形而上的理，主张复性于礼，认为“圣人之道一礼而已矣……自天子以至于庶人，少而习焉，长而安焉。礼之外，别无所谓学也”③。那么，什么是礼呢？礼与情感的关系在哪里呢？据台湾学者张寿安的研究，凌廷堪认为：“礼是人我之间互通关系的一种方式，其目的是在表达情感。”④ 礼与情感有内在的联系，礼不仅积聚人的情感，而且是情感表达的方式。梁漱溟对此颇为赞同。他说：“礼的内容实质是情理，是情理之表出于体

① 牟宗三：《人文讲习录》，广西师范大学出版社 2005 年版，第 154 页。
② 杨伯峻译注：《论语译注》，中华书局 1980 年版，第 188 页。
③ 凌廷堪：《校礼堂文集》卷四，中华书局 1998 年版，第 27 页。
④ 张寿安：《以礼代理》，河北教育出版社 2001 年版，第 181 页。

貌间者。”“礼乐原不过是人类生活中每到情感振发流畅时那种种的活动表现，而为各方各族人群一向所固有者而已。”①这样，礼俗不仅表征人际交往中的伦理责任，而且表征人与人之间的情感联系。

另一方面，经过多次实践，礼俗一旦内化于人心，就成为人的第二天性，这样，人们遵守礼俗、按照礼俗而做的行动，仿佛是出于自然的举动，仿佛是出自个人情感的自由表达。在礼俗世界里，人们常常不思而行，自然地做出判断。一旦有人做出反常的行为，周围的人马上就会感觉到这种反常性。人们生活在礼俗世界中，就像鱼儿生活在活水里一样自由自在。这样，人们在礼俗上的交往可以视为情感上的联络与调节。梁漱溟说，孔子的礼乐的作用在于“不但使人富于情感，尤特别使人情感调和得中”②。

梁漱溟特别反对礼俗交往中的算账心理。算账心理属于理智的作用，因而与情感相对立。“以后只有提高了人格，靠着人类之社会的本能，靠着情感，靠着不分别人我，不计较算账的心理，去作如彼的生活，而后如彼的生活才有可能。”③这个时候，礼俗的生活是有情的生活，是富有美感乃至敬畏感的生活。费孝通在《乡土中国》中也表达了类似的意思：“礼并不是靠一个外在的权力来推行的，而是从教化中养成了个人的敬畏之感，使人服膺；人服礼是主动的。礼是可以为人所好的，所谓‘富于好礼’。”④“所好”者正是情感的趋向。

凭着情感的作用，礼俗具有美育的功能。礼俗可以化育人的德行，收艺术熏陶之功效。在理想的境地上，善与美是相通的，礼俗化的人生不仅是善的、向上的人生，而且是美的、艺术化的人生。在此意义上，

①《梁漱溟全集》第3卷，山东人民出版社1990年版，第745、743页。
②《梁漱溟全集》第1卷，山东人民出版社1989年版，第468页。
③《梁漱溟全集》第1卷，山东人民出版社1989年版，第521页。
④ 费孝通：《乡土中国·生育制度》，北京大学出版社1998年版，第51页。

梁漱溟赞同蔡元培“以美育代宗教”的说法。

第三，礼俗的生命向度。

这里所说的礼俗的生命向度不仅指道德生命，不仅指内化为德性的礼俗，而且包含这样的意思：礼俗本身即是内在生命的自然显露，是生命力的迸发。梁漱溟说：“礼仪就是让每个人的生命力出来。”① 他在解释《论语》时说：“因明乎生命之理，则所立之礼虽千万变，总不出乎此生命之理也。”② 礼俗确立的背后有个人生命的依托，昭示生命之理。按照芬格莱特（Herbert Fingarette）的说法，孔子把人视为礼仪性的存在。“正是以礼仪为媒介，我们生命特有的人性成分，才得以有鲜活的表现。”③ 在某种程度上，践行礼俗是在展示自己的生命，因而，参与礼俗活动必须怀着严肃而诚挚的态度。

礼俗的生命向度是有时间性的含义，可以从两个层面得到理解。

第一个层面，礼俗是对生命经验的回忆。人的生命不仅以“过日子”的形式展开，而且以世代更新（生命的繁衍与延续）的形式展开。礼俗以一种独特的方式保存着、记录着世代生成的生命体验。儒家的礼俗凝结着中国人的生命与精神意味。

第二个层面，礼俗的生命力会随着时间的推移而萎缩，因而需要不断更新。梁漱溟认为，礼俗在原初状态是生命的显现，但后来逐渐变成机械化，成为维持社会秩序的手段，原初的精神活力丧失殆尽。礼俗成为礼教，育人的礼俗成为吃人的礼教。

在梁漱溟看来，乡村建设和礼俗建设是一致的，都把生命力的提升看作建设的关键。“我们是想启发每个人的生命力量，结合而成一大生

---

①《梁漱溟全集》第 2 卷，山东人民出版社 1990 年版，第 386 页。

②《梁漱溟全集》第 7 卷，山东人民出版社 1993 年版，第 933 页。

③［美］赫伯特·芬格莱特：《孔子：即凡而圣》，彭国翔、张华译，江苏人民出版社 2002 年版，第 14 页。

命力量。这个结合，顺其自然之势，自必从小范围的乡村着手。我们先把乡村结合成为一大生命力量，继续扩充，发挥广大，必会成为更大范围的生命力量。此所谓结合，就是组织团体的意思。”① 礼俗的重要作用在于塑造个人的生命乃至乡村组织的生命。

由上可知，儒家的礼俗世界有多重结构，包含着伦理责任、情感联系和生命表征三个向度。在乡村建设中，开显儒家礼俗的生命力可以从上述三个向度去努力，不应该对儒家的礼俗采取简单拒斥的做法。

三、乡约世界的改造

儒家礼俗的生命力的开显需要汲取传统的资源，其中一个主要的资源是关于乡约的思想和制度。梁漱溟把乡村组织的再造视为礼俗建设，这有赖于乡约的重新制订与补充改造。

梁漱溟的礼俗观受到了北宋吕氏兄弟的乡约思想的影响。吕氏兄弟推行乡约有特定的社会和思想背景。随着政治格局的变化和儒家思想世界危机的加深，宋代的士大夫们为重建社会秩序，提出复归“三代”理想的要求。欧阳修在《本论中》里指出：“尧、舜、三代之际，王政修明，礼义之教行于天下，于此之时，虽有佛无由而入。”如果社会实现三代之治，那么抗拒佛教就不成问题。复归“三代”是口号，其实质是对当时的文化秩序和社会秩序进行整顿和革新。根据余英时在《朱熹的历史世界》中的研究，宋代士大夫提出这种秩序革新要求的背后蕴涵着一种集体的意识，那就是以天下为己任的使命感。② 在这种使命感的驱使下，士大夫们试图通过改造儒学、设计新制度等方式来重建儒家社会

---

①《梁漱溟全集》第 2 卷，山东人民出版社 1990 年版，第 422 页。
② 参见余英时：《朱熹的历史世界》，三联书店 2004 年版，第 219—220 页。

秩序。吕氏兄弟的乡约便是在这样的社会背景下产生的。

在吕氏兄弟五人中，四人很有名望。也许他们都参与过组织乡约的讨论，但是真正实践乡约的是吕和叔（吕大钧）。据朱熹的观点，《乡约》也出自吕和叔之手。吕氏乡约实施的范围估计不大，限于邻里族党，实施时间也不长，但仍不失为一个制度创举，意义深远。一方面，乡约反映当时士大夫试图恢复三代之风的理想，他们已经意识到，这种恢复可以在不同层次上进行，例如可以从地方做起，乡约正是这样的例子；另一方面，乡约反映当时士大夫的另一个观念，即社会秩序的建设可以通过礼俗教化方式进行，以礼化俗，以自治的方式改造地方秩序，这种秩序显然有别于由官方权力塑造的等级化的社会秩序。萧公权对吕氏乡约评价甚高，他说："《吕氏乡约》于君政官治之外别立乡人自治之团体，尤为空前之创制。"①

吕氏乡约既是制度规范，也是乡级团体组织。梁漱溟特别看重这种古代乡约的两个特征。

其一，乡约是乡民们自发、自愿建立的组织。这种乡约不是明清政府强行推行的乡约，而是邻里乡党自愿结成的团体组织，相当于滕尼斯所说的"共同体"，我们可称之为"礼俗共同体"。针对乡约的自发性，美国学者狄百瑞（William Theodore de Bary）指出："从'约'字可以看出这个制度的自发合作的理想。它指的是一种契约，由团体中的会员签定〔订〕以相互保护。这种契约带有强调个人人格的特征，这一点特别值得注意，因为它强烈地强调对于人的需求及欲望的相互尊重，远过于重视产权或物质交换中斤斤计较的利害关系。"② 这段话点出了乡约的两

① 萧公权：《中国政治思想史》，见刘梦溪主编：《中国现代学术经典·萧公权卷》，河北教育出版社1999年版，第451页。

②［美］狄百瑞：《中国的自由传统》，李弘祺译，香港中文大学出版社1983年版，第29—30页。

个特点，即自发性和道德性。这种说法大致概括了吕氏乡约的精神。

梁漱溟特别指出他所说的儒家乡约不是明清政府推行的乡约保甲制度。清代的乡约已经成为政府控制乡村的制度，与皇权制度合拍，体现了中央政府权力在地方的延伸。乡约本来是自发形成的，有利于建立地方秩序，形成与中央统治制度保持一定距离的地方礼俗秩序，而在清代，乡约几乎与礼教、宗法制度合一，依靠政治力量来推行。梁漱溟引用杨开道对清代乡约的研究成果，指出清朝的做法只能证明一点，用政治力量提倡乡约，失败者居多。① 在“五四”反礼教反孔教的时代背景下，重提乡约无疑会招致大家的非议，因此，梁漱溟指出，他所要借鉴的乡约主要是宋代的吕氏乡约，吕氏乡约建立的是地方性的民间秩序，与作为宗法教条的乡约有着本质的差别。

按梁漱溟的理解，吕氏乡约含有地方自治之义。如果真正实行此乡约，“可成为一个很好的地方自治组织” ②。地方自治的最重要功能是维持当地社会秩序。以乡约方式维持的地方秩序是礼俗秩序，而不是法制秩序。民国以后，各地也推行地方自治政策，颁布《修正乡镇自治施行法》等条文。梁漱溟站在乡约的立场上批评当时的地方自治，认为“它完全是只注意事情，想让事情得一个解决，而无爱惜人之意。……这样一来，伦理之情完全没有了，人生向上之意也没有了” ③。民国的地方自治采纳西方的法制，打破了儒家的礼俗社会秩序，在梁漱溟看来，这样的地方自治差不多等于地方自乱。梁漱溟眼里的地方自治不是纯粹政治意义上的自治，而是带有伦理色彩的人治，包含着道德自主的意义。他希望在乡村建立一个礼俗伦理共同体，在其中人人实现道德的自主，进

① 参见《梁漱溟全集》第 2 卷，山东人民出版社 1990 年版，第 335 页。
②《梁漱溟全集》第 2 卷，山东人民出版社 1990 年版，第 321 页。
③《梁漱溟全集》第 2 卷，山东人民出版社 1990 年版，第 323 页。

而实现乡村的自治。

其二，梁漱溟认为乡约有一套伦理的规范制度，包括德业相劝、过失相规、礼俗相交、患难相恤等内容。德业相劝指的是修身、劝人为善之类的事情；过失相规指的是戒酒戒赌之类的规矩；礼俗相交指的是人际交往要遵循一定的礼秩，如长幼之礼序；患难相恤指的是乡民们防盗防疫、救济贫困之类的事情。

乡约的核心是伦理责任的规定，是对人的道德行为的规训。梁漱溟说："现在的地方自治，是很注意事情而不注意人；换言之，不注意人生向上，乡约这个东西，它充满了中国人精神——人生向上之意。"①"人生向上"的基本意思是指道德上的向善追求与生命上的创造有为。乡约体现的是传统儒家伦理化的生活方式，在乡约组织中，人们体认到人与人之间的互助和互尊的重要性，营造一种团结和睦、互相爱惜的氛围，提高人的德性修养。"乡约是本着彼此相爱惜、相规劝、相勉励的意思。"②例如，王阳明曾发布《南赣乡约》，此乡约充分体现这一层意思。王阳明在《南赣乡约》里说："今特为乡约，以协和尔民，自今凡尔同约之民，皆宜孝尔父母，敬尔兄长，教训尔子孙，和顺尔乡里，死丧相助，患难相恤，善相劝勉，恶相告戒，息讼罢争，讲信修睦，务为良善之民，共成仁厚之俗。"③乡约是在社会底层实践的儒家礼俗。相比吕氏乡约，《南赣乡约》属于强制性的组织，是由政府督促推行的。

在乡约发展过程中，功过簿的出现是一个重要的事件。它主要不是诉诸口头说教，而是诉诸对行为方式的端正来发挥其教育作用。朱熹曾

---

①《梁漱溟全集》第 2 卷，山东人民出版社 1990 年版，第 321—322 页。
②《梁漱溟全集》第 2 卷，山东人民出版社 1990 年版，第 323 页。
③《王阳明全集》，上海古籍出版社 1992 年版，第 600 页。

修改过《吕氏乡约》，后称《增损吕氏乡约》。他在其中说："众推有齿德者一人为都约正，有学行者二人副之。约中月轮一人为直月（都副正不与）。置三籍，凡愿入约者书于一籍，德业可劝者书于一籍，过失可规者书于一籍，直月掌之。月终则以告于约正而授于〔予〕其次。"① 根据这个说法，在乡约组织中，有三本簿子，一本是加入乡约者的名册，其他两本是功过簿，记载值得进行道德表彰的事迹和值得警诫与防范的事迹。功过簿的作用不可轻视。一方面，功过簿记载的事迹对当事人而言具有扬善惩恶的意义；另一方面，这些事迹由于被记入功过簿而成为范例，代表了乡约的伦理规训，功过簿以一定的形式晓谕乡民必须约束和端正自己的行为，遵守乡规民约，起着社会教化的作用。功过簿是乡约的直接见证，有利于维持当地的礼俗秩序。

梁漱溟希望借助于传统儒家的乡约，把它改造成新的乡村组织，创造出新的礼俗生活世界，从而重塑中国人的意义秩序，解决近代以来的中国文化失调问题。当然，梁漱溟对乡约的改造不仅是改良，更是创造。这种创造主要体现在四个方面：

第一，化消极的为积极的。清朝的陆桴亭在《治乡三约》中已经把乡约的改造引向积极方面。他认为以前的乡约是空的，是精神性的东西，需要社学、保甲、社仓三个机构加以落实和保障，其中社学属于教育机构，保甲属于自治自卫的机构，社仓属于经济机构。② 有这三个机构的辅助，乡约就成为积极的乡村组织。梁漱溟希望在此基础上再加以补充。

相对于古代乡约的消极顾恤，如患难相恤，现代儒家礼俗则要求积极的救助与合作。在对新礼俗的设计中，梁漱溟把道德的改善与经济发

①《朱子文集》卷七十四。

② 参见《梁漱溟全集》第 2 卷，山东人民出版社 1990 年版，第 330 页。

展、政治参与联系起来，在礼俗“共同体”中注入经济和政治的因素。例如在经济领域，生活贫困是大家面临的事情。只采用消极救济的办法并不能解决社会贫困的难题，必须在生产与消费上采取一些积极性的措施，并把这些措施纳入到现代的“乡约”中，作为礼俗固定下来。

第二，化个人的善为团体的善。相对于乡约偏重个人品德的完善，现代的儒家礼俗建设应该偏重于团体的善，而且在礼俗世界中，人们对伦理之善的追求是无穷的。“把偏乎个人的一点看成是社会的，把有限的一点看成是永远开展的。”① 通过礼俗的作用，人们的道德水平得到了更新，对伦理义务有了更深的体认。尽管有这些发展，但是“‘乡约’最终表达了梁漱溟关于在小团体中进行道德更新这一基本思想”②。

第三，设立一个求进步的机构，即乡农学校。以前的乡约过于注重道德教育，忽视知识方面的教育。现代乡农学校可以弥补这方面的不足。有关乡农学校的设置将在下一节中详述。

第四，乡约的实行不能直接依赖政府的力量，而要靠人格高尚的贤者或士绅。政府按章办事，每走一步都很机械，尤其是现代政府按照科层制来建立机构，按照理性高效原则来运作，它的机械性更甚。政府推行乡约，等于把乡约组织变成政府的一个下属机构。这有悖于乡约组织的自动自发原则。梁漱溟指出：“自动与被动是不相容的；被动不能发生志愿；出于强制则无志愿，无志愿则完了。用官府的力量就是强制，强制则使乡约成为假的，落于官样文章，而真义已失。”③ 在梁漱溟看来，乡约的要点之一是提升乡民的志气与德性，政府无法办到这一点。在这方面，梁漱溟觉得强调自动学习的丹麦教育可以提供很多有益的

---

①《梁漱溟全集》第 2 卷，山东人民出版社 1990 年版，第 332 页。

②［美］艾恺：《最后的儒家——梁漱溟与中国现代化的两难》，王宗昱、冀建中译，江苏人民出版社 2003 年版，第 149 页。

③《梁漱溟全集》第 2 卷，山东人民出版社 1990 年版，第 335 页。

经验。

梁漱溟试图以儒家乡约的再造来重整乡村的社会秩序和儒家生活世界，这个做法体现两个特点。这两个特点和前面提到的吕氏乡约的两个意义是一致的。

第一个特点，认可地方秩序的正当性。梁漱溟的乡村建设走的是地方自治的路线，但他所谓的地方自治与当时民国政府倡导的地方自治又有实质性的差别。他仿效吕氏乡约的做法，走由下而上自发组织秩序的路子，而不是走由上而下官治的路子。这个路子表明梁漱溟认识到，在建设统一的国家秩序的过程中，地方秩序具有某种示范效应，从小范围的地方秩序做起，可以为国家秩序的重建探索出一条新路来。由于地方秩序的形成具有自发性和偶然性，有的时候还会与国家整体秩序形成对抗，因此地方秩序的正当性常常被怀疑或否决。梁漱溟的思路是复归乡约制度，为地方秩序正名。地方秩序的正当性可以从乡村保存着的儒家传统中寻找。乡村的生活世界和农村的生活方式渗透着儒家文化的因素，在几千年的整合和演化中，乡村已经形成下层儒家文化传统或“小传统”。在这种文化传统支撑下生发出来的地方秩序自然有它的正当性。否认这种秩序的正当性等于否认儒家文化传统的历史性。因此，梁漱溟的思路不是以国家秩序统一、归并地方秩序，而是以地方秩序为模板来建设国家秩序，“不求统一于上，而求统一于下”①。在此思路的指引下，梁漱溟呼吁给予地方秩序自发生长的空间。

第二个特点，认可礼俗秩序的有效性。承认地方秩序的正当性是一回事，如何形成有效的地方秩序又是另一回事。建设和维护地方秩序有多种方式，可以通过权力机制或利益机制，也可以通过礼俗改造的机

①《梁漱溟全集》第 2 卷，山东人民出版社 1990 年版，第 465 页。

制。梁漱溟欣赏后者，把乡村的礼俗秩序看作有效的地方秩序。礼俗秩序的有效作用不能从权力和利益的网络中加以定位，而应该从伦理情谊的交往网络中加以诠释。梁漱溟对吕氏乡约在整顿地方秩序中的作用予以充分的肯定，这种肯定可以解读为他对礼俗秩序有效性的认可。它的有效性主要体现在远近两方面，一方面，从近处说，重建礼俗秩序可以解决目前的中国社会问题；另一方面，从远处说，重建礼俗秩序可以实现理想的社会秩序。① 当然，礼俗秩序的有效性是软性的，不是硬性的。

梁漱溟从乡约中吸取资源，谋求儒家礼俗的重建。他的主要目的在于建设新型礼俗关系和道德的“共同体”，再造儒家伦理的生活方式，使之成为具有现代气息的生活方式。要使礼俗关系成为生活方式的组成部分，礼俗一定要化为个人的习惯或习性。“人的生活，无事不靠习惯。”② 按照法国社会学家布迪厄（Pierre Bourdieu）的界定：“习性是持久的、可转换的潜在行为倾向系统，是一些有结构的结构，倾向于作为促结构化的结构发挥作用。”③ 只有成为习性的儒家礼俗才真正构成乡村生活世界的一部分。梁漱溟确信，通过乡约构造起来的乡村礼俗秩序一定可以化为人们的习性，从而显示出它的有效性。

安东尼·吉登斯指出：“传统是惯例，它内在地充满了意义，而不仅仅是为习惯而习惯的空壳。时间和空间不是随着现代性的发展而来的空洞无物的维度，而是脉络相连地存在于活生生的行动本身之中。惯例性活动的意义既体现在一般意义上对传统的尊重乃至内心对传统的崇敬上，也体现在传统与仪式的紧密联系上。仪式对传统常常是强制性的，

---

① 参见《梁漱溟全集》第 2 卷，山东人民出版社 1990 年版，第 395—396 页。

②《梁漱溟全集》第 1 卷，山东人民出版社 1989 年版，第 718 页。

③［法］皮埃尔·布迪厄：《实践感》，蒋梓骅译，译林出版社 2003 年版，第 80 页。

但它又是令人深感安慰的，因为它所注入的是一整套具有圣典性质的实践。”[①]吉登斯所说的惯例、仪式可统称为礼俗。他关于礼俗与传统的论述十分契合梁漱溟的心境。儒家的乡约是充满意义的礼俗，礼俗世界“令人深感安慰”，使人置身于生活家园之中。这是儒家乡约世界与礼俗世界的魅力所在，也是现代儒家礼俗秩序整顿的希望所在。

梁漱溟在乡村建设中注意到乡约的重要性，既与当时兴起的地方自治之风有关，如山西村政的试验，恐怕也得益于同时代学者的乡约研究。20世纪30年代，杨开道对乡约制度做过专门的理论研究，写出《乡约制度的研究》（1931年）、《吕新吾的乡甲约制度》（1934年）等文章。梁漱溟曾在《乡村建设理论》一书中引用过杨开道所画的陆桴亭的三约图等内容，[②]表明他研究过杨开道关于乡约的论著，受到过一些影响。杨开道也曾赴山东参加梁漱溟主持的乡村建设工作，曾任济宁训练处的教育长。[③]他和当时的乡村建设者多有接触。这些情况在一定程度上说明，梁漱溟在20世纪30年代提倡乡约世界的改造并非孤音，是有一定的时代氛围的。

四、讲学风气的再创

儒家礼俗的生命力开显的另一个主要的资源是讲学传统，梁漱溟极力主张在现代中国复兴讲学风气。讲学不仅涉及礼俗建设，而且涉及心性道德建设；不仅是礼俗儒学的话题，而且是心性儒学的话题。为了使

---

①［英］安东尼·吉登斯：《现代性的后果》，田禾译，译林出版社2000年版，第92页。

② 参见《梁漱溟全集》第2卷，山东人民出版社1990年版，第330页。

③ 参见王冠军：《回忆抗战前的山东乡村建设》和万永光：《梁漱溟先生及其在山东从事乡村建设的活动》，见山东省政协文史资料委员会、邹平县政协文史资料委员会编：《梁漱溟与山东乡村建设》，山东人民出版社1991年版，第16、30页。

论述更加完整，我们把这两方面内容集中在这里讨论。

（一）学习共同体

与“五四”启蒙思想家批儒的立场不同，梁漱溟努力为儒学辩护，澄清儒学的现代价值。他的想法是重新找回孔子，揭示儒学的真面目。他第一天去北京大学报到，就问校长蔡元培对于孔子持什么态度，蔡元培说我们不反对孔子，而这时梁漱溟的意见已经十分明确，他说：“我不仅是不反对而已，我此来除替释迦孔子去发挥外更不作旁的事！”①那么，他要如何发挥孔子哲学呢？在《东西文化及其哲学》一书的最后，他谈到了他对孔子哲学的领悟，他说：“孔子的东西不是一种思想，而是一种生活。”②孔子在《论语》中表达的首先是一种生活方式，其次才是学问。因此，真正需要“默而识之”的是孔子的生活，那种仁的、乐的生活，有德性的生活。领悟这种生活的真谛是需要亲身实践的，是需要特定的环境的。

什么样的环境或团体组织最适宜于仁的生活的养成呢？当然是充满仁爱的教育环境或师友团体。据此认识，他对古代儒家的讲学传统一直抱有好感。他在《东西文化及其哲学》中提到，要把古代儒家的讲学与人生观的重建结合起来。这个想法实际上不是他的发明，而是对宋明学者讲学之风的模仿。他说：“照我意思是要如宋明人那样再创讲学之风，以孔颜的人生为现在的青年解决他烦闷的人生问题，一个个替他开出一条路来去走。一个人必确定了他的人生才得往前走动，多数人也是这样；只有昭苏了中国人的人生态度，才能把生机剥尽死气沉沉的中国人复活过来，从里面发出动作，才是真动。”③后来，他的提法稍有变化。

①《梁漱溟全集》第1卷，山东人民出版社1989年版，第344页。
②《梁漱溟全集》第1卷，山东人民出版社1989年版，第540页。
③《梁漱溟全集》第1卷，山东人民出版社1989年版，第539页。

在《东西文化及其哲学》中，他采用的是把讲学与人生观改造结合起来的提法，到《朝话》(1937年）中，他采用的是把讲学与社会改造运动结合起来的提法。我们可以把这个变化理解为：梁漱溟看到了讲学运动的两个功能，一在于改造人生观，二在于改造社会或礼俗，只不过在不同的场合，他所要强调的侧重点不同而已。

《东西文化及其哲学》最初的版本是1921年10月北京财政部印刷局的版本，在该版的《著作告白二》中，他谈到，他自己想就再创宋明讲学之风做一番试验，希望有人与他共学。“凡我所知所能都愿贡献给人，如来共学，我即尽力帮忙；不拘程度年岁，亦不分科目，不订年限。”① 由此可见他的讲学决心之坚定，他把讲学看作人生观培养和礼俗生活世界重整的主要途径。

梁漱溟的讲学决心之坚定与他受到的多方面影响有关系，例如泰州学派的学者面向普通百姓讲学，曾给他强烈印象。又如，在他身边有一位名叫伍庸伯的朋友，他曾把他妻子的妹妹黄靖贤介绍给梁漱溟。伍庸伯早年从军，曾在陆军大学任教官，后弃官求学，大约在1919年下半年开始组织一个讲会。讲会一般由伍庸伯主讲，以讲经典为主，如《大学》、《中庸》等，在每个星期天举行，参加者人数不多，多为朋友同乡，最多不过十二三人。伍庸伯的人生信念是“言忠信，行笃敬”，他不仅希望以此信念行事，而且希望把握此信念的根本主旨，于是走上求学与讲学之道。因此，他不是思辨学人，不是为讲学而讲学，他的讲学是结合经典如《大学》讲他的人生体认所得，他确信他的人生体认是有普遍性的，是契合普通人的需要的。1920年梁漱溟参加过该讲会两次活动。② 可以想象，梁漱溟参加这样的讲学活动对他的思想产生直接的

①《梁漱溟全集》第1卷，山东人民出版社1989年版，第546页。

② 参见《梁漱溟全集》第4卷，山东人民出版社1991年版，第181—182页。

影响，尤其是伍庸伯强调讲学与人生观相结合的思想，对梁漱溟影响甚深。梁漱溟在《东西文化及其哲学》一书的末尾说到讲学风气的恢复，这样的议论不是空穴来风的。

梁漱溟是这样想的，也是这样做的。他在 20 世纪 20 年代曾和一些学生在北京组成学习共同体，开始真正实践他的讲学理想。他所说的讲学是在倡导一种学习性的生活方式。他对经历过的讲学生活是这样描述的：

> 大家只是以人生向上来共相策励，每日只是读书，讲一讲学问。……在北平师生共约十人，我们在什刹海租了一所房，共同居住，朝会自那时就很认真去做，大家共勉互进，讲求策励，极为认真，如在冬季，天将明未明时，大家起来后在月台上团坐，疏星残月，悠悬空际，山河大地，皆在静默，惟间闻更鸡喔喔作啼，此情此景，最易令人兴起，特别的感觉心地清明、兴奋、静寂，觉得世人都在睡梦中，我独清醒，若益感到自身责任之重大。在我们团坐时，都静默着，一点声息皆无。静默真是如何有意思啊！这样静默有时很长，最后亦不一定要讲话，即〔使〕讲话也讲得很少。无论说话与否，都觉得很有意义，我们就是在这时候反省自己，只要能兴奋反省，就是我们生命中最可宝贵的一刹那。①

学习的共同体是一个交流的场所，师生之间、学生之间交流读书心得与修身心得，交流人生的感悟。这不仅是学术的共同体，也是道德的共同体，大家互相切磋，砥砺品行，日日自新。在 20 世纪 30 年代的乡

---

①《梁漱溟全集》第 2 卷，山东人民出版社 1990 年版，第 40—41 页。

村建设时期，梁漱溟实践了另一种形式的讲学。他常常和参与乡村建设的学生早起参加朝会，在朝会上，他时常发表一点感想，这些感想被称为朝话。同学们把梁漱溟的讲话记录下来，曾以《朝话》为题公开出版。20 世纪 50 年代，牟宗三在台湾师范大学尝试过类似的讲学活动，他发起“人文友会”，主张以师友聚会的形式进行坦诚的交流，提撕精神，启发智慧。这样的讲习与讨论持续了两年，共聚会 51 次，最后形成了《人文讲习录》一书，该书详细记录了牟宗三的讲词、答词和同学们提问的内容。牟宗三的“人文友会”和梁漱溟的朝会都带有传统儒家讲学的风格。这些讲学活动说明一部分现代新儒家不仅在理论上阐发儒学的现代意义，而且身体力行地实践着儒家的教诲，努力在生活世界中把知与行统一起来。

1924 年，梁漱溟拟定一个关于曹州高中的办学意见。曹州高中可以说是实现他的讲学理想的又一次尝试。这次是通过制度化办学的方式进行的讲学试验，与比较松散的读书会性质的朋友聚会不同。艾恺得出结论说：“在某种意义上说，梁漱溟在这所中学所实行的改革是他正在寻求的整个社会改革方法的一个缩影。‘讲学’是他这个改革的中心。它通过师生小组中的互相影响、促进和批评将道德和知识上的成长结合起来。”① 这个判断挑明在梁漱溟从事办学活动的背后有古代讲学的影子。这主要体现在这样两个方面：

第一，师生共学，以道会友，体现梁漱溟的学治主义立场。梁漱溟希望通过讲学营造起一种学习的氛围，建构起新的学习共同体。在此共同体中，老师和学生是最基本的成员，师生关系被描述为朋友关系。“所谓办教育就是把我们这一朋友团去扩大他的范围——进来一个学生即是

---

①［美］艾恺：《最后的儒家——梁漱溟与中国现代化的两难》，王宗昱、冀建中译，江苏人民出版社 2003 年版，第 107 页。

这一朋友团内又添得一个朋友。我们自己走路，同时又引着新进的朋友走路；一学校即是一伙人彼此扶持走路的团体。故尔〔而〕，我们办学实是感于亲师取友的必要，而想聚拢一班朋友同处共学，不独造就学生，还要自己造就自己。”① 这是朋友性质的组织，成员享有共同的兴趣爱好，志同道合。梁漱溟特别强调融洽的师生关系，老师和学生均在这个亲密的共同体中发展自己的个性。这种设想带有儒家书院的遗风。梁漱溟的讲学设想部分得到了实现。曹州高中的学生李渊庭后来回忆说：“梁老师强调亲师取友的重要性，所以师生同吃、同住，朝夕相处，使老师对学生的身、心有一个全面了解的机会，学生无形中又受到老师言行的熏陶，达到身教重于言教的目的。”② 李渊庭的这个回忆佐证了梁漱溟的师生共学理念。

讲学是由讲与学两种活动组成的。讲的字面意思是宣讲、传授，把自己的想法告诉别人，对于梁漱溟来说，讲还有另外一层意思，即每个人讲述自己的经验、体会与心得，与他人的经验、体会与心得进行交流，一方面敞开自己的心扉，另一方面分享大家的思想成果。学的字面意思是学习、读书。对于梁漱溟来说，学也有另外一层意思，那就是人们不仅向书本学，而且向他人学，向身边的同伴学。讲学一定是在群体中、在情境中进行的，群体成员的共同生活即是一种学习，因此，讲学的群体是互相学习的场域。梁漱溟所谓的讲学不是指老师古板地讲授、学生呆板地记录，而是指师生之间、学生之间进行自由的交流，就像朋友之间的倾心交谈一样，因此讲学是动态的、情境化的学习。梁漱溟倡导并主动实践师生互学，有一个例子可证此点。时任山东乡村建设研究院训练部主任陈亚三原是北京大学哲学系的学生，在北大学习时听过梁

---

①《梁漱溟全集》第 4 卷，山东人民出版社 1991 年版，第 779 页。

② 李渊庭、阎秉华编著：《梁漱溟先生年谱》，广西师范大学出版社 2003 年版，第 436 页。

漱溟的课，之后一直追随梁漱溟。在邹平，陈亚三每周给训练部学生讲一次儒家哲学，梁漱溟经常跑去“列席听讲”。“他这种虚心好学，不耻下问的学风给全院同学影响很大。”① 梁漱溟希望个人的生命在讲学中不断生成，德性在讲学中不断涌出。他所要塑造的讲学风气是自由交流的风气。

杜威曾说：“在共同、共同体和沟通这几个词之间，不仅字面上有联系，人们因为有共同的东西而生活在一个共同体内；而沟通乃是他们达到占有共同的东西的方法。为了形成一个共同体或社会，他们必须共同具备的是目的、信仰、期望、知识——共同的了解——和社会学家所谓志趣相投。”② 杜威这里描述的沟通的共同体类似于梁漱溟所说的讲学团体。这个学习的团体同时是一个志同道合的朋友圈子，一个沟通聚会、交流精神生活经验的地方。这样，讲学即是沟通，使人们的眼光不滞着于某一物或某一点，不受制于任何现成的视域，也使人们的精神境界不固守于某一处，而保持开放而活泼的状态。梁漱溟后来把讲学的风气延伸到乡农学校中，要求学众（农民）要有自觉学习的意识，提高依靠自己的力量拯救乡村儒家文化的觉悟。

梁漱溟对讲学的认识在丹麦教育中得到了呼应。他把丹麦教育家引为自己的同道。他引述《丹麦民众学校与农村》一书中的话：“民众学校的老学生，回想在校的时候，各人的性情意见，尽管不同，而不晓得怎样，有一种很深的精神上的契合和友爱。这个精神就活跃于歌唱中，表现于谈话里。所谓‘活的语言’，就是教师忘了他自我，传达着永久的真理，而影响到学生精神生活的谈话。”③ 这里描述的在丹麦学校里师

① 于长茂：《沉痛悼念梁漱溟先生》，见梁培宽编：《梁漱溟先生纪念文集》，中国工人出版社 1993 年版，第 63 页。

②［美］杜威：《民主主义与教育》，王承绪译，人民教育出版社 2001 年版，第 9 页。

③《梁漱溟全集》第 7 卷，山东人民出版社 1993 年版，第 671 页。

生的交流与梁漱溟所说的讲学活动十分相似，毫无疑问，丹麦的教育从实践的角度强化了梁漱溟的讲学信念。

梁漱溟后来在延安再次体验到了自由交流的学习风气。他在 1938 年 1 月访问延安，对延安印象颇佳。他是这样描述延安人的学习与生活情景的："人人喜欢研究，喜欢学习，不仅学生。或者说人人都象〔像〕学生。这又是一种好的风气，爱唱歌，爱开会，亦是他们一种的风气。天色微明，从被窝中坐起，便口中哼啊抑扬，此唱彼和，仿佛一切劳苦都由此而忘却！人与人之间情趣增加，精神上互为感召流通。"① 此种景象正是他所希冀的。

在酝酿乡村建设方案的过程中，梁漱溟周围有一批朋友，有一些讲学团的成员，如王鸿一等。讲学的经历铸就了他们的友情，也锻造了他们的精神志向。这是我们理解梁漱溟的哲学所不得不注意的。梁漱溟与王鸿一的关系特别值得一提。1921 年暑假，梁漱溟应山东教育厅的聘请，做《东西文化及其哲学》的讲演。王鸿一当时正为新旧文化问题而烦闷，每日都来听讲。他与梁漱溟一见如故，引为知己。梁漱溟在《悼王鸿一先生》一文中发出如此感慨："古人有云，'如鱼得水'，先生之于愚，愚之于先生，窃有是乐；彼此相得，固大有在言语见解之外者。"② 王鸿一经过长期的探索，觉得村治是解决中国问题的出路。他和朋友们创办《村治》月刊，宣传农村立国的思想。此时梁漱溟对王鸿一的主张颇有怀疑。直到 1927 年，梁漱溟的乡村建设思想才有了大致的轮廓，这与王鸿一等人的鼓动不无关系。

在梁漱溟与王鸿一的交往中，还有一件事情需要提及，那就是关于创办曲阜大学的设想。梁漱溟虽然有复兴古代讲学风气的理想，但是在

①《梁漱溟全集》第 6 卷，山东人民出版社 1993 年版，第 194—195 页。
②《梁漱溟全集》第 5 卷，山东人民出版社 1992 年版，第 190 页。

遇到王鸿一之前，没有考虑过通过办大学以实现讲学理想这个想法。王鸿一有这个想法，他和其他的朋友想创办一所致力于弘扬东方文化的大学，以区别于西化色彩很浓的北京大学。这个想法得到了梁漱溟的部分赞同，但是在具体操作上他仍有顾虑。最后他想出一个循序渐进的方法，先组织一个学会，集合一批有志于学术研究的青年，等时机成熟之后再在学会基础上成立曲阜大学。于是在 1924 年他辞去北京大学的教席，来到山东主持曹州中学高中部的办学事务。他把曹州高中看作未来的曲阜大学的预科。他的办学理念是“在自己求友，又与青年为友”①。把学校看作一个交友的场所，看作一个朋友之间共同学习、共同提高的场所。这个想法后来在 20 世纪 30 年代的乡农学校中得到了进一步的试验。他的学治主义一直延伸到乡村建设之中。

仔细分析梁漱溟、王鸿一这个朋友圈子，发现与梁漱溟一样有着乡村建设思想的朋友大多是士绅，或者是知识分子，或者是绅士，或者是政府官员。这些人基本上以梁漱溟为核心团结起来，组成了乡建派共同体。他们本身不是农民，但是思考着农村的出路和乡村儒家文化的前途。他们对乡村和农民的情况并不十分了解，他们和农民毕竟属于不同的阶层，有着不同的生活经验，存在着一定的隔阂。这也可以想见他们发动农民参与乡村建设是如此之难，后来梁漱溟不得不感叹，有的时候，他们还和农民发生冲突。

第二，身心并重，道德为先，体现梁漱溟的道德主义立场。他对当时注重知识教育的学校制度颇为不满，认为知识教育和技能教育不能替代身心教育和人生教育。“教育应当是着眼一个人的全生活而领着他去走人生大路，于身体的活泼，心理的活泼两点，实为根本重要；至于知

---

①《梁漱溟全集》第 4 卷，山东人民出版社 1991 年版，第 777 页。

识的讲习，原自重要，然固后于此。”① 梁漱溟批评当时的学校教育忽视了学生的心理和精神生活，忽视了人生教育。他提出，在对学生进行入学考试时需要进行两次，第一次考学生的国文、外文知识等，第二次是面对面的交谈，使老师了解学生的性情、脾气、态度等。在这两次考试中，第二次更为重要。它侧重于考察学生的身心素质与道德品质。

还有一个设想体现梁漱溟的道德主义。他大胆提出，学校不规定学生的学费和膳宿费等费用，听凭学生家长量力而行。“因我们觉得法律整齐划一的办法不如人情斟酌损益的办法自然合理。”② 他把学校规定统一的收费制度视为违反人情的做法。他不希望读书求学成为一宗交易，不希望把市场交易原则引入学校教育制度，而寄希望于师生和学生家长的道德人情。听凭学生家长自由缴费的做法要求他们有很高的道德水准。量力缴费这条规定与其说是奠基于人们的经济实力之上，不如说是奠基于人们的道德意识之上。我们完全可以设想，有的人尽管家境富裕，但是他可以用各种途径谎报家庭收入而少缴学费。这样的结果自然不是梁漱溟所希望的，但有可能成为现实。可见，梁漱溟的这个设想多少带有道德主义的色彩，他对于人们的道德意识抱有过于乐观的态度。

（二）讲学风气

从历史上看，宋明的讲学风气较盛。南宋的朱熹、陆象山等理学家、心学家曾在书院或精舍讲学。在明代，阳明学派的讲会大概是最著名的，不过，这种讲会与朱陆的书院讲学有一些差异，按照钱穆的说法，它们的差异表现在：“一则讲会近似一学会，学者同志藉以互相切磋。一则讲会以宣传普及为务，更近一种社会教育。循而久之，以普及代替了提高与深入。故此种讲会，虽曾一时风起云涌，而亦滋流弊，终

①《梁漱溟全集》第 4 卷，山东人民出版社 1991 年版，第 778 页。
②《梁漱溟全集》第 4 卷，山东人民出版社 1991 年版，第 782 页。

于不可久。”[①] 讲会发展到后来，出现这样的现象：大众化的普及教育盖过了精深的学术研究，道德的教化和礼俗的推广盖过了义理的探究。按照另一位学者的研究，阳明学派的讲会是指“一种始于明代中期，由乡绅士子们结集组成，以阳明学为主导且兼具学术与道德修养目的的定期聚会”[②]。这是精英组织，目的在于研究学问与修养道德。这个界定突出了钱穆说法中的第一个方面。

如果我们撇开讲会的具体界定，着眼于讲学的旨趣，那么，我们会发现，宋明以来的讲学主要包括三方面的旨趣：一是学术的旨趣，士人们借助讲学活动进行学术的研讨与知识的交流，在讲学中解释经典，阐发义理，逐渐形成学术交友的文人圈子；二是道德的旨趣，讲学也是修养，讲学形式之一是道德修养心得的切磋，这有助于双方道德境界的提升，并为人们的精神寻求寄托之所；三是现实的旨趣，讲学的成员有学者，也有当地的乡绅与民众，讲学，尤其是依托书院进行的、定期的讲学活动，不仅对其成员的学术和道德有较大的影响，而且其影响还会波及百姓的日常生活层面，对民风民俗的移易、对公共舆论的形成、对社会心理的导引产生一定的影响。有的时候，讲学活动和乡约的制订与实行等活动是相重合的，如有学者指出，“知识人会讲和地方乡会则在组织及活动形式、规范方面分享着宋代以来乡约文化的遗产”[③]，不仅如此，有时讲学涉及的内容有可能是对乡约的推广，此时讲学的社会影响面就比较广，可以起到维持地方秩序、教化民众的作用。在现实生活里，讲学活动与儒家礼俗的建设具有相似的旨趣。

梁漱溟特别欣赏泰州学派的讲学之风，尤其是他们的平民化的、世

① 钱穆：《国史新论》，三联书店2005年版，第230页。
② 吕妙芬：《阳明学士人社群》，新星出版社2006年版，第63页。
③ 陈来：《中国近世思想史研究》，商务印书馆2003年版，第393页。

俗化的学风，从中可以看出梁漱溟侧重于讲学的道德旨趣与现实旨趣。他曾说："泰州王氏一路独可注意；黄黎洲所谓'其人多能赤手以搏龙蛇'，而东崖（厓）之门有许多樵夫、陶匠、田夫，似亦能化及平民者。"① 泰州学派创始人王艮始终以布衣身份讲学，讲学对象多为平民百姓，以通俗易懂的语言讲解圣人之道，开启普通平民的思想，达到教化民心、移风易俗、重整礼俗的效果。

泰州学派的罗近溪也是一位擅长讲学的学者。他的讲学已经突破纯粹的心性论或良知论，而将律法、规范和礼俗纳入讲学的范围，把讲学看作是一个现实的社会运动，看作是整顿现实生活秩序或礼仪秩序的有效方法，而不仅仅是发生在士人之间的学术活动或思想交往活动。他要求人们在讲学时常常诵读《圣谕》和《乡约》，而不仅仅阅读六经或求诸良知。此种要求把讲学的道德旨趣与现实旨趣结合起来，把心性儒学与礼俗儒学结合起来，最终还是以礼俗秩序的整肃为其现实的关切。有学者指出："要求将《会约》与《乡约》乃至与《圣谕》结合起来的做法，足以说明在当时的讲会上，心性问题开始逐渐退位，而如何加强乡村统治的现实问题却渐渐成为那些讲学家们所关心的首要问题。"② 这种讲学风气的转变在泰州学派身上表现得尤为明显，体现出泰州学派的讲学采取大众化、现实化的路线。

现实化的路线表明泰州学派的讲学不是悬空讲道，而是从日常生活事例和家庭人伦入手，宣讲儒家伦理。泰州学派的做法把讲学与社会改良结合起来，使讲学不再局限于知识分子的小圈子，而扩展到平民百姓的大圈子，不再局限于说理论辩与道德意识的转进，而强调化道德意识为道德实践，在家庭生活与社会生活中践行讲学之道或圣学之道。王艮

①《梁漱溟全集》第1卷，山东人民出版社1989年版，第540页。

② 吴震：《明代知识界讲学活动系年：1522—1602》，学林出版社2003年版，第21—22页。

的儿子王襞说："穿衣吃饭，接人接物，分青理白，项项不昧的参去参来，参来参去，自有个入处，方透得个无边无量的大神通受用。此非异学，盖是尔本来具足的良知也。"①良知是内在的德性，澄明良知当然是讲学的重点，但这种澄明与讲学是和穿衣吃饭这些日用常行相贯通的。讲学既是使道德良知显现的过程，也是使日常生活充满道德意义的过程。

泰州学派提倡平民化的讲学风格，这与他们的思想信念有关。王艮确信道不离百姓日用，日常生活世界蕴涵着终极价值。王艮说："圣人之道无异于百姓日用，凡有异者，皆谓之异端。"②从这里可以引申出这样的结论，圣人与平民没有本质性的差别，人人都可成为圣人，"愚夫愚妇，与知能行便是道"③，这就打破了圣人高不可攀的形象。这样的结论表现在教学上，就产生了有教无类的思想。王艮对此极为赞成，主张人人皆可教之，使之成才。"人之天分有不同，论学则不必论天分。"④这话成为他的平民教育思想和道德教化思想的理论基础之一。

到了近代，时代与社会的变动使讲学运动带上了新的特征。由讲学组织起来的学习共同体仍然包含三方面的旨趣，即学术的旨趣、道德旨趣和现实的旨趣，但是旨趣所涉的内容已经大不相同了。

就学术旨趣而言，近代的讲学固然也追求学问知识，但是其中渗入了西方科学知识的内容，讲学之学包括了科学之学。传统经学的影响力开始消退，科学知识的影响力开始上升，近代的知识谱系开始以科学为核心进行重组。

就道德旨趣而言，近代的讲学也有个人道德完善的目标，但是道德的含义发生了变化，旧有的儒家道德规范注重纯粹德性，近代的道德学家认识到儒家德性论的种种弊端，开始注意到感性快乐与幸福的重要

---

①《寄会中诸友》,《王东厓先生遗集》卷一。

②③④《语录》,《王心斋先生遗集》卷一。

性，认为道德的完善并不排斥欲望的享受。在康有为眼里，避苦求乐是人性之自然。“尽诸圣之千方万术，皆以为人谋免苦求乐之具而已矣，无他道矣。能令生人乐益加乐、苦益少苦者，是进化者也，其道善；其于生人乐无所加而苦尤甚者，是退化者也，其道不善。”① 理学家所说的孔颜之乐指的是精神上的愉悦，而非欲望满足之乐，精神愉悦是道德的至上之境，欲望之乐常被斥为道德的反面。康有为所说的乐首先指身体之乐或感官之乐，这个观点“颠覆”了理学家的德性论。当然，康有为还是一个过渡性的近代思想家，他仍然肯定孟子所说的不忍人之心的合理性，肯定儒家的仁义论与大同理想，儒家德性论的传统还在他身上保留着。但是，康有为毕竟是近代的讲学家，他的讲学内容已经渗透着快乐论与感性论的元素，跃出了德性论的范围。

就现实旨趣而言，近代讲学的成员大多有强烈的民族危机意识，希冀通过讲学来谋求救国的思想与良策。讲学社群成员并不回避现实社会问题，如何实现民族的独立与如何复兴民族文化常常成为他们的中心议题。在近代中国，讲学之风已由康有为、谭嗣同等思想家开创，他们创办多种讲学会或讲学堂，以讲学为名，行议政之实。讲学不仅是传授知识，主要是团结志同道合的人，一起从事政治活动，宣扬政治思想，以此改造社会。在康有为、谭嗣同的眼里，讲学的现实旨趣高于学术的和道德的旨趣。

梁漱溟的讲学思想也受到康有为等人的影响，不过，他们之间的差别还是比较明显的。就道德旨趣和现实旨趣而言，梁漱溟的讲学更多与道德生活的更新联系在一起，其目标是重整儒家生活世界，进而改造社会和礼俗秩序，“常想以近代的社会改造运动，与古人讲学的风气并作

① 康有为：《大同书》，中州古籍出版社 1998 年版，第 358 页。

一事”[1]，道德的旨趣和现实的旨趣基本上是重合的。康有为的讲学也有道德改善之意，但是其现实旨趣更加明显，主要与皇权政治制度的变革（变法）联系在一起。

梁漱溟确信，讲学可以改变人们的精神面貌，促使人们反省自己，提升道德修养。古代的讲学是讲内圣外王之学，讲学与德性修养、政治议论联系在一起。所讲之学是德性之学与政事之学。梁漱溟想延续这个讲学传统，在当代社会构建讲学团体，改进人们的道德生活，改造礼俗秩序。牟宗三带着批评的口吻把梁漱溟的一些做法如讲学类比为明太祖的“说圣谕”。“说圣谕”是指一些有学养的老先生给空闲时的农民讲讲孝悌等儒家伦理，以维护礼俗社会秩序。[2] 在笔者看来，牟宗三所作的这个类比和批评有正面的意义，正反衬出梁漱溟的讲学实践有现实的旨趣，即整顿儒家的礼俗生活世界，进行社会教化。

梁漱溟关于讲学的看法与施特劳斯关于自由教育的阐述有点接近。施特劳斯在 1959 年的一个题为《什么是自由教育》的演讲中说：“作为对完美的高贵气质和对人的优异的培育，自由教育在于唤醒一个人自身的优异和卓越。”[3] 这是自由教育的目标。那么，如何以最恰当的方式进行自由教育？他说：“自由教育在于倾听最伟大的心灵之间的交谈。”[4] 伟大的心灵保存在经典名著之中，阅读经典就是和伟大的心灵进行交流。在阅读过程中，保持倾听的姿态是必要的。只有成为温顺的倾听者，才有可能体认到内在于人性的卓越性，体认到内在的自由。梁漱溟没有使

---

①《梁漱溟全集》第 4 卷，山东人民出版社 1991 年版，第 722 页。另参见《梁漱溟全集》第 2 卷，山东人民出版社 1990 年版，第 40 页；《梁漱溟全集》第 6 卷，山东人民出版社 1993 年版，第 35 页；《梁漱溟全集》第 7 卷，山东人民出版社 1993 年版，第 184 页。

② 参见牟宗三：《寂寞中的独体》，新星出版社 2005 年版，第 259 页。

③［德］施特劳斯：《什么是自由教育》，见刘小枫、陈少明主编：《古典传统与自由教育》，华夏出版社 2005 年版，第 6 页。

④［德］施特劳斯：《什么是自由教育》，见刘小枫、陈少明主编：《古典传统与自由教育》，华夏出版社 2005 年版，第 7 页。

用自由教育这样的术语，他也许会把他的讲学——教育思想称为生命教育，其目标在于完善人的生命。完善生命的一个主要途径是生活在讲学的共同体中，在自由的交流中体悟生命。

艾恺明智地指出："作为儒家的梁漱溟和作为马克思主义者的毛泽东对于讲学在道德批判、规劝和模范方面所具有的改造能力似乎有着共同的信念。"① 和梁漱溟一样，毛泽东也看重讲学的力量。在延安整风运动中，毛泽东写下了《改造我们的学习》、《整顿党的作风》、《反对党八股》等文章。这些文章可以从政治整风这个角度加以解读，也可以从道德整顿这个角度加以剖析。毛泽东提倡学习，提醒人们注意学风问题。在《整顿党的作风》一文中，毛泽东指出，学风是党的作风问题中的"第一个重要问题"。在当时的党内，存在一股主观主义的学风。从道德上看，主观主义可以理解为从自我出发，过于突出自我中心主义。对主观主义的批评可以理解为对道德自律观念的倡导。一个人可以通过学习，加强道德自律，更多地考虑他人和集体。一个理想的集体应该是团结的，成员之间结成友爱互助的关系，不过分突出个人的作用。革命斗争的实践说明一个团结友爱的集体是取胜的前提条件。光靠纪律、惯例来维护集体的团结是不够的，还要靠理想，包括道德的理想。讲学不仅具有政治的作用，宣传党的路线方针，使人掌握党的基本理论和方法，而且具有道德凝聚的作用，用道德理想引导人，用道德模范鼓舞人，使人抛弃自以为是、唯我独尊的心态，真诚地融入集体事业之中。

在毛泽东的眼里，通过改造成员的学习态度，整顿学风，一个政党同时也会成为一个学习型的组织，一个道德的共同体，而不是一个协议性的"社会"，成员们有着共同的理想和信念，怀着诚挚的情感与兄弟

---

①［美］艾恺：《最后的儒家——梁漱溟与中国现代化的两难》，王宗昱、冀建中译，江苏人民出版社 2003 年版，第 98 页。

般的友谊，为了共同的事业而艰苦奋斗。这个设想与当代西方的政党观不同，西方的政党是一个契约性的组织，在政党的内部，人与人之间很少存在兄弟般的情谊，有的是利益的计算与争斗，权力的争夺与制衡。

讲学是促成类似道德共同体成长的一个重要途径。在这一点上，梁漱溟和毛泽东是有共同语言的。

（三）乡农学校

在梁漱溟眼里，乡村建设是现代的讲学运动。梁漱溟把讲学的思路延伸到乡村建设的实验中，创办了乡农学校和乡学村学。这里我们对这两者不作区分，通称乡农学校。这个学校“着重学，以学包事，以乡民为主体”①。梁漱溟创办的乡农学校是现代的学校，但又不同于现代教育体制下的正规学校。乡农学校不仅是一个传授知识的教学机构，还是一个乡村组织。梁漱溟想把乡农学校作为一个典型的乡村组织来建设，把它设想为一个重整儒家生活世界的试验场所。它不纯粹是一个学校，更是一个生活世界。

梁漱溟设想的乡农学校不仅继承讲学的传统，也继承乡约的传统。他说：“我们的乡农学校，是讲求进步的组织，它是《乡约》里边的——它也就是乡约。”“乡约精神本与我们村学精神是一致的，也可说我们村学是发挥乡约精神成功的一种团体组织。”② 乡约既是一些礼俗规定，也是一个伦理组织。由于乡农学校（或乡村组织）是根据儒家礼俗组织起来的，因此这样的学校或组织也被称为乡约。在梁漱溟看来，现代的乡约即为乡农学校。在乡农学校里，维持秩序靠乡约礼俗不靠法律。如前所述，梁漱溟对于礼俗和法律有明确的区分。“凡一事之从违，

①《梁漱溟全集》第2卷，山东人民出版社1990年版，第349页。

②《梁漱溟全集》第2卷，山东人民出版社1990年版，第349页；《梁漱溟全集》第5卷，山东人民出版社1992年版，第734页。

行之于团体生活中，人情以为安，此即谓之礼。……所谓《村学乡学须知》中的种种，就是要大家都承认，大家相喻而共守，养成这么一种习惯。成为习惯即叫礼。”① 乡农学校的礼俗既有新订立的，也有承继传统儒家伦理的。

从组成成分上看，乡农学校由四部分人组成，即学董或校董、学长、教员和学众。他们分别担负四个作用，学董担负行政作用，学长起监督教训作用，学董和学长是乡里或村里的领袖。教员一般指那些热衷于乡村建设的知识分子，给普通的农民传授新知识和新方法，起着推动设计的作用。学众指本地的村民或乡民，他们有权决定重大事项，重要规则和重大事情要经大家讨论决定。② 这四类人一起合作，形成一股合力，推动乡农学校的发展。把这四种作用聚合起来的是礼俗。

在这四类人中，梁漱溟十分看重学长的角色。因为他是伦理“理性”的化身，是有德性的师长，是通晓人情事理的知识分子，是众人的表率。“我们在团体——乡村里面，遇有问题时，不想用‘法’来解决，要想用‘理性’来解决；因此则必须找一个代表‘理’的人，把理放在他身上。我们组织中的学长即代表理。代表人生向上的一个人。他是一个师位，遇着什么问题时，就靠他来解决，要他来监督教训众人。”③ 这个人不负责行政事务，相对比较超脱，有较多的时间去思索儒家生活世界的重建问题。他作为道德良知的代表而备受人尊敬。

学长是所有的知识分子的代表。在乡农学校里，教员和学长一样，都是知识分子。在梁漱溟看来，知识分子是启蒙者，处于上层，农民是被教化者，处于下层。理想的状态是上层与下层接气，知识分子与农民

---

①《梁漱溟全集》第 2 卷，山东人民出版社 1990 年版，第 382 页。
② 参见《梁漱溟全集》第 2 卷，山东人民出版社 1990 年版，第 379 页。
③《梁漱溟全集》第 2 卷，山东人民出版社 1990 年版，第 377 页。

沟通。梁漱溟说：

> 如何可以接气？当然是要上层去接引下层，即革命的知识分子下到乡间去，与乡间人由接近而浑融。知识分子而且是革命的，其下到乡间去未有不扞格冲突者。求其浑融，谈何容易？本来这是工夫之始，亦是工夫之终；——最后目的所在。我们自始至终，不过是要使乡间人磨砺变化革命知识分子，使革命知识分子转移变化乡间人；最后二者没有分别了，中国问题就算解决。①

在这段话中有两个词值得注意。第一个词是“接引”，这个词表达了知识分子的启蒙地位，接引下层就是指启蒙农民。这个词刻画了乡农学校里师生之间的关系是立法者与守法者的关系。老师是立法者，是农民的表率，是给农民的生活立规矩的人。在与农民的接触中，他起着牵引或教导农民的作用。这样的观念不仅存在于梁漱溟身上，而且存在于其他乡村建设者身上，例如，晏阳初就有一股精英意识，他认为农民的思想需要由精英来启蒙。“中国农民之所以成为哑子，全在于没有一批‘发聋振聩’的人去启发他们，去帮助他们。”② 这话一方面指出知识分子的社会责任，另一方面指出农民处于被“接引”的、未开化的地位，属于被动的承受者。

如上所述，梁漱溟的“接引”工作也可称为启蒙。此时他所说的启蒙与“五四”时期陈独秀、胡适倡导的启蒙已经不同。陈独秀和胡适的启蒙是引入西方的现代思想来打破中国人固有的心灵、受礼教束缚已久的心灵，而在20世纪30年代梁漱溟的启蒙是要发动农民的主动性，让

①《梁漱溟全集》第5卷，山东人民出版社1992年版，第218页。
② 马秋帆、熊明安主编：《晏阳初教育论著选》，人民教育出版社1993年版，第266页。

农民积极参与儒家生活世界的更新运动，重新认识乡村儒家文化的世界性意义与生命的意义。

第二个词是“知识分子”。梁漱溟没有充分意识到士与专业知识分子的区别。作为士，他不仅有一定的技能，而且是社会良知的担当者，有以天下为己任的使命感。这种使命感在现代知识分子身上表现为公共的关怀。有的学者给出这样的定义：“现代意义的知识分子也就是指那些以独立的身份、借助知识和精神的力量，对社会表现出强烈的公共关怀，体现出一种公共良知、有社会参与意识的一群文化人。这是知识分子词源学上的原意。在这个意义上，知识分子与一般的技术专家、技术官僚以及职业性学者是很不相同的。”① 在这个意义上，士与知识分子几乎可以等同。但在一般人的眼里，现代知识分子常常是技术专家或学者，他们更多关心自己的专业领域，而不是社会公共事务，这类知识分子与传统儒家所谓的士有着天壤之别。梁漱溟在讲到士时特别指出，士是伦理“理性”的代表，是处于君主和庶人之间的调节者，常常以老师的形象示人。传统儒家礼俗的发展与士绅阶层的支持有关。这种支持常常以讲学、身体力行等方式呈现出来。梁漱溟在乡农学校中，把现代的知识分子当作古代的士绅，希望知识分子承担起与古代的士绅类似的角色。梁漱溟的这个希望蕴涵着某种危险，那就是现代的知识分子有可能蜕变为专家，丧失其公共关怀的抱负，从而无法担当起教化民众、维持礼俗秩序的重任。传统的士绅阶层的解体和现代知识分子的产生是现代性的事件。这样的事件蕴涵着乡农学校以及乡村建设失败的可能性，因为讲学者已经从士绅转变为知识分子，转变为专家和学者。

乡农学校里老师或知识分子的立法者形象与前面分析过的讲学团体

① 许纪霖：《中国知识分子十论》，复旦大学出版社2003年版，第4页。

中的老师的形象有差异。处于讲学团体中的师生关系是互动的，通过切磋交流，进而提高双方的道德修养。有德性的生活没有固定的模式，德性是在道德实践与体会交流中养成的，人们不可能事先确立一个标准，似乎这标准静止地摆在某个地方，等着人们去匹配它。这样的德性标准是僵化的、无生命力的。真正的德性是在实践中锻造和体会出来的，是具有生长性的东西。这个时候，老师是阐释者或对话者，不是居高临下地下命令，而是平易近人地与人交流。

把老师或知识分子形象描绘成为立法者和阐释者的做法来自鲍曼（Zygmunt Bauman）。鲍曼认为，现代型世界观和后现代型世界观有明显差别。前者承认世界是一个秩序化的总体，是可控的和可预见的；后者承认世界是多元的，评判标准是相对的和地方性的。与此相对应，现代型知识分子和后现代型知识分子的生存策略和角色地位是不同的，前者扮演立法者的角色，后者扮演阐释者的角色。根据鲍曼的论述，“立法者角色由对权威性话语的建构活动构成，这种权威性话语对争执不下的意见纠纷作出仲裁与抉择，并最终决定哪些意见是正确的和应该被遵守的。于是，社会中的知识分子团体比非知识分子拥有更多的机会和权利来获得更高层次的（客观）知识，他们被赋予了从事仲裁的合法权威”①。作为立法者的知识分子拥有仲裁权与抉择权。“阐释者角色由形成解释性话语的活动构成，这些解释性话语以某种共同体传统为基础，它的目的就是让形成于此一共同体传统之中的话语，能够被形成于彼一共同体传统之中的知识系统所理解。这一策略并非是为了选择最佳社会秩序，而是为了促进自主性的（独立自主的）共同参与者之间的交往。”②作为阐释者的知识分子把通过对话而达成理解视为主要任务。

---

① 鲍曼：《立法者与阐释者》，洪涛译，上海人民出版社2000年版，第5页。
② 鲍曼：《立法者与阐释者》，洪涛译，上海人民出版社2000年版，第6页。

鲍曼所说的立法者与阐释者是两种知识分子的类型。笔者在这里借用鲍曼的这对概念，用来说明梁漱溟如何定位不同学习环境中的师生关系。这样的借用自然会与鲍曼的用法产生差异。在我看来，梁漱溟实际上提出了两类师生关系模式，一是现实的师生关系，即立法者与守法者之间的关系；二是理想的师生关系，即对话者与对话者之间的关系。他所描述的讲学团体中的师生关系是理想的，理想的师生既互为对话者，也互为倾听者。乡农学校中的学生是当地农民，其知识水平较低，生活方式较为传统。在这样的现实教育环境中，梁漱溟把老师或知识分子定位为牵引者或立法者，视老师或知识分子为各类事务的仲裁者与抉择者。这样的定位是有现实背景的。

梁漱溟强调乡农学校的创办继承了古代儒家讲学的传统。从讲学传统来看，在师生关系上，梁漱溟承认教师的阐释者或对话者身份。但是，基于乡村建设的现实情况，梁漱溟更突出教师的立法者身份。这个做法显示梁漱溟在乡村建设中的务实态度与现实关怀。

把乡农学校放大，它就成为乡级或村级组织，这个组织的机构设置也包括四个部分，乡公所（相当于校董会）、乡民会议（相当于学众）、乡长（相当于学长）和乡农学校。前面两部分合起来组成现政权的行政系统，后面两部分合起来组成文化运动团体系统。这两个系统在社会上所起的作用是不平衡的，有主次之分。梁漱溟认为："文化运动团体系统是一个主力，是一个创造发动的力量；现政权是一个维持现状，开出机会来让社会进步（尤其是经济进步），让新社会组织的苗芽生长。新苗芽长起来之后，才可以把现政权替下来。"① 梁漱溟设想的文化系统可以理解为儒家生活世界，在乡村建设中，儒家生活世界的培育比行政系

①《梁漱溟全集》第 2 卷，山东人民出版社 1990 年版，第 392 页。

统和经济系统的发展更重要，是一个“主力”。在未来社会中，梁漱溟设想将把行政系统变成教育机构，共享儒家的生活世界。

梁漱溟对乡农学校乃至乡村组织寄予厚望，把乡农学校的发展与中国社会的前途、现代文化的命运联系在一起。他说：“乡农学校（推动设计机关）实是完成中国社会改造，完成中国新文化建设的一个机关。”①未来中国社会的发展模式在乡农学校里得到了某种程度的演示。这种现象被称为“社会学校化”。梁漱溟对此的解释是：

> 乡农学校即是以此小范围乡村社会而组织成的，同时乡农学校所作的工夫，还即以此乡村社会作对象。乡农学校的组成分子，就是此全村社会的人。我们的目的是要化社会为学校，可称之曰“社会学校化”。②

“社会学校化”体现了梁漱溟关于改造中国社会的独特思路。他把社会和学校看作同种类型的组织，社会就是学校，未来的社会是以乡农学校为典范的，是乡农学校的扩展。从生活世界理论的角度来看，梁漱溟实际上是想把学校里培育出来的生活世界扩展到社会上，化为整个社会的生活世界。学校的生活世界将会成为未来社会的生活世界的雏形。设想一下，如果社会是一个学校，那么，社会的管理者将会是老师。老师被认为是智者和贤者，是良知的外化者。依赖老师的教化作用，学校——社会将成为一个讲学的场所，一个学习型的组织，一个践行乡约礼俗的社群。

这里引出一个问题，社会究竟以市场为基础还是以学校为基础？在

①《梁漱溟全集》第2卷，山东人民出版社1990年版，第365页。
②《梁漱溟全集》第5卷，山东人民出版社1992年版，第347页。

许多西方自由主义思想家看来，社会的形成与契约、市场的出现有关，社会模型奠基于市场。

梁漱溟把学校看作社会的模型，想把乡村建设成一个实验学校或社会。他说“乡村组织必须是一教学组织”①。再进一步，他想把国家也建设成为一所学校。“现在一般国家所行之法律制裁的方法，实以对物者待人，只求外面结果而不求他心与我心之相顺，粗恶笨硬，于未来社会全不适用；非以教育的方法及人种改良的方法替代之不可。此教育要在性情的陶冶；那么，莫胜于中国的礼乐。所谓国家，将成为一教育的团体。”②这样的国家将是道德共同体，一个由君子组成的学校。梁漱溟又是怎么理解学校的呢？在他眼里，学校的结构是以家庭为基础的，学校是家庭的扩大。学长相当于家长，学众相当于家庭成员。学校奉行的礼俗和价值也是以家庭的礼俗和价值为基础的。

梁漱溟的上述看法无疑继承了传统儒家知识分子的立场。在中国传统中，没有西方现代意义上的社会，但是我们可以在笼统的意义上使用“社会”一词，泛指国家、民族等。儒家把道德品格高尚的人视为君子，可以为人师，成为他人的表率。孔子说：“三人行，必有我师焉：择其善者而从之，其不善者而改之。”③几乎在每个群体中都可发现为师之人，也就是说，几乎可以把每个群体视为学习的共同体，视为学校，这个群体可以是家庭与国家，也可以是一同行路的伙伴或街头的陌生人。在孔子眼里，一个理想的社群是道德化的，充满活力的，处于不断学习状态中的。所以他总是教人“默而识之，学而不厌，诲人不倦”④。

在梁漱溟的“社会学校化”的思路里，可以见出杜威与陶行知的影

①《梁漱溟全集》第5卷，山东人民出版社1992年版，第539页。

②《梁漱溟全集》第5卷，山东人民出版社1992年版，第170—171页。

③ 杨伯峻译注：《论语译注》，中华书局1980年版，第72页。

④ 杨伯峻译注：《论语译注》，中华书局1980年版，第66页。

子。杜威主张学校的社会化，主张按照社会现实的要求来改造学校，学校是社会的缩影。他说："使每个学校都成为一种雏形的社会生活，以反映大社会生活的各种类型的作业进行活动，并充满着艺术、历史和科学的精神。当学校能在这样一个小社会里引导和训练每个儿童成为社会的成员，用服务的精神熏陶他，并授予有效的自我指导的工具时，我们将拥有一个有价值的、可爱的、和谐的大社会的最强大的并且最好的保证。"① 陶行知颠倒了杜威的命题而主张"社会是学校"，把整个乡村看作一所大学校，把农民的耕作、畜养都看作是有教育意义的活动。杜威和陶行知关于学校与社会之关系的论述影响到梁漱溟的观点，尤其是陶行知的"社会是学校"的主张，几乎和梁漱溟的"社会学校化"的观点如出一辙。梁漱溟还在乡学村学中实行陶行知的小先生制，② 鼓励成年人和儿童共同学习，使乡村社会学校化和教育化。

美国学者艾恺指出："讲学提供了一条线索，这条线索把梁漱溟的个人生活、他的教育思想以及他从事乡建的方法联系了起来。它也是一条基本原理，围绕着它，梁漱溟将建构他关于文化复兴和乡村改革的计划。"③ 艾恺把讲学视为乡村建设的原理确实是一个有见地的看法。梁漱溟设想的乡村可以看作是一个讲学的共同体，一个实践乡约礼俗的世界。乡约礼俗的整顿、讲学风气的弘扬、乡农学校的创办在乡村建设中被有机地协调起来，共同为儒家生活世界的构筑贡献力量。

讲学问题对于梁漱溟来说，不单纯是一个教育学的问题，它既是一个精神生活世界如何建设的问题，又是一个礼俗世界如何建设的问题，

① [美] 杜威：《学校与社会·明日之学校》，赵祥麟等译，人民教育出版社 1994 年版，第 41 页。

② 参见耿巨吾、宋一平：《邹平实验县第二乡乡学》，见山东省政协文史资料委员会、邹平县政协文史资料委员会编：《梁漱溟与山东乡村建设》，山东人民出版社 1991 年版，第 209 页。

③ [美] 艾恺：《最后的儒家——梁漱溟与中国现代化的两难》，王宗昱、冀建中译，江苏人民出版社 2003 年版，第 98 页。

因为讲学的功能不仅在于提升人的精神境界，也在于改善民风民俗。在梁漱溟眼里，讲学是礼俗世界建设的主要途径。在当时的乡村建设中，依托于乡农学校（乡学村学）的讲学运动在某种程度上起到了重整礼俗世界的作用。有人指出："由于乡学的建立和开展活动，使得乡村的各种工作都有了不同程度的提高，尤其是生产、教育、治安、乡情民俗、人际关系方面成效较大。"① 这些成效可以看作是以乡村讲学方式重整儒家生活世界所得的主要效果，其中包括礼俗生活世界的重整。

五、作为生活智慧的礼俗

上文从多个角度阐释梁漱溟礼俗观的丰富内涵，显示出他的乡村建设有很实际的入手路径。根据上面的讨论，我们就儒家礼俗生命力的发挥谈两个启示。

第一个启示，在理论层面上，儒家礼俗生命力的发挥要求礼俗儒学、政治儒学与心性儒学的共同发展。

如果说梁漱溟的哲学有一个心性儒学（或生命儒学）的维度，因为早期的他曾经受到王阳明心学、生命哲学与意志主义哲学的影响，那么，根据上文的分析，他的哲学似乎还有另外一个更加值得关注的维度，即礼俗儒学的维度。梁漱溟认为，根据当时中国乡村社会和生活世界的情况，礼俗儒学与心性儒学必须共同发展，两者是不可分割的。在这里，梁漱溟的新儒学与牟宗三等人的新儒学呈现出较大的差异来，后者偏重于心性儒学和儒家的即内在即超越的精神，前者则在心性儒学的基础上，思索重建礼俗儒学的可能性，凸显了儒家礼俗的现代意义。

① 卢资平：《忆邹平实验县第十二乡乡学》，见山东省政协文史资料委员会、邹平县政协文史资料委员会编：《梁漱溟与山东乡村建设》，山东人民出版社1991年版，第216页。

现在有学者认为，从心性儒学走向政治儒学是当代儒学发展的一个新路向。政治儒学包含了礼俗儒学的内容。① 我们倾向于把礼俗儒学与政治儒学分开来，把礼俗儒学看作是阐释日常生活礼俗与伦理生活世界的儒学，把政治儒学看作是阐释儒家民主之可能性的儒学，这样，心性儒学构成了礼俗儒学与政治儒学的理论基础，而礼俗儒学与政治儒学则构成了心性儒学展开的两翼。从理论上看，儒家礼俗的生命力的发挥不仅依赖于礼俗儒学，而且依赖于心性儒学与政治儒学的发展。

第二个启示，在实践层面上，儒家礼俗生命力的发挥要求我们激发中国人的生活智慧。

梁漱溟的礼俗观可以用来回应当前关于儒学的现代命运的争论。在这方面，一个著名的观点是"游魂说"。有学者认为，由于儒学与传统制度的联系发生了断裂，传统社会全面解体，儒学成为游荡的孤魂。"游魂说"假设的一个理论前提是：儒学的生命力依赖于社会制度，"传统儒学的特色在于它全面安排人间秩序，因此只有通过制度化才能落实。……传统儒学并无自己的制度或组织，而是以一切社会制度为托身之所"②。随着科举制度、大一统政治制度的废除，儒学失去了社会制度的依托，于是儒学自然成为无所依傍的"游魂"。

从梁漱溟的礼俗观的视角看，上述理论前提是需要讨论的。如果我们宽泛地理解制度，把礼俗也视为制度的一部分，那么，一个不可否认的事实是：随着科举制度和君主制度的崩溃，儒家的礼俗世界并没有被完全废止，儒家礼俗仍然在不同的生活领域内发挥着大小不等的作用，仍然影响着人们的日常行为，因为儒家的礼俗精神是渗入中国人血液的

① 关于"心性儒学"与"政治儒学"的解说可参见蒋庆：《政治儒学》，三联书店2003年版，第11—40页。

② 余英时：《现代儒学论》，上海人民出版社1998年版，第233页。

东西。“礼之一物，非宗教、非政治；亦宗教、亦政治，为中国所特有；居其文化之最重要部分。”① 从这个意义上说，儒学并不是“游魂”，至少还有儒家的礼俗支撑着。或者说，尽管意识形态意义上的儒学消亡了，但是礼俗意义上的儒学还有其生命力。

这里，我们需要区分作为规范的礼俗（礼俗规范）和作为精神的礼俗（礼俗精神）两个概念。两者在现代生活方式中的命运是不同的：儒家礼俗规范已经在现代社会中发生了很大的变化，有些被淘汰了，有些被更新了，礼俗精神在这种变化中愈加遭到遮蔽。因此，我们应该担忧的不是君主政治制度的废黜，而是礼俗世界遭受到的破坏与礼俗“共同体”生命力的遮蔽。“可是尽管破坏，中国人还是中国人，他还有一种中国人的气味吧，中国人的风俗习惯。”② 对于梁漱溟来说，不使儒学成为“游魂”，要紧的是重建儒家的礼俗规范世界，使礼俗精神显现出来。他对礼俗关系与法律关系的贞定、对礼俗内涵的重新解释、对乡约的改造和对讲学传统的复兴等都可算是这种努力。

精神层面的儒家礼俗包含着生活的智慧，这个说法从另一个层面批评了“游魂说”。“游魂说”指出，儒学在当代越来越成为学者的“论说”或话语（Discourse）。③ 另一位学者进一步指出在儒学面前只有一条路可走，那就是学术研究之路。“把它（指儒学——引者注）的全副价值关怀均转入全力发展精神科学、人文研究的方向上去，亦即把其价值关怀寄托在纯粹的学术研究上去。今日儒者的命运也只有一条路，即韦伯所谓‘以学术为天职’。”④ 笔者以为这样的论断是需要分析的。一方面，儒学沦为学者的话语是一个事实。在学术会议上和在大学校园里，儒学成

①《梁漱溟全集》第2卷，山东人民出版社1990年版，第184页。
② 梁漱溟：《这个世界会好吗》，东方出版中心2006年版，第329页。
③ 参见余英时：《现代儒学论》，上海人民出版社1998年版，第6页。
④ 甘阳：《古今中西之争》，三联书店2006年版，第133页。

为知识分子的谈资，成为学术论文和著作的热门话题。儒学成为学者研究的对象，其影响力主要局限于知识分子圈子，它似乎已经不太可能再产生巨大的社会影响了。这只是问题的一个侧面。另一方面，同样不可否认的是，儒学也是一种思想，一种精神，尤其是沉潜在礼俗世界中的儒学，更是一种生活的智慧，一种个人修养的“学问”。它的生命力不一定出现在学者的论著中，但它却潜藏在人们的为人处世之中，隐含在人们的生活经验之中。

作为生活智慧的儒学不一定适合成为课题研究的对象，但它却是日常生活方式的一部分，是我们共同的生活处境的一部分。积淀在礼俗中的儒家生活智慧，常常是不自觉地留存在每个中国人的身上。要发挥儒家礼俗的生命力，需要使每个人自觉到这一点，唤醒每一个人的文化自觉。梁漱溟说：“礼俗本来随时在变的，其能行之如此久远者，盖自有其根据于人心，非任何一种势力所能维持。”① 人心的觉悟是礼俗生命力开显的有力支撑，因此，儒家礼俗生命力的发挥有待于每一个人的生活智慧的显现，祛除蒙在其上的遮蔽物。

借助德国哲学家卡西尔（Ernst Cassirer）的说法，我们更愿意把内蕴于儒家礼俗的精神视为“心魂”而非“游魂”。儒家礼俗“乃是一股精神心魂的表达，当这一股‘待访’的心魂有一天遇上与它有关联的而又愿意接受它的主体的时候，它随时可以自它的质料外壳兔脱而出，进而被唤醒而作出新的影响”②。儒家礼俗的生命力在于它可以不断地以其心魂去点燃后来的领受者的生命之火。

①《梁漱溟全集》第 3 卷，山东人民出版社 1990 年版，第 119 页。

②［德］恩斯特·卡西尔：《人文科学的逻辑》，关子尹译，上海译文出版社 2004 年版，第 203—204 页。

The Confucian Life-world

第三章 政治生活世界

礼俗世界是儒家生活世界中最基础的部分，最贴近日常生活的部分，居于最底层，比这更进一层的是政治生活世界。在政治生活世界中，梁漱溟有限度地承认民主政治的合理性与局限性，创造性地提出儒家民主的思想。这个思想为儒家政治生活世界的重整提供了理论基础。这样，“儒家民主”成为本章的关键词。

在哈贝马斯哲学中，政治不属于生活世界，那么，我们是在什么样的意义上谈论儒家政治生活世界呢？

哈贝马斯认为，在现代化进程中，经济系统与行政系统的原则逐渐入侵到生活世界中，形成生活世界殖民化现象。哈贝马斯的政治概念不能套用到梁漱溟的生活世界理论中。政治概念的含义广泛，梁漱溟理解的政治主要指政治制度、民主政治观念与政治参与活动，是比较狭义的理解。他有一个论断：“政治的根本在文化。”① 他把在中国建设新政治制

①《梁漱溟全集》第6卷，山东人民出版社1993年版，第686页。

度、建设儒家民主政治看作一种文化活动。中国文化问题不解决，政治问题的解决也是无希望的。他讨论政治问题，实际上是在讨论政治文化问题。

更进一步说，政治文化的关键点是政治习惯。新政治习惯的培养成为政治生活世界的主要内容。我们正是在政治文化、政治习惯的意义上，把梁漱溟所论及的政治生活纳入儒家生活世界的范畴里。

把政治生活放置在儒家生活世界内，还有一个考虑，那就是尊重儒家传统。在儒家思想传统内，礼俗伦理与政治不能截然分隔。梁漱溟说："不但整个政治构造，纳于伦理关系中；抑且其政治上之理想与途术，亦无不出于伦理归于伦理者。"① 徐复观也说过意思相近的话："儒家的政治境界，即人生的最高境界。……至善正是儒家人生的归结，也是儒家政治的归结。"② 这些话揭示了礼俗伦理生活与政治生活的内在关系。在儒家视野里，政治生活的合理性受伦理的监督与检查，它与礼俗伦理生活一起成为儒家生活世界的一部分。因此，梁漱溟的政治生活世界常常夹杂着伦理生活原则，很难把它们剔除出去。

一、儒家民主观与杜威

梁漱溟设想的政治生活世界是儒家式的，也是民主式的。就民主一面，梁漱溟的思想与杜威的民主观有一定的关联。这里所说的杜威民主观以《民主主义与教育》(*Democracy and Education*) 一书为主。

(一) 梁漱溟对杜威民主观的理解

在《我们政治上的第一个不通的路》一文中，梁漱溟明确否认中国

① 《梁漱溟全集》第 3 卷，山东人民出版社 1990 年版，第 85 页。
② 《徐复观文集》第 1 卷，湖北人民出版社 2002 年版，第 115 页。

应走西方民主政治的路子，认为西方的民主政治与中国人的民族精神不合。但是，他又认为“将来中国的民治并不是不能有；但决不如近世西洋人从自己本位向外用力寄民治于彼此对抗互为防遏之上”[①]。换言之，中国现代性的发展可以吸收西方的民主思想，但不能移植。在此思想的指导下，梁漱溟试图把儒家的伦理传统与西方的民主思想（包括杜威的民主观）结合起来。在乡村建设实践中，他提出了“人治的多数政治”的设想。借用贺麟、安乐哲（Roger T. Ames）与陈素芬（Sor-hoon Tan）等人使用的概念，[②]笔者把新儒家梁漱溟提出的这个粗糙的设想称为“儒家民主主义”。梁漱溟的儒家民主观的思想来源固然是多元的，然而儒家思想与杜威的民主观是其中重要的两支。在一定意义上，梁漱溟的儒家民主观是杜威（和西方）的民主观与孔子儒学对话的结果。

在梁漱溟的儒家民主观中，至少有四个观点与杜威的民主观密切相关，并深受影响，当然他对杜威的理解带着自己的思路。

第一，梁漱溟认为民主是一种精神，这个观点多少受到杜威的“民主是一种生活方式”观念的影响。

梁漱溟在民主观上一个突出的观点是承认民主不仅仅是制度，而且是精神。民主精神包括五个方面，即承认旁人、平等、讲理、取决多数、尊重个人自由。[③]承认旁人的意思是把自己与他人都视为对等的主体，在社会事务和权利享有中居于平等地位。讲理可以理解为言论自由的另一种表述。遭遇矛盾和问题时，民主精神告诉人们要诉诸理性而不是暴力。自由讨论、平等协商是民主社会解决问题的基本途径。取决多

①《梁漱溟全集》第 5 卷，山东人民出版社 1992 年版，第 166 页。

② 参见贺麟：《文化与人生》，商务印书馆 1988 年版，第 14—15 页；安乐哲：《和而不同：比较哲学与中西会通》，北京大学出版社 2002 年版，第 214 页；Sor-hoon Tan，*Confucian Democracy：A Deweyan Reconstruction*，Albany：State University of New York Press，2004，p. 201。

③ 参见《梁漱溟全集》第 3 卷，山东人民出版社 1990 年版，第 240—241 页。

数可以理解为尊重多数人权利的程序性要求。尊重个人自由可以广义地理解为保护个人权利，包括自由权利。个人自由是现代民主社会中一项基本的权利。这五个方面构成了梁漱溟所说的现代民主精神的内涵。

梁漱溟关于民主精神的观念与杜威的《民主主义与教育》一书中阐发的民主观念有接近的地方。杜威在此书中说："民主主义不仅是一种政府的形式，它首先是一种联合生活的方式，是一种共同交流经验的方式。"① 这话清晰地表明杜威主张从生活方式的层面来理解民主。杜威所说的生活方式有一个修饰语，即联合，联合不是指松散的结合，而是指包含着理想价值导向的合作。因此，作为联合生活方式的民主可以引导人们趋向理想的生活方式，如平等的、理智的、自由的生活方式。这个时候的民主表达的是一种共同生活的理想。杜威的民主理想与梁漱溟的民主精神有共通之处。

在对杜威著作《民主主义与教育》的阅读中，梁漱溟受到杜威民主理想的启发，进一步把作为生活方式的民主理解成心灵的相通，从心灵、态度、精神的角度来理解杜威的民主概念。梁漱溟在转述杜威的民主观的时候说："反民本主义的社会就是只有物的往来、空间的接近，而无心的相通。"② 梁漱溟的这个理解多少偏离了杜威的民主观，他站在儒家生命哲学的立场上来理解杜威，把作为生活方式的民主提升为民主精神，把作为经验交流方式的民主理解成心灵的交流方式。梁漱溟并没有意识到其间的差异，他实际上是用杜威的民主观来为自己的儒家民主思想辩护。

与梁漱溟的民主精神这一论说相对照，20 世纪三四十年代的胡适更多从政治制度的视角理解杜威的民主观，并且从中国文化传统中寻找

---

①［美］杜威：《民主主义与教育》，王承绪译，人民教育出版社 2001 年版，第 97 页。
②《梁漱溟全集》第 7 卷，山东人民出版社 1993 年版，第 699 页。

制度资源，试图以官吏考试制度、直言诤谏的监察制度等来接引西方的民主制度。①

第二，梁漱溟认为，从民主精神的视角来看，中国有民主思想，但不是现代西方式的民主观。与西方相比，中国的民主思想最欠缺两点：一是缺乏民主的团体生活；二是缺乏个人权利的观念。就民主的团体生活而言，梁漱溟认为，理想的民主社群是一个参与的、沟通的共同体。参与包括两方面：一是社群内的成员对社群公共事务的参与；二是社群与社群之间的交互作用。重要的是第一方面的参与。相对私人领域，社群事务属于公共领域。梁漱溟认为，在民主的社会里，个人具有主动参与公共事务的能力，以便把社群建设成为一个自由交往的、协商的场所。"所谓组织能力，就是会作团体分子的能力；关于团体公共的事情，天然由分子参加公开商量进行，这就是民治。"② 梁漱溟的参与民主观呼之欲出。

梁漱溟的参与民主观也受到杜威的民主思想的影响。梁漱溟曾概括杜威关于民主的个人的思想说："民本主义的社会分子（真够称为社会分子的），是能参与公共趋向的。"③ 对杜威来说，个人对社群事务的参与程度与社群的民主化程度是成正比的。梁漱溟在他的儒家民主实践中，贯彻了杜威的这一思想。梁漱溟表示他不太喜欢用"民治"这个概念，而更喜欢用一句话来表达同样的意思："在一团体中，多数份〔分〕子对于团体生活应作有力参加。"④ 这话可看作梁漱溟民主观的基本界定之一。

---

① 参见胡适：《民主中国的历史基础》，见欧阳哲生、刘红中编：《中国的文艺复兴》，外语教学与研究出版社2001年版，第315—326页。

②《梁漱溟全集》第5卷，山东人民出版社1992年版，第333页。

③《梁漱溟全集》第7卷，山东人民出版社1993年版，第699页。

④《梁漱溟全集》第2卷，山东人民出版社1990年版，第292页。

第三，梁漱溟所言的儒家民主不仅是一个政治概念，更是一个伦理概念。儒家民主具有道德意义。这一点通过“理性”（Impersonal Feeling）范畴体现出来。梁漱溟从心理学着手，指出人心在本能（Instinct）、理智（Reason，Intellect）之外还有“理性”。如果说理智指的是主体的计算、筹划的能力，那么，“理性”指的是人的无私的情感，是通达的心理，无私心杂念。伦理“理性”的展开，既是一个伦理生活世界的形成过程，也是一个乡村民主社群的建构过程。理想的乡村组织是浸透着“理性”精神的共同体。

梁漱溟在《乡村建设理论》一书中几次引用杜威的《民主主义与教育》中的话来支持他的上述观点。杜威说：“在任何社会群体中，有很多人与人的关系仍旧处在机器般的水平，各个人相互利用以便得到所希望的结果，而不顾所利用的人的情绪的和理智的倾向和同意。”① 杜威批评当代西方民主社会的一个不良现象，即以功利原则来处理人际关系，把人与人的关系看作是机器与机器的关系。梁漱溟把杜威所批评的社群称为机械的组织，而把儒家的理想社群称为“理性”的、亦即民主的组织。这样的民主社群被梁漱溟赋予道德的意义。梁漱溟的这一观念并不与杜威的民主观相违，杜威明确表示：

> 民主政治是有许多意义的，但如果它是有一个道德的意义，那是成立在“一切政治制度和实业组织底最高标准存于它们对社会各成员底平均发展所致贡献”那个断定里面。②

---

①［美］杜威：《民主主义与教育》，王承绪译，人民教育出版社 2001 年版，第 10 页。梁漱溟的引用可参见《梁漱溟全集》第 2 卷，山东人民出版社 1990 年版，第 310—311、565—566 页；《梁漱溟全集》第 3 卷，山东人民出版社 1990 年版，第 303 页。

②［美］杜威：《哲学之改造》，许崇清译，商务印书馆 1933 年版，第 152 页。

在梁漱溟眼里，杜威所说的民主的道德意义，意味着民主社群中个人的伦理生命的发展，这与“理性”的发达是一致的。

在《创造性的民主》一文里，杜威继续说：

> 因为抛弃把民主看作某种制度性的、外在的东西这种习惯，而养成把民主看作个人的一种生活方式这样的习惯，这就是理解到民主是一种道德理想，而在它变成事实的情况下，它就是一个道德事实。这就是理解到，只有当民主真正是一种生活常识时，民主才是一种实在。①

这段话进一步表明，杜威不仅承认民主有道德意义，而且把民主当作道德理想来看待。这正是梁漱溟的儒家民主观所要表达的一个意思。

第四，梁漱溟认为，民主的实施离不开教育。乡村建设不仅是一个改造社会的运动，同时也是一个民主运动与教育运动。他说：“乡村运动便是我的宪政运动。”②他又说：“乡村建设与社会教育，是一而二，二而一者。”③在民主与教育之间的关系上，梁漱溟至少在两个观念上受到杜威的影响。

第一个观念，民主与教育具有共生性。梁漱溟认为，他要建设的乡村组织是一个民主的社群，也是一个教育性的组织或一个特殊的学校，民主的意义与教育的意义统一在乡村组织的建设过程中。梁漱溟关于民主与教育相统一的思想来自杜威。杜威认为，民主理想蕴涵着人性自由发展的可能性，蕴涵着引领日常生活的可能性，这种发展和

①《杜威文选》，涂纪亮译，社会科学文献出版社2006年版，第417页。
②《梁漱溟全集》第6卷，山东人民出版社1993年版，第498页。
③《梁漱溟全集》第5卷，山东人民出版社1992年版，第436页。

引领都需要通过教育才能实现。教育是一种有意义的沟通，通过教育，民主将成为一种自由而丰富的沟通。梁漱溟曾转述杜威的思想说："杜威民本主义就是在去一切隔膜，使人类更相通，更容易改造，更能自新，更有进步。这也就是教育的意义，生命的意义。"① 在自由沟通的意义上，民主与教育是相通的。梁漱溟对杜威这一思想的领会是颇有见地的。

第二个观念，生长。众所周知，"生长"是杜威民主主义教育思想的基本观念。杜威把教育视为儿童经验的生长与改组的历程。他曾说："教育的过程是一个继续不断的生长过程，在生长的每个阶段，都以增加生长的能力为其目的。"② 在梁漱溟看来，生长正是生命的特征，"杜威的教育就是把握住人的整个生命"，也即是把握住生长。梁漱溟以赞赏地口吻说："杜威生长之意就是叫人老是长，长……万不可长成。这个眼光很对！"③ 生长不仅可以用来描述个体生命，而且可以用来描述社会生命。社会生命在团体生活中得到生长。只有民主的团体生活，才是真正生长性的生活。梁漱溟将杜威的生长观念应用到他的乡村建设中，把新的乡村组织理解成民主的和教育的团体，这样，他很自然就把它理解成一个生长性的社群。他说："我们的乡村建设，是建设社会组织；而此社会组织，我常爱说他是一个生长的东西、慢慢开展的东西，从苗芽而生长，从端倪而开展。"④ 梁漱溟的这个想法明显受到杜威关于"教育即生长"思想的影响。

在一定程度上，杜威的民主观启发了梁漱溟对于儒家文化与民主精神的相容问题的思考，进而促使他形成儒家民主主义思想。当然，杜威

---

①《梁漱溟全集》第7卷，山东人民出版社1993年版，第699页。
②［美］杜威：《民主主义与教育》，王承绪译，人民教育出版社2001年版，第63页。
③《梁漱溟全集》第7卷，山东人民出版社1993年版，第690页。
④《梁漱溟全集》第2卷，山东人民出版社1990年版，第337页。

的民主观不是唯一的思想来源。梁漱溟儒家民主观的形成还与其他因素有关，例如，他注意到中国社会的结构与底层社会的情况，注重国情分析，这使他比一般思想家更深入地了解中国农村社会与乡村儒家文化的现状。他的儒家民主思想的提出与这个背景有关。

（二）梁漱溟儒家民主观的基本观点

通过以上的分析，可知梁漱溟的民主思想与杜威的民主观不仅有着惊人的相似之处，而且前者受到后者较大的影响。梁漱溟提出的带有乡村特色的民主观在一定意义上可以看作是儒家思想与杜威民主观（以及其他西方民主思想）的结合，是一种儒家民主主义。这一民主观带有鲜明的儒家文化特征，从而显现出与杜威民主观以及现代西方民主思想的差异。

有的学者认为儒家民主是一个矛盾的用语，郝大维和安乐哲对此提出反驳，从社群主义的视角出发，认为儒家思想与杜威的民主观念有一致之处。① 陈素芬认为，儒家民主不仅不是一个矛盾用语，而且在很多方面，它是可与西方自由主义民主模式相较量的民主理想。② 笔者以为，儒家的思想与西方（包括杜威）的民主观既有一致的地方，也有紧张的地方。在此笔者不想抽象地讨论儒家民主概念的矛盾与否，而只想指出，梁漱溟已经在20世纪30年代的乡村建设实践中创造性地提出了一套有别于西方的儒家民主观念。这是我们应该珍视的新儒家民主思想，是具有中国特色的民主观。梁漱溟的儒家民主观正预示着另一种民主、另一种现代性的可能性。利奥·斯特劳斯（Leo Strauss）说："自由民主制的有力支持来自一种决不能被称为现代的思之方式：我们西方传统之

① 参见［美］郝大维、安乐哲：《先贤的民主：杜威、孔子与中国民主之希望》，何刚强译，江苏人民出版社2004年版，第93—110页。

② 参见 Sor-hoon Tan, *Confucian Democracy: A Deweyan Reconstruction*, Albany: State University of New York Press, 2004, p. 201。

前现代思想。”① 套用这句话的意思，我们可以说，梁漱溟儒家民主观的一部分思想资源来自儒家的精神传统。

杜威在一篇发表于 1919 年 11 月的英文文章中承认，民主精神在中国的历史中多有表现，它在一些具体的社会现象中呈现出来，这些现象包括中国无阶级差别、社会平等、以道德而不是以武力即以教导、舆论而不是以法律手段管束个人和群体。在杜威看来，不能套用西方民主政治学说来改造中国社会，而应该因顺和改造中国既有的民主精神。中国的民主政治改造有很多入手处，如调整中央政府与地方政府之间的权力分配，协调行政机构和立法机构的关系，修改司法程序和法律等，这些建议都是根据西方的政治学说推论出来的，不完全适合中国的情况，因为它们没有抓住中国民主问题的实质。在中国，真正的民主问题是曾经在中国历史上显现出来的民主精神如何在现时代化为现实，实现建制化。② 这是说，中国的民主要从儒家传统的内部生长出来。杜威的这个观点和梁漱溟的看法颇为相似。梁漱溟也承认古代中国有民主精神，中国既有的民主精神包括上文提到的承认旁人、平等、讲理三项，中国缺乏的是民主精神的第四、五项，即取决多数、尊重个人自由。因此，在梁漱溟看来，建设儒家民主的主要任务在于如何扩充中国既有的民主精神，进一步把儒家思想与尊重个人自由权利和取决多数原则结合起来。于是，梁漱溟所说的儒家民主观重点在这样两个问题上体现出来：一是“义务”与权利或伦理与民主的关系；二是贤者政治与民主政治或人治与法治的关系。

第一，在伦理与民主的关系上，梁漱溟的民主观基本上服从于儒家

① [德] 列奥·斯特劳斯：《现代性的三次浪潮》，丁耘译，见贺照田主编：《西方现代性的曲折与展开》，吉林人民出版社 2002 年版，第 101 页。

② 参见 John Dewey, *Transforming the Mind of China*, *The Middle Works*, *1899—1924*, Volume 11, Carbondale and Edwardsville: South Illinois University Press, 1983, pp.212—213。

伦理观，服从于伦理生活世界的建构。梁漱溟认为，儒家伦理观的核心范畴是“义务”和“理性”。在中文语境里，伦理指人与人的关系。儒家指出理想的伦理状态是人与人之间的互相尊重，互为对方尽“义务”。相比之下，现代西方自由主义思想家认为人与人之间交往的首要原则是权利，确保个人权利不受侵害是法治国家的主要任务。“义务”而不是权利成为儒家伦理的基本理念。

人们何以能体认真正的伦理“义务”呢？因为人有伦理“理性”。凭借这种独特能力，人便能体悟到为何以及如何为他者尽“义务”。以“义务”与“理性”为基础的儒家伦理构筑起一个新的生活世界，这成为梁漱溟设想的儒家民主观的伦理基础。

进一步说，梁漱溟的民主观念是以“义务”为核心，而不是以权利为核心。在权利与“义务”的关系上，“义务”具有优先性。也就是说，梁漱溟理解的儒家民主社群首先是一个“义务”的或伦理的共同体，而不是权利的或政治的共同体。权利是在“义务”共同体的范围内才被认可的，是“义务”的衍生物，而不是先于“义务”。换言之，民主不是最高的原则，必须诉诸更高的伦理准则，接受伦理的检验与校正。按照这个解释，梁漱溟侧重从伦理道德的层面理解民主，认为民主具有道德的意义。

在现代中国，人们的权利意识很薄弱，保障个人权利的社会政治制度还没有被系统地建立起来，在这种情况下，梁漱溟倡导“义务”优先的儒家民主观有可能存在着潜在的危险，即对个人权利的漠视。

第二，在贤者政治与民主政治的关系上，大多西方民主思想家主张民主政治或法治，儒家主张贤者政治或人治，两者是冲突的。梁漱溟的儒家民主观破除了这种见解，主张人治与法治的调和，主张贤者政治与多数政治的统一，调和的结果就是他所说的“人治的多数政治”思想。

他指出：

> 我们现在的这种尊尚贤智，多数人受其领导的政治，自一方面看，的的确确是多数政治，因多数是主动，而非被动；但同时又是人治而非法治，因不以死板的法为最高，而以活的高明的人为最高。①

这里说到的“人”指儒家的贤者。为什么贤者具有充当民主社群裁决者的资格呢？如前所述，在梁漱溟眼里，伦理“理性”是民主的根基。那些合乎“理性”行动的人，也一定合乎民主精神。贤者正是“理性”的代表。因此，“人治”并不意味着少数贤者的意见否决多数人的意见，如果是那样的，就没有民主可言了。我们已经提过，梁漱溟在谈到民主精神时赞同取决多数的原则。梁漱溟的意思是：如果贤者的意见是合情合理的，那么它应当为大多数人理解和接受。古代中国把社会成员划分为士农工商四类，其中士人即贤者是“理性”发达之人，他们不仅明白事理，而且体察情理，启发他者的“理性”，使人人反省自悟，保存向上之心。

在由贤者主导的民主社群里，社群成员一方面热心参与公共事务，创造新的礼俗，施行法治，梁漱溟举例说：“如果我们能在一个村庄中，为要他们能认识他们彼此的相关系，并增进他们的关系，因而每户出一个明白人来参加开会，且每人都肯用心思去讨论他们的问题，让大家对每一件事情都找出一结论来，我认为这是最好的民治、最通的民治。”② 另一方面，他们又听从贤者的教诲与决断，以免因意见纷争而贻

①《梁漱溟全集》第2卷，山东人民出版社1990年版，第292页。
②《梁漱溟全集》第2卷，山东人民出版社1990年版，第326页。

误解决问题的时机。这种“政教合一”的民主观在乡村建设中得以贯彻实践。

与人治相适应，儒家民主的实行首先需要诉诸礼俗而不是法律制度。传统中国重礼俗不重法律，现代中国必须维系这个传统，但不是延续旧的礼俗，而是要创造新的礼俗，以推进中国社会的民主化进程。因为“礼俗示人以理想所尚，人因而知所自勉，以企及于那样；法律示人以事实确定那样，国家从而督行之，不得有所出入”①。梁漱溟主张在礼俗的前提下容纳法律。因此，与西方的自由主义民主观念不同，梁漱溟不是要把中国变成法治社会，而仍想维持礼俗社会。梁漱溟相信，礼俗化的儒家民主模式不仅是中国社会发展的方向，也是西方社会的未来。

总的来说，梁漱溟提出了一套比较粗糙的儒家民主观，这多少吸收了杜威的民主思想。借用德国哲学家韦默尔（Albrecht Wellmer）的概念，梁漱溟的儒家民主主义也可称为“民主的伦理生活方式”（Democratic Form of Ethical Life），民主是用来修饰伦理生活的。尽管如此，梁漱溟的儒家民主观仍然显示出较为独特的理论价值。在理论上，它昭示出另一种不同于杜威的民主观与西方民主观的可能性。这种儒家民主观比杜威的民主观更强调民主的伦理意义。

梁漱溟的儒家民主观反映了他对现代性的反思姿态，也反映了另一种现代性谋划的可能性。民主是现代性的一个内在维度，但是，梁漱溟并没有完全认可西方的民主观，而是在有限的程度上承认民主的合理性，在儒家文化的范围内肯定民主的价值，肯定杜威民主观的意义，这一做法体现了他对儒家民主观的期望和儒家现代性的想象。

---

①《梁漱溟全集》第3卷，山东人民出版社1990年版，第121页。

二、权利观与权利的个人[①]

在梁漱溟的儒家民主思想中，权利与义务的关系是一个主要内容。如何界定权利在儒家民主中的地位是一个难题。

在梁漱溟哲学的研究中，权利观是一个被人忽视的话题，少有文章论及。在笔者看来，梁漱溟的权利概念是理解他的儒家民主观和政治个人观的主要概念。从字面上看，梁漱溟对权利的态度是矛盾的：在有的地方为权利说好话，在有的地方则说批评权利的话。笔者认为，梁漱溟的矛盾态度与他对权利概念的独特理解有关。和一般人笼统地讨论政治权利不同，他从两个互相关联的视角理解权利概念：一是政治的视角；二是伦理的视角。在前者语境下，权利指政治的正当性，与法律上的义务相对，两者构成一对法学和政治学的范畴。在后者语境下，权利指主张个人优先的伦理原则，与那种主张为他责任的伦理义务相对，此时，权利和义务构成一对伦理学范畴。从这两个界定出发，梁漱溟对于权利的态度其实并不矛盾，他只是主张对于不同的权利应持不同的态度：在政治学里，他拥护基本的政治权利；而在伦理学里，他赞成义务优先，认为权利不应成为中国人人际交往的伦理原则。

（一）民主精神与政治权利

在政治层面上，正如梁漱溟承认民主精神的重要性一样，他也承认权利，尤其是政治权利，对于现代个人发展的重要性。现代个人应该是有权利诉求的个人。梁漱溟对选举权、平等权等等政治权利予以充分的确认。他曾提到在西方国家的最新政治发展情况，例如，“一战”后一

① 本节部分内容请参见顾红亮、刘晓虹：《想象个人——中国个人观的现代转型》，上海古籍出版社2006年版，第215—226页。

些国家的宪法在规定消极性权利之外，增加了积极性权利的内容，如生存权、要工作权等，对此，他的态度是肯定的。①

要具体地了解梁漱溟的政治权利观，可以从他的民主观入手，因为两者是紧密相关的。上文已经指出，梁漱溟把现代民主精神概括为五点，据此，我们大致可以从这五个方面来理解他的政治权利观念。

第一，承认旁人原则，可以理解承认他者的权利原则。“我承认我，同时亦承认旁人。”② 保持自我认同的同时也认可他人。把自己与他人都视为主体。认可他人，也就是认可自己。现代的个人是权利主体，承认他人，也意味着承认他人的权利。因此，现代个人不是那种只顾自己而抹杀他人权利的个体。

第二，平等原则，可以理解为权利的平等原则。既然“我”认可他人，那么“我”和他人就应该平等相待，在社会上享有同等的权利与机会。这表明所有社会成员在权利享有中居于平等地位。

第三，讲理原则，可以理解为言论自由权利的另一种表达。在公共生活中，人们经常发生矛盾与冲突。民主精神告诉人们要诉诸理性而不是暴力，要诉诸讨论与协商而不是压制与迫害。每个人都有权利表达自己的意见，以理服人。这样，占主流的意见常常是大家协商后的共识。

第四，取决多数原则，可以理解为尊重多数人权利的原则。在很多情况下，摆在人们面前的问题不是一下子就能解决的。讲理协商的过程也是一个复杂的、耗时的过程。尽管大家无法统一意见，但是当情况紧急、必须采取行动的时候，就需要依据少数服从多数的原则做出决策或采取行动。少数人尽管反对这个决策或行动方案，但是他们必须遵循民主的程序规则，懂得尊重大多数人的权利。

---

① 参见《梁漱溟全集》第3卷，山东人民出版社1990年版，第93页。
②《梁漱溟全集》第3卷，山东人民出版社1990年版，第240页。

第五，尊重个人自由原则，可以广义地理解为保护个人权利的原则。尽管个人必须服从多数人的意见，但是他有权保留自己的意见，而且任何人不得压制他表达意见的权利。因为社会成员之间是互相认可的，不仅认可他的意见、思想和要求，而且认可他的种种政治权利。个人自由是现代民主社会中一项基本的权利。个人自由的剥夺，即是民主政治的消亡。“中国过去对于自由没有认识，是一种短缺。”①传统中国社会既缺乏自由权利观念，也缺乏现代民主观念。

上面五点是就民主和权利的普遍意义上讲的，是基本的政治权利观念。对此，梁漱溟无疑是认可的。对于中国而言，最擅长的是第三点，最缺乏的是第四、五点。从这个角度看，中国有民主和权利观念，但是没有西方现代的民主和权利观念。

综合上面五点，梁漱溟理解西方的权利概念的主要意思为正当合理。在这一点上，中国和西方没有差别。然而，梁漱溟在谈到西方的权利观时，说权利是自己争来的，这个说法从学理上看并不完整。康德曾区分两类权利，即“天赋的权利”和“获得的权利”。“天赋的权利”是每个人生而具有的，根据自然而享有，不依赖于现实生活中的法律规定。“获得的权利”是根据法律规定授予的权利。②它是要靠人们争取的，通过立法的方式加以确定。在中文语境里，“天赋的权利”也被译作自然权利（Natural Right）。英国思想家洛克（John Locke）认为，基本的自然权利包括生命权、自由权和财产权，它们是与生俱来的，诉诸人的理性和自然法就可以得到辩护。世俗国家恰恰不是权利的赋予者，而是保护者。那些不能维护、捍卫公民的自然权利的国家便丧失了存在的合法性。自然权利构成了现代国家的基础条件之一。梁漱溟说个人争取权

① 《梁漱溟全集》第2卷，山东人民出版社1990年版，第296页。

② 参见［德］康德：《法的形而上学原理》，沈叔平译，商务印书馆2005年版，第49页。

利，这个看法很显然是就“获得的权利”来说的。换言之，自然权利说并没有进入梁漱溟的视野。在西方近代思想史中，自然权利说与社会契约说是自由主义理论的两个主干。自然权利是现代个人的内在品格，具有某种“神圣性”。它的基本理念甚至体现在美国的《独立宣言》和联合国的《国际人权宣言》中。当代新自由主义者德沃金、罗尔斯还一再谈及自然权利说，利用它来论证基本的公民权利。梁漱溟对自然权利说的忽视无疑是其政治权利观的一大局限。

（二）伦理义务优先于权利

与政治层面上辩护权利观念不同，在伦理层面上，梁漱溟以阐释儒家的义务伦理观的方式，主张义务对于权利的优先性，从而显现出儒家民主观的儒家特色来。

从伦理的角度理解权利观念，是和梁漱溟对传统的义利之辨的诠释联系在一起的。他的伦理的权利观是从传统的义利之辨引申出来的。“从义来说话，则是我对你该当如何如何，从利来说，则是你对我该当如何如何。”① 他把传统的义利之辨看作是义务和权利之辨，这是新的解释，传统的解释是道义与利益（功利）之辨。一方面，从这个转换中，可以见出梁漱溟对传统儒学进行创造性转化的努力。义务与权利之辨的开显无疑为传统的义利之辨带来了新的气象。义利之辨被注入现代的政治哲学元素。另一方面，权利与义务之辨由于是在义利这对伦理学范畴上生长出来的，因此不可避免带有伦理学的意味。

中国和西方文化在讲到权利与义务关系时显现出深刻的差异来。梁漱溟说：“西洋人是主张自己的权利，中国人则看权利是对方给的。西洋人之所以争，即因他是从自己出发，中国人则是以对方为重，老是不

①《梁漱溟全集》第2卷，山东人民出版社1990年版，第295页。

许自己说话，开腔便要从义务上出发。”① 中国人讲权利在后，讲义务在先，也就是把他人放在第一位，中国人的行为的出发点不是自己，而是他者。在西方文化里，权利“由自己说出”，是主体自己主张和争取的，希望别人或国家不要来干涉。因此，自己的权利是第一位的。如果西方人把权利和义务关系颠倒一下，便和中国人的观念一致了，即不从自己方面说权利，不从对方方面说义务。换言之，伦理权利与义务的关系实际上牵涉到个人与他者的关系：主张权利优先的，其理论基础在于个人主义；主张义务优先的，其理论基础在于他者哲学。后者是儒家的主张。

从伦理权利观念出发，梁漱溟认为中国的文化缺乏这一维度，因此他认为，个人在中国文化中没有地位。他说：

> 在以个人为本位之西洋社会，到处活跃着权利观念。反之，到处弥漫着义务观念之中国，其个人便几乎没有地位。此时个人失没于伦理之中，殆将永不被发现。……中国文化最大之偏失，就在个人永不被发现这一点上。一个人简直没有站在自己立场说话机会，多少感情要求被压抑，被抹杀。②

中国文化没有产生西方现代意义上的个人观念。在儒家传统内，个人是社会关系中的特定角色，在家庭关系中是父亲或儿子，在朝廷关系中是臣子，个人的“自性”在父子、君臣、朋友、夫妻等等社会关系中被遮蔽了。一种关系便是一种伦理义务。人际交往关系的网络便是伦理义务的网络。处于关系之中的个人的首要任务不是追求自我实现，而是尽

①《梁漱溟全集》第 2 卷，山东人民出版社 1990 年版，第 295 页。
②《梁漱溟全集》第 3 卷，山东人民出版社 1990 年版，第 251 页。

其伦理义务，履行多重角色的特征。如费孝通所言，中国传统社会的结构是“差序格局”，个人在这样的差序格局中，以自己为中心，向外推，逐渐建立起庞杂的社会关系网络，最终个人就隐匿于其中而鲜见其特性。虽然，自己是这个关系网络的中心，但“我”是以他者为先的，以尽伦理义务为先的，因此，中国文化并没有发展出个人主义，也没有把权利视为个人的首要伦理原则。相反，权利是义务的衍生物。梁漱溟说：“各人尽自己义务为先；权利则待对方赋与〔予〕，莫自己主张。这是中国伦理社会所准据之理念。而就在彼此各尽其义务时，彼此权利自在其中。”① 尽义务并不意味着不顾权利。权利恰恰就在于伦理义务的践履之中。

我们看到，在20世纪三四十年代，梁漱溟仍然把中国社会尤其是把乡村看作一个价值的共同体或生活世界，而不是一个权利的共同体。在中国传统的价值共同体内，“仁义礼智信”的儒家价值规范维系着这个共同体，个人遵守这些价值规范，就是在履行自己的义务。传统的社会秩序，包括乡村秩序，是靠价值规范或义务来确立的，而现代社会在很大程度上是一个权利的共同体。每个社会成员都是享有自由、平等权利的个人。个人权利的享受、维护成为共同体的重要任务。现代政府的一个重要职责是保障个人的合法权利不受侵犯。在法律许可的范围内，个人有权处置专属自己的权利，如出卖、转让、赠予自己拥有的对某物的权利。权利及其相关的利益成为现代社会共同体整合的纽带。正如英国政治哲学家欧克肖特（M. Oakeshott）指出：“政府的职能被理解为维护有利于个人利益的安排，这些安排就是将主体从共同忠诚的‘锁链’中解放出来的安排，它们构成了人类处境的一个条件，在此条件下，人

①《梁漱溟全集》第3卷，山东人民出版社1990年版，第93页。

们可以探究个体性的暗示，享有个体性的经验。”① 共同忠诚的锁链指的是以伦理或宗教价值为纽带联结起来的传统共同体，儒家的乡村社会即是如此。进入现代社会，传统的共同体的解体与个人、权利的形成是共生的。在儒家生活世界上，传统与现代性的差异在此以义务（价值）取向和权利取向的方式呈现出来。尽管梁漱溟赞成现代个人的义务取向，但这并不意味着他坚守传统、拒斥现代性的立场。恰恰相反，他是以一种反思性的态度接纳现代性。因为他所谓的义务是一种现代义务，尽管还和传统的伦理原则保持着连续性，但它已经是兼容了权利原则的义务。

梁漱溟还认识到，中国的现实国情决定了我们不可能主张权利优先原则。主张权利优先，就是鼓励大家争夺权利，人人各顾自己，这种“争”的精神将使已经历尽沧桑的现代中国分崩离析。“在中国如从权利观念出发，那就只有更加散漫，纷争百出，而无合到一块之理。”② 相应地，尽义务的伦理原则既符合中国儒家的传统，也切合中国的现实。梁漱溟的乡村建设理论充分贯彻了这个伦理原则。他通过办乡农学校、订乡约等方式把普通的个人团结起来，施以适当的教育，培养既有义务精神也有权利意识的现代个人。他希望借助于乡村建设，使农民个人变成现代的君子或贤者，培养起新的儒家民主的习惯。

（三）权利与现代个人观

从梁漱溟的权利观的双重含义出发，我们可以进一步把握到他的现代个人观与现代性思想。只有现代个人的建构与理想乡村的建设才是他的权利观和儒家民主观的真正落脚点。

梁漱溟指出，在西方社会里，个人习惯讲权利，而权利的哲学基础

① [英] 欧克肖特：《政治中的理性主义》，张汝伦译，上海译文出版社 2004 年版，第 92 页。
②《梁漱溟全集》第 5 卷，山东人民出版社 1992 年版，第 536 页。

是个人主义。他的这个判断是很有见地的。康德指出："通过权利的概念，他应该是他自己的主人。"[①] 这里的"他"泛指普通的个人，个人正是借助于权利概念及其权利的维护而成为自主的个人。权利在本质上是个人的。和理性一样，权利构成现代个人的内在维度。这是从政治层面上观察的结果。从伦理层面上看，他认为，正是为他者的义务，而不是自我权利构成了现代个人（或现代大众）的重要品格。他的乡村建设努力培养的个人就是那些义务优先而不是权利优先的个人。

在一定意义上，我们可以把梁漱溟在乡村建设理论中所设想的主张义务优先的个人（君子或贤者）看作是一种"反个人"。"反个人"是欧克肖特的独特用语。一般认为，大众是现代工业化、理性化的产物。大众是那种没有个性、性格雷同的个体。欧克肖特反对这样的看法。大众和个人一样是历史的产物。大众常常是那些"反个人"组成的。很显然，现代化的过程是一个个体性不断获得张扬的过程。在此过程中，一些人感到不能适应这个进程。"熟悉的公共生活匿名性为个人身份所取代，它对于那些不能将它变为一种个体性的人来说是难以承受的。"[②] 这些人就成为"反个人"。用欧克肖特的个人和"反个人"（大众）这对范畴来理解现代中国个人观念的确立，是有一定参考价值的。在启蒙话语的主导下，个人观念在不同派别的思想家那里确立起来，但是与此同时，"反个人"的倾向也有所呈现。"反个人"倾向主要表现在政党的组建上、结社上或某种群体组织的筹建上。在欧克肖特看来，"反个人"的一个特点是不希望作决断，希望可以委托别人或组织来代为进行判断和选择，以确保他享有一些基本的权利。加入政治或伦理组织，可以实现这一愿望。用梁漱溟的话来说，加入组织等于是承认尽义务为先，对

---

①［德］康德：《法的形而上学原理》，沈叔平译，商务印书馆2005年版，第50页。
②［英］欧克肖特：《政治中的理性主义》，张汝伦译，上海译文出版社2004年版，第93页。

组织的义务责任先于个人的权利主张。因而，“反个人”其实很容易结成团体（例如乡村），而成为平等的、尽义务的大众人。大众基本上是“反个人”的复制品，具有相似的特性、品位和爱好。照此来看，梁漱溟所说的乡村建设中的普通人首先属于义务性的个人，而不是权利性的个人，因此，多少具有一些“反个人”的特性。相比之下，胡适倡导的是特立独行的个人、权利性的个人。①个人与“反个人”之间的区分大致可以看作是胡适与梁漱溟之间的分歧。当然，这种区分或分歧不是绝对的，毕竟梁漱溟也是倡导个性、权利的现代哲学家。

另外需要指出，个人的确立是个现代性观念。但是，并不能说这些大众人由于是“反个人”的，因而是反现代性的。恰恰相反，大众人的出现和个人的出现一样，也是现代性的产物。所以，在我们讨论个人的时候，也不要忘记“反个人”的现象。它同样深刻反映了现代性的特征。“反个人”是另一种意义上的现代个人。从这个意义上说，梁漱溟的权利观与个人观是中国现代性话语体系内的一支主要力量，一支有别于自由主义的权利观与个人观的力量。

综上所述，梁漱溟在个人观上讲到权利和义务，但是，他始终把个人的权利和义务放在乡村建设和儒家生活世界中加以讨论。用现代的术语来说，中国的乡村是一个实践儒家民主的社群。在传统的意义上，这个社群所展示的是包含儒家价值系统在内的生活世界。梁漱溟进行乡村建设的一个主要目标是把乡村这个传统的生活世界加以改造，不仅使之成为一个容纳现代权利、民主观念的生活世界，而且使之向政治世界开放，实现他独特的儒家“民主”政治的理想，即“人治的多数政治”②，

① 参见拙著《实用主义的误读——杜威哲学对中国现代哲学的影响》，华东师范大学出版社2000年版，第197—208页。

②《梁漱溟全集》第2卷，山东人民出版社1990年版，第292页。

一种把“贤者政治”与“多数政治”相结合的理想政治。“贤者政治”承自儒家的传统，“多数政治”承自西方民主的传统，两者的结合体现梁漱溟的“乡村”儒家民主理想。这样一个中西融合的“乡村”组织的建设“正是一个民治精神的进步，而不是民治精神的取消”①。

正如德国现象学专家黑尔德指出：

> 当生活世界打开为政治世界时，不单世界开放性有所提升，而且所有人之自由也展现出来。因此，政治世界的开放的、自由的向度之所以具体开展，乃因人们统合为一个社群，而这个社群的唯一首要目的就是让所有人的自由能够显现，或使他们行动可能性之明确的可能存在成为可能。②

也许我们在黑尔德所说的自由社群的层面上来理解梁漱溟的“乡村”儒家民主观与个人观念，才能真正把握梁漱溟所从事的乡村建设的意义。他在对儒家意义上的乡村进行现代性的改造，使生活世界与政治的、伦理的世界在儒家的乡村得以融合。在这样的乡村建设过程中，不仅包容了权利在内的义务得到了确立，更重要的是，包括个人自由在内的所有人的自由将被开启。这样，未来的乡村将是一个由自由的个人组成的新社群，是协调了个人与社会之间关系的伦理社群，也是实践儒家民主理想的社群。“新社会是伦理本位合作组织而不落于个人本位或社会本位的两极端。伦理就是确认相关系之理，互以对方为重，团体与份〔分〕子之间得一均衡。”③ 只有生活在这样一个自由的可能性维度被充分

①《梁漱溟全集》第2卷，山东人民出版社1990年版，第290页。

②［德］黑尔德：《世界现象学》，倪梁康等译，三联书店2003年版，第232—233页。

③《梁漱溟全集》第2卷，山东人民出版社1990年版，第561页。

打开了的乡村组织中的个人，只有生活在这样一个“互以对方为重”的伦理—政治社群中的个人，才是真正践履（个人）权利与（社会）义务（在政治和伦理的层面上）的个人，才是自由的个人。此时，政治生活世界是儒家的，也是民主的。

三、现代政治神话批判

梁漱溟的儒家民主观包含另一个重要的内容，即贤者政治与民主政治的关系。由于梁漱溟的儒家民主观隐含着对西方民主政治的批判态度，所以，我们把贤者政治与民主政治的关系放到现代民主政治的批判这样一个大背景中加以考察。

在梁漱溟的儒家民主观念里，包含着儒家思想和杜威民主哲学的因素，也包含着其他西方政治哲学家的思想，如卢梭（J. J. Rousseau）的社会契约论。儒家民主观是一个中西方思想交融的产物。把儒家民主观放在中西方政治思想交流史上，可以看到，它不仅吸收了很多西方民主政治的思想，而且具有对西方自由主义民主政治思想的批判力量。进一步追索它具有的可能的批判力量，也许有利于我们在理论上完善梁漱溟的儒家民主观念。

儒家民主观的批判性主要体现在：把现代西方民主政治的发展理解为一个政治神话的制造过程。在理论上，现代西方民主政治的发展有可能走上政治神话的歧路。政治实践印证了这一点。卡西尔明确宣告，在20世纪，政治神话不再只是想象，不再只是理论性话语，它已经成为现实，而且已经改变了人们的政治生活方式。现代人也许已经放弃了关于自然界的神话传说，但是无法放弃关于社会政治的神话梦想，科学技术在政治神话领域无法施展其神奇的“祛巫魔力”。

当然，古代的神话与现代的政治神话已经有天壤之别了。卡西尔说："神话一直被描述为无意识活动的结果和自由想象的产物，但在这里我们发现，神话是按照计划来编造的。新的政治神话不是自由生长的，也不是丰富想象的野果，它们是能工巧匠编造的人工之物。"① 现代政治神话是有意识策划的结果，是被一些政治家制造出来的，成为现代政治统治的有效工具。这种神话所具有的杀伤力是惊人的，它可以使整个国家处于某种癫狂的地步，信服神话及其衍生的思想信念。纳粹屠犹便是一个例子。很多普通人在意识形态的宣传下以各种方式参与了对犹太人的迫害与屠杀。

现代政治神话有其特点。卡西尔指出："现代的政治家已不得不把两种完全不同甚至是互不相容的功能集于一身。他不得不同时既以巫士又以手艺人的身份去行动。他是一种完全非理性的和神秘的新宗教的牧师。但他在保卫和宣传这种宗教的时候，又进行得有条不紊。他并不寄希望于机遇，每一步都做过很好的准备和谋划。正是这种奇怪的结合成了我们政治神话的一个最为鲜明的特征。"② 现代政治一方面是非理性的，带着神话思维的痕迹，人们相信在政治领域，某种神秘的力量在起着支配作用；另一方面，它又是理性的，充分运用技术手段，调控政治活动的展开步骤，有计划地推进政治主张。理性与非理性、冷静与狂热的结合成为现代政治神话得以维系的奥秘。受卡西尔观点的启发，牟宗三就政治神话的根源、形态、命运与政治如何由神话转为理性等内容做出详细的论述，此等内容成为《政道与治道》一书的主题。

梁漱溟对于现代的政治神话没有什么特别的论述，但是他对西方民主政治的认识和批判为我们深入理解现代政治神话的本质提供了一个角

---

①② [德] 卡西尔：《国家的神话》，范进等译，华夏出版社 1999 年版，第 342 页。

度。以下从三个角度加以剖析。

第一个角度：民主政治是“欲望政治”。

梁漱溟一方面称赞西方的民主政治有其合理和巧妙之处，合理之处在于肯定个人的自由权利和公民权利，巧妙之处在于它的制度设计使人为善，人才各尽其用；①另一方面，他看到了西方民主政治的弊病，对此提出尖锐的批评，这种批评是有所见的。他的批评不是就政治而批评政治，而是从人生态度入手批评政治。因为他看到了西方民主政治背后的一个动因，即追求欲望的人生态度。他说：

> 欧洲近代政治，实是专为拥护欲望，满足欲望，而其他在所不计或无其他更高要求的；我名之曰“物欲本位的政治”。其法律之主于保障人权，即是拥护个人的欲望，不忍受妨碍；其国家行政地方行政（尤其是所谓市政），无非是谋公众的欲望之满足。②

梁漱溟从欲望来解释西方政治，也许受到罗素（Bertrand Russell）的影响。罗素在《社会改造原理》中说：“人类一切活动发生于两种源泉——冲动与欲望。……从来的政治哲学已经差不多完全立足在‘欲望是人类行为的源泉’的上面。”③梁漱溟在自己的著作中引用过罗素的这段话，对此观点十分熟悉。

梁漱溟从欲望的角度把握西方政治，无疑是有所偏的。但是，梁漱溟的这个批评也的确指出了西方民主政治的一个问题所在：即过于偏重人们的欲望要求，而相对忽视人生的道德意义。这个问题也许可以为我

---

① 参见《梁漱溟全集》第5卷，山东人民出版社1992年版，第135页。

②《梁漱溟全集》第5卷，山东人民出版社1992年版，第167页。

③《梁漱溟全集》第1卷，山东人民出版社1989年版，第497页，另参见［英］罗素：《社会改造原理》，张师竹译，上海人民出版社1959年版，第3页。

们理解西方政治神话的产生提供一点线索。如果西方民主政治是从人们的欲望出发的，那么，这样的政治就容易蜕变成满足欲望和控制欲望的机器，变成民众欲望的“代言人”而具有超越一切的力量，这个时候，民主政治就已经离政治神话不远了。从人生态度的视角看，可以观察到从政治运作到政治神话演化的内在因素。梁漱溟的“物欲本位的政治”论为我们深入理解政治神话的起源打开了一个视角。

西方民主政治注重法治，以法划定公私的界限，承认团体与个人各有其职责与权限，承认在法律许可范围内个人私欲的合法性。梁漱溟肯定西方人讲求公私界限的做法有其历史的合理性，是对中世纪禁欲主义的反叛。他对西方的公私概念有这样的评价：“所谓私是什么，不过是个人的欲望要求；所谓公，亦就是大家的欲望要求已耳。其拥护自由亦即是拥护欲望。”[①] 梁漱溟从欲望的角度来理解公私概念，其思路和“物欲本位的政治”论完全一致，这说明：一方面，他并未彻底了解西方政治思想中公私概念的内涵，例如私有隐私、个人权利等意思，并不是私人欲望一词可以涵盖的；另一方面，他从一个侧面看到了西方民主政治的可能弊病：公私概念包含欲望这一层意思，当追求个人的（或大家的）自由变成追求欲望的时候，民主政治也就蜕化成欲望政治，成为政治神话的一个注脚。

梁漱溟继续指出，欲望政治不适合中国。中国人有着比欲望更高的精神追求，追求向上的人生。传统的乡约组织是一种特殊的政治组织，体现了儒家民主的部分意义。它把生存欲望的满足与引领人生向上的教化活动结合起来，既使人们过上公共的团体生活，又使人生的意义得到彰显，使政教合一，“如此的团体生活不单是图生存过日子而且还有

①《梁漱溟全集》第5卷，山东人民出版社1992年版，第168页。

领导大家向上学好之意”①。政教合一的关键是“教”。“教”的主要意思指道德教化。与西方的欲望政治不同，中国儒家民主观提倡的是教化政治，以教化引导向善的人生，从而建设合理的政治秩序。西方的民主政治“是以公共生活方便的眼光来决定，而不是使公共生活有更高深向上的眼光”②。“方便”与否是功利主义的标准，与欲望的满足程度成正比。照此推论，欲望政治亦即“方便”政治，求政治问题的便利解决，而不求深层次的考量。教化政治承担着道德教化、指引人生方向的作用，与生命的智慧化发展趋向相吻合。这种教化是在团体生活中进行的，最有力量的团体生活即政治生活。当政治性的团体生活也来帮助个人完善生活意义的时候，政教合一的真义才得以显现。按照梁漱溟的想象，实行政教合一的儒家民主有望打破西方民主政治的神话，开民主理论之新例。

从批判的眼光来看，梁漱溟把西方的民主政治理解为欲望政治这一做法是有益的，他看到了政治神话的趋向；从历史的眼光来看，梁漱溟的上述理解是不全面的。我们从英国政治理论家洛克的思想中可以看出，西方自由主义民主政治带有浓厚的理性化色彩。这种色彩在洛克的两个主要概念上体现得十分明显。这两个概念便是仲裁与同意。

让我们先看看洛克的仲裁说。

洛克说：“真正的和惟一的政治社会是，在这个社会中，每一成员都放弃了这一自然权力，把所有不排斥他可以向社会所建立的法律请求保护的事项都交由社会处理。于是每一个别成员的一切私人判决都被排除，社会成了仲裁人，用明确不变的法规来公正地和同等地对待一切当

---

①《梁漱溟全集》第5卷，山东人民出版社1992年版，第340页。
②《梁漱溟全集》第5卷，山东人民出版社1992年版，第677页。

事人。”① 在政治社会中，立法机关或者由它委任的长官是仲裁者，他们将依据法律而不是个人的喜好来裁决争端。仲裁者本人也受法律辖制，和其他的公民一样。当我们去考察政治社会的起源的时候，也许会发现仲裁者是父亲或家长，父亲以慈爱、贤明和公正的形象示人，和平地维护着他对家族或后来出现的国家的统治，这种统治在历史长河中以法律的形式被确定下来。类似的仲裁者常被认为贤者或明君，他们品德高尚，深得民心。这种统治有点类似于梁漱溟所说的贤者政治。

洛克对上述政治可能产生的危害抱有相当高的警觉。他说：

> 贤君的统治，对于他的人民的权利来说，经常会导致最大的危险；因为，如果他们的后继者以不同的思想管理政府，就会援引贤君的行动为先例，作为他们的特权的标准，仿佛从前只为人民谋福利而做的事情，在他们就成为他们随心所欲地危害人民的权利，这就往往引起纷争，有时甚至扰乱公共秩序，直到人民能恢复他们原来的权利，并宣布这从来就不是真正的特权为止，因为社会中的任何人从来都不可能有贻害人民的权利。②

在这段话里，洛克承认两点：第一点，公正的贤者统治在特定的历史情境下有其合理性；第二点，贤者政治之后的政治环境将会发生变化，旧有的政治格局无法保障后继者的统治与仲裁是否公正。在这种情况下，民主的契约政治的出现具有必然性。人们采取议会等方式来公正地实行仲裁，使国家成为保护人们财产、自由和生命的政治机构。在洛克眼里，在公民社会里，公正的仲裁主要不是依靠贤者的德性，而是依

---

① [英] 洛克：《政府论》下篇，叶启芳、瞿菊农译，商务印书馆1964年版，第52—53页。
② [英] 洛克：《政府论》下篇，叶启芳、瞿菊农译，商务印书馆1964年版，第105—106页。

靠法治的机构及其理性化的运作。

如果说洛克所说的仲裁更倾向于法律的仲裁，那么，梁漱溟所说的仲裁更倾向于道德的仲裁，而且他认为，法律仲裁需要接受道德仲裁的监督，道德裁决比法律裁决更合乎人情。据此立场，梁漱溟得出结论，贤者将是合理的仲裁者。所以，如果中国有团体组织，那么，古代“尚贤的风气仍要恢复，事情的处理，一定要听从贤者的话”①。

从自由主义的立场看，梁漱溟所说的贤者政治很容易被理解成集权政治，以为贤者即独裁者。这样的理解把贤者政治与民主政治对立起来，在梁漱溟看来，这并不妥当。贤者不一定是独裁者，而可以是仲裁者，洛克的话也挑明了这一点。梁漱溟认为，儒家贤者是道德“理性”的代表，是说理者，其所说之理常使人心悦诚服，引起人的共鸣。如果说民主政治以理服人，集权政治以“理”压人，那么，贤者政治以理悦人。以理悦人包括两方面含义：一方面，说理者需要晓之以理，动之以情，以愉悦的口吻说理，而不是强词夺理，强迫人家接受；另一方面，听众对理的接受需要诚心诚意，心悦诚服，如果是虚心假意的接受，不合贤者政治的本意。梁漱溟对此有一段精辟的叙述：“在团体组织中如果发生不合，则你无论是怎样用力使之复合，总要以情动，以理喻，而必不可以势相胁，必不可含着一点强硬性，含着一点说：你不能不听我的，不听我的你就要如何如何。而必从正面的直接去取得你的同意，要你点头，要你答应；并且你点头答应，就是诚心点头答应，并不是由于你别有贪求或有所害怕，才勉强点头答应。”② 这样的贤者政治是梁漱溟设想的儒家民主的原型，是民主政治与集权政治之外的另一种政治。

梁漱溟讨论贤者政治的一个意图是批判西方民主政治的神话，认为

①《梁漱溟全集》第 2 卷，山东人民出版社 1990 年版，第 289 页。
②《梁漱溟全集》第 2 卷，山东人民出版社 1990 年版，第 387—388 页。

西方的民主制度不仅不适合中国，而且其自身存在很多弊端。贤者政治在一定意义上具有纠西方民主之偏的作用，例如，对欲望政治的抑制，对法律仲裁不合情理的补正。梁漱溟的这个思路是有见地的。一般的学者寻找并研究传统观念，如民本思想，其意图在于以此接引西方的民主思想，为西方民主思想的引入奠定思想的土壤。这种做法已经预设了这样一个假定：西方民主观念是普遍的，它在中国具有相当的适用性。梁漱溟对此有保留意见。他对在中国移植西方民主制度持怀疑态度。贤者政治论就成为他批评西方政治神话的思想资源。

当然，贤者政治自身也存在问题。在一个团体中，过分强调贤者的作用，个人的参与作用则不免有所忽视。个人容易养成服从贤者的习惯，这样，个人的主动性就会被弱化。按照梁漱溟的设想，主动性、参与性不强的局限可以由民主政治得到弥补，民主政治是强调个体参与的政治。梁漱溟说："民主之主，则有两种意思：一是主体之意，即以民众为主体；二是主动之意，即由民众来主动。"① 主动参与性正是民主政治对个体的要求，是贤者政治所缺乏的，因此，贤者政治与民主政治有互补性。基于此，梁漱溟提出他的儒家民主设想，即"人治的多数政治"，把贤者政治与民主政治结合起来。梁漱溟倡导儒家民主无疑是一个新的试验，其基本想法之一是尝试在民主精神的淘洗之下发扬贤者政治的长处，以契合儒家伦理文化的特点。

在洛克的自由主义政治理论中，第二个主要观念是同意说。

洛克认为，从自然状态过渡到政治社会或公民社会，有契约说和同意说作为中介。在自然状态中，人们过着自由、平等的生活。当个人享受自己的安全、自由的时候，不得侵犯他人的安全和自由，否则将受到

①《梁漱溟全集》第6卷，山东人民出版社1993年版，第515页。

他人施与的惩罚。走出自然状态，主要靠的是社会成员的同意与社会契约的订立。在个人明确同意放弃一些权力并以协议的形式把这种同意固定下来的情况下，他就加入了政治社会，成为其中的正式公民。普通个人的同意（或共识）而不是贤者的主意是公民社会形成的重要条件。用梁漱溟的话来说："民治主义是众人出主意，而贤智〔者〕也不过是执行众人的主意而已，不容其参加自己的意思。"① 在民主政治框架下，贤者或专家是政治的执行者，而非指导者。

在贤者政治环境里，贤者的意见常常为多数人遵从，普通民众相信贤者所说的在理。贤者的意见不是众意，有点接近于卢梭所说的公意。公意可以是共识，也可以是共鸣。人们通过理性的论辩，摆事实，讲证据，有可能达成共识，为大多数人所同意，一如卢梭所言："如果当人民能够充分了解情况并进行讨论时，公民彼此之间没有任何勾结；那末从大量的小分歧中总可以产生公意，而且讨论的结果总会是好的。"② 共鸣则与此不同，更多诉诸情感或意志，共识或同意更多诉诸理智。在一般情况下，贤者的发言说出了大家的心声，说出了大家正想说的话，这样的发言自然能引起大家的共鸣与同感。梁漱溟并不否定共识（同意）的重要性，他曾在《中国之地方自治问题》一文里引述过卢梭的《社会契约论》中的话，如"人类原有天赋权利，各有自由，不得干涉；但人类不好单独生活，须组织团体，愿意把自己的自由让出，成立国家以管理大家。国家就是这样由民约同意组织成功的"。梁漱溟引用此话，用来说明通过契约与同意而组织起来的国家是一个历史的进步，而且认为契约说与同意说是"很对的理想"③，但是他看到了共识之外的另一种达

---

①《梁漱溟全集》第 5 卷，山东人民出版社 1992 年版，第 676—677 页。

②［法］卢梭：《社会契约论》，何兆武译，商务印书馆 1980 年版，第 39 页。

③ 参见《梁漱溟全集》第 5 卷，山东人民出版社 1992 年版，第 314 页。

成公意的方式，即贤者与听众之间产生的共鸣。“理性就是彼此能说话，所以同处于社会立场，情意很容易相通。”① 情意的相通相当于共鸣。凭借“理性”的作用，不仅在贤者与听众之间，而且在任何一个人与另一个人之间都可以形成心灵的共鸣。

当然，梁漱溟也没有否认同意说的合理性，他甚至用它来论证贤者政治。他说：“法既可因大家承认同意为最高，那末，一个人也未尝不可因大家承认同意而为最高。大家都同意承认这一个人，因而此人取得最高地位，这也像法之被大家同意承认而得为最高者一样！”② 这个人即为贤者。此处梁漱溟套用民主政治的同意说的思路来为贤者政治辩护。严格说来，同意承认贤者之“同意”与同意承认法之“同意”是有区别的，前者指情谊性的“同意”，后者指理智性的“同意”。一方面，梁漱溟说，“理性”是无私的情感，是中国人的特长；另一方面，他又说，贤者是“理性”的承当者，照此推断，中国人对贤者的承认既出于自己的“理性”要求，也出于对（贤者）“理性”的尊重，出于对情理的服从，显然，这样的尊重与承认主要奠基于情意上的相通，奠基于人与人之间的共鸣，而不是奠基于理智上的认可。

同时，梁漱溟也看到了共鸣说的局限，进而寻求共鸣说与共识说（同意说）、贤者政治与民主政治之间的协调，其结果便是儒家民主观的出台。儒家民主是人治的政治，但与古典儒家的人治方法不同。

> 以前的人治是不问众人之同意与否，而要征服群众，很明白的是强制的缺乏理性。今日所说的人治不仅是采取群众的意见，同时是理性的政治。这种办法虽是人治，然却是产生于多数群众，能不

①《梁漱溟全集》第 2 卷，山东人民出版社 1990 年版，第 487 页。
②《梁漱溟全集》第 2 卷，山东人民出版社 1990 年版，第 292—293 页。

> 说是多数政治吗？虽是多数政治，然而群众又在一个人指导之下，能不说是人治吗？①

一方面，要“采取群众的意见”，这是要在群众与群众之间、贤者与群众之间达成广泛的共识；另一方面，要有“理性的政治”，此处之“理性”指通达的心理，此种政治强调群众真诚接受贤者的领导，贤者的意见颇合群众的心理，能引起群众的共鸣。两方面的结合建构起儒家民主政治的全貌，这“不但不违背民治精神，且是民治主义的进步”②。梁漱溟的这个断语表明，他把儒家民主观看作对儒家贤者政治和西方民主政治的双重超越，“进步”即体现此。

儒家民主尊重贤者，但并不忽视公众。公共意识仍是梁漱溟儒家民主观的关注点。梁漱溟所谓的公共意识主要指普通公众对于团体事务的主动参与意识，不是指传统儒家的天理观。通过人们有意识的参与和合作，公共秩序才会形成。梁漱溟说：“公共秩序也许靠条文，大家要顺着条文来做，不是用利害强制的法子去走，是用大家同意同情乐意去作。”③这里可注意的是“同意同情乐意”这几个字，它们包含了共识说（“同意”）与共鸣说（“同情乐意”）的双重意思，包含了公共理性与伦理“理性”的结合。儒家民主观所说的公共秩序不是中性化的，而是情谊化的，有伦理导向的意味。因此，公共秩序的形成与人心的向上、向善求索是一致的。

有一个实际的事例可以说明梁漱溟如何贯彻儒家民主观与“同意同情乐意”之说。1933 年，邹平县第十三乡举行乡理事的选举。其中年

---

①《梁漱溟全集》第 5 卷，山东人民出版社 1992 年版，第 667 页。
②《梁漱溟全集》第 2 卷，山东人民出版社 1990 年版，第 293 页。
③《梁漱溟全集》第 5 卷，山东人民出版社 1992 年版，第 675 页。

轻的王峻明的票数占总票数的65%，刘书林占总票数的35%。但是，有人从中作梗，使王峻明落选。当时，支持王峻明的人不服，后来在人群中发生了一定的骚乱，有人烧选票砸票箱。梁漱溟在得知这一情况后，便到十三乡进行微服私访，打扮成老农民的模样，和老人、青年和妇女等各层次各界别的人交谈，了解民众的心理和两位候选人在群众中的威望。他通过实地调查，知道大部分群众支持王峻明。后来，梁漱溟自己主持新一次选举，结果王峻明全票当选。①这个事例至少说明两点：第一点，梁漱溟认可选举这种民主政治形式，选举可以集中民众的意志，以便捷的方式形成共识；第二，只认可选举是不够的，还需要了解人情民心，梁漱溟对这一点是颇为看重的，他十分注意和普通民众进行真诚的沟通，倾听民众的心声，力求民主选举反映真实的民意。他的微服私访反映他对民情心意的重视程度。

与同意说相连的是政治的合法性问题，这也是民主政治理论的基本问题之一。从洛克的同意说里可以看到，西方民主政治的合法性建立在民意的基础上。洛克说："就历史来看，我们有理由断定政权的一切和平的起源都是基于人民的同意的。"②当人民达成协议把属于自己的部分权力让渡给国家时，国家的立法权将成为最高权力。但是，这种立法权是受人民委托的权力，在人民发现立法机关的立法行为不当时，他们有权罢免或更换立法机关，收回立法权。因此，民意的多寡成为政权的合法性基础。梁漱溟的儒家民主观突破了这一个认识，他一方面承认民意的重要性，另一方面对儒家的人治传统也给予相当的重视。在他对未来政治理想的设想中，他在儒家人治的范畴下容纳民主精神的基本内涵。

① 参见王峻明：《简述邹平实验县第十三乡乡学》，见山东省政协文史资料委员会、邹平县政协文史资料委员会编：《梁漱溟与山东乡村建设》，山东人民出版社1991年版，第217—218页。

②［英］洛克：《政府论》下篇，叶启芳、瞿菊农译，商务印书馆1964年版，第70页。

对他来说，合法性不仅仅限于民意，传统也构成了合法性的基础。儒家的人治传统有自己的历史与特征，与民族精神融合在一起。这是一种实质性的传统，深深地扎根于人们的生活世界之中。“一民族真生命之所寄，寄于其根本精神，抛开了自家根本精神，便断送了自家前途。”① 这样的传统同样为我们推行儒家民主提供了合法性依据。因此，合法性不仅可以从民意中寻找，也可以从传统中寻找，是民意的合法性与传统的合法性的统一。这是梁漱溟的儒家民主观给我们的又一个启示。

第二个角度：民主概念的巫术性运用。

“五四”以来，多数中国人笃信西方民主，胡适等启蒙思想家呼吁仿照西方的民主政治改革中国的政治体制。早年的梁漱溟也曾相信在中国实行西方民主政治制度的可能性，可是，20 世纪 30 年代以后的梁漱溟对这种做法不以为然。从卡西尔的语言功能论来看，可以看出梁漱溟的这种“不以为然”是有道理的。按照卡西尔的说法，语言有不同的功能性的用法，既有语义上运用的功能，也有巫术上运用的功能。在原始社会里，语言的巫术性运用占有相对优势，拥有广泛的社会动员力量。在现代中国，民主一词也多少染上了巫术语言的色彩，和科学概念一样，民主享有无上的“荣耀”，有一种神秘感。在许多人的眼里，民主成为反对礼教专制、反对独裁而实现救国目的的有效手段。梁漱溟自己也一度信服西方的民主政治。他曾说：“这种政治制度如此合理，如此巧妙，真使我不能不迷信他。”② “迷信”一词透露出此时的西方民主在中国语境里处于巫术性运用的状态，似乎西方民主带有某种“魔力”。但是，梁漱溟很快觉醒过来了，意识到西方民主政治在中国的道路不通，并指出不通的深层次原因在于精神不合，即西方民主政治理念与中国民

①《梁漱溟全集》第 5 卷，山东人民出版社 1992 年版，第 109—110 页。
②《梁漱溟全集》第 5 卷，山东人民出版社 1992 年版，第 140 页。

族精神根本不合。从中国儒家文化的立场上看，可以发现西方民主政治的独特之处，这些独特之处蕴涵着诸多的弊病。梁漱溟对中国走不通西方民主政治之路的认识可以看作是对民主的巫术性运用的批判，使民主回归语义运用的层面。

第三个角度：民主政治是不信人的政治。

民主政治与人性论的关系是一个难解的话题。张灏的观点代表了自由主义的理解。他指出，希伯来《圣经》为人类描绘了人性的双面性。一方面，人是上帝创造的，具有上帝赋予的人的尊严；另一方面，人又背叛了上帝的命令，偷吃禁果，伊甸园的故事透露出人性的罪恶与堕落一面，张灏把这一面称为人性中的幽暗意识。他的定义是这样的："所谓幽暗意识是发自对人性中与宇宙中与始俱来的种种黑暗势力的正视和省悟：因为这些黑暗势力根深蒂固，这个世界才有缺陷，才不能完满，而人的生命才有种种的丑恶，种种的遗憾。"① 这种双重的人性观后来体现在基督教的思想中。在历史的演进中，人性的正面和负面（幽暗意识）都对自由主义的发展有明显的推动作用。比如，因为人性有幽暗面，所以在人们手里的权力就会很不安全，有可能被滥用或误用，出于对权力的防范，人们很自然强调法律制度的监督功能，而不是求助于一个完善的人格。

洛克是一位加尔文教派的信徒。加尔文教派的教义含有幽暗意识的内容。张灏认为，像洛克这样的思想家强调政府分权的观念有意无意受到宗教教义中的幽暗意识的影响。② 张灏的幽暗意识论从一个侧面抓住了人性论的负面与民主政治的内在关系。从这个角度看，梁漱溟也洞察了西方民主的这个特点。他说：

①《张灏自选集》，上海教育出版社 2002 年版，第 2 页。
② 参见《张灏自选集》，上海教育出版社 2002 年版，第 22 页。

> 欧洲人以其各自都往外用力，向前争求的缘故，所以在他制度里面，到处都是一种彼此牵制，彼此抵对、互相监督，互相制裁，相防相范，而都不使过的用意；人与人之间，国家机关与国家机关之间，人民与国家机关之间，都是如此。这在他，名为“箝〔钳〕制与均衡的原理”。……记得十七年春上张难先先生曾给李任潮先生同我一封信，说中国政治制度，以人性善为根据；西洋政治制度以人性恶为根据。在西洋总怕你为恶，时时防制你；在中国以人为善，样样信任你，付〔赋〕予大权。因而深叹好人在今世之无法行其志。这话未必全对；不过在西洋制度里面，隐含着不信任对方人之意则甚明。①

梁漱溟讲这一大段话的目的是要挑明西方的民主政治与中国的民族精神不合，中西方政治制度有不同的人性论依据。西方的民主制度以人性恶为依据，梁漱溟用对人的不信任这个术语来表述西方民主政治中人性恶假设的意思。西方民主政治是不信任人的政治。不信任人的潜台词是人性有丑陋面，有吊诡性，正如张灏所说的幽暗意识，因此人性不可靠。

相比之下，中国儒家的贤者政治讲信和礼，讲诚和敬，对人性的完善、对人的成圣成德充满信心，有乐观主义的倾向。梁漱溟认为，西方的不信任人的政治固然有它的道理，但是仍不如中国贤者政治的“高明”。梁漱溟所说的“高明”带有道德评判的意味。因为贤者政治主张“崇敬对方人，信托对方人，有极高期望于对方人”②，维护了人的道德尊严。贤者政治是德治，信赖人性的可靠，诉诸人性和在人性基础上培育

①《梁漱溟全集》第5卷，山东人民出版社1992年版，第157—158页。
②《梁漱溟全集》第5卷，山东人民出版社1992年版，第159页。

起来的德性。德治内在否定了权力被滥用或误用的可能性，否定了对权力进行外在监督的必要性。正如徐复观所说："人人能各尽其德，即系人人相与相忘于人类的共同根据之中，以各养生而遂性，这正是政治的目的，亦正是政治的极致。"① 此处所说的政治指儒家的政治，非西方的政治。在理想目标上，孔孟传统的儒家政治生活与伦理生活是相通的，共同奠基于人性善的假设。

在讨论善恶问题时，梁漱溟做了一个区分，认为人性的善恶问题与行为的善恶问题有差别，不可混同。在人性论上，唯有善，没有恶。他说："我同意孟子的性善说。照我们的眼光性善是对的。……人心知恶知善，拒绝恶欢迎善，与眼的本性是明完全一样。无论他如何恶，本性仍是善的。"② "无论他如何恶"指的是人的行为之恶。人的日常行为有善有恶，有对有错，但这并不影响人的善性。梁漱溟此说完全承继了孟子性善说和王阳明良知说的脉络。

由此推论，儒家民主的人性论前提不是人性恶（对人的不信任），而是人性善（对人和人性的信任）。梁漱溟的儒家民主观立足于儒家的人性论与礼俗论，显现出与自由主义民主观念不同的人性论进路与批判眼光。

我们还可以从宽泛的意义上理解民主的人性论依据，把这种依据扩展成为民主的精神依据。在1944年的一篇文章《宪政建筑在什么上面？》里，梁漱溟谈到，民主宪政需要依靠两种力量：一是机械力量，即各阶级之间相互抗衡、相互钳制的力量；二是精神力量，这是出于人心要求的力量。"对于某些道理的信念，正义感，容人的雅量，自尊心，责任心，顾全大局的善意，守信义的习惯，等等亦是宪政所由建立，及

①《徐复观文集》第1卷，湖北人民出版社2002年版，第111页。
②《梁漱溟全集》第7卷，山东人民出版社1993年版，第1024—1025页。

其所由运行之必要条件。”① 这些精神力量构成了民主的精神依据。

梁漱溟的贤者政治观和儒家民主观让人想起柏拉图的哲学家王的思想。贤者政治把贤者视为管理者或开明领袖，在柏拉图的设想中，哲学家是理想的领袖，是德性与理性的体现者。贤者与哲学家都是有德之人，梁漱溟和柏拉图都把有德之人当作政治上的主宰者。当然，两者有很大的差别。贤者是道德“理性”的化身，而哲学家拥有最高级的灵魂，在此灵魂中，理智起支配作用，驾驭激情与欲望两驾马车。另外，在儒家社会里，贤者主要承担教师的角色，而不是哲学家的角色。“他是代表理性，维持社会的。其在社会中的地位是众人之师，负着领导教化之责，很能超然照顾大局，不落一边。”② 作为领导的贤者主要担负着道德教化与育人治人的职责。因此，不能把贤者政治与哲学家王的政治等同起来。

从传统的角度看，贤者政治只有在熟人社会里才有意义。贤者是被熟人圈子公认的，具有很强的号召力，其威望和德性是在熟人社群里被确立起来的。“理性社会天然要尊重贤智者的领导。”③ 由熟人组成的社群规模一般较小。梁漱溟的政治设想是将这样的熟人社群逐渐扩大，形成多个类似规模的社群，最后这些社群联合组成全国性的组织结构。这一政治设想体现在他写的一篇题为《抗战建国中的党派问题》(1938 年)的政论文章中，但该文章被新闻检查机构查扣，不得发表。该文章指出，两党或多党分立的政治模式或一党统治的政治模式都不适合中国国情，恰当的模式是“从联合求统一,一面既免多党意志不能集中之弊，一面又无主一而排他之弊”，这种模式可称为“二重组

①《梁漱溟全集》第 6 卷，山东人民出版社 1993 年版，第 466 页。
②《梁漱溟全集》第 2 卷，山东人民出版社 1990 年版，第 482 页。
③《梁漱溟全集》第 2 卷，山东人民出版社 1990 年版，第 366 页。

织”。[①]具体地说，一方面，承认全国各个党派的独立性，他们是第一重组织，有自己的利益代表与政治旨趣；另一方面，要求这些党派联合起来，确定共同的政治目标，组成一个统一体，这样有利于进行有效的政治动员与集中意志。这是第二重组织。这种政治模式有分有合，“既非多党制，亦非一党制，而是‘一多相融’。一中有多，多上有一”[②]，既体现儒家贤者政治的特点，也体现民主政治的特点。它不是对儒家民主理想的偏离，而是一种落实。这个政治设想的提出，可以看到梁漱溟试图在现实的政治环境中寻求儒家民主理想的实现途径，尽管困难重重。

与熟人社会相对的是陌生人的社会。在陌生人的社会里，人与人的关系主要依靠法律、规则、契约这些制度加以约束。“我”每天都在大街上遭遇到成千上万个与“我”擦肩而过的行人，“我”的德性与人格是他们所不知的，也不想知道的。我们之间的关系是“公民冷淡”的关系。在这样的当代社会中，贤者政治很难发挥有效的作用，其命运堪忧。建立在贤者政治基础之上的儒家民主必须面对这个现实的处境。

当然，我们并不能由此否定梁漱溟的儒家民主观的当代意义。梁漱溟的儒家民主观念主要应该在儒家生活世界之内，而不是在政治管理、操作层面上加以理解。换言之，梁漱溟的儒家民主观的主要贡献在于，它试图建构一个贯穿着儒家精神的民主政治生活世界，而不是提出一套具体的上层建筑改造方案。梁漱溟希望在生活世界层次上落实儒家民主观，化儒家民主为人们的生活方式，从而为中国人的政治生活世界提供一个理念与理想。用杜威的话来说：“每一种在其民主方面未取得成功的生活方式，都对人们之间的接触、交换意见、交流和相互作用有

---

① 参见《梁漱溟全集》第6卷，山东人民出版社1993年版，第222页。
②《梁漱溟全集》第6卷，山东人民出版社1993年版，第224页。

所限制，而经验正是通过这些接触、交换意见、交流和相互作用而稳定下来，并且因此得到扩大和丰富。这种释放和丰富的任务是一种每天都要完成的任务。……民主的任务就永远是要创造一种更加自由、更加合乎人性的经验，所有的人都分享这种经验，都对这种经验做出自己的贡献。"① 儒家民主就应该承担这样的任务：尽可能每天都在生活世界中创造更加丰富、更加“理性”化的经验，改造儒家的政治文化。

四、新政治习惯

如前所述，儒家民主是中国政治的未来前景。儒家民主的内容涉及义务与权利的关系、贤者政治与民主政治的关系，对此上文已有讨论。接下来的问题是：如何推进儒家民主的建设？或者说，从什么地方入手更有利于加强儒家民主的建设？梁漱溟的回答是：儒家民主的推进有赖于政治文化的建设，尤其是政治习惯的培养。政治文化大致包括政治思维方式、政治习惯、政治处事风格、政治活动的文化背景等内容，政治习惯是其中基本的内容。按梁漱溟之见，新政治习惯的培养是儒家民主实践的入手之处。通过这种培养，儒家民主被引入生活世界，成为政治生活世界的内容，而不再停留于理论层面或政治技术、治理术层面。由此可见，强调政治习惯在政治生活世界中的重要性是梁漱溟儒家民主观的特色之一。

政治习惯概念的关键词之一是习惯。梁漱溟对习惯有专门的界定。他在 1923—1924 年间讲述“孔家思想史”，其中讲到何谓气质和习惯的话题，他说：“凡似乎是先天而为固定的方向，统名之曰气质。外如

①《杜威文选》，涂纪亮译，社会科学文献出版社 2006 年版，第 418 页。

家庭、学校、社会之薰习，个人之习癖，凡后天得的一切东西都是习惯。”[①]在晚年的《人心与人生》中，他进一步明确习惯的含义：“我说的习惯正是把个人的学习和社会的陶铸统括在这里一起来说它。”“任何习惯都必待身体实践而后得以落实巩固。”[②]这话包含这样几层意思：第一，习惯是后天习得的；第二，习惯是相对固定的，对人而言是非常熟悉、习以为常的东西；第三，习惯落实或表现在现实生活中，而非驻留于精神之域。政治习惯是体现在政治生活世界中的惯常做法或传统。

在社会制度与习惯的关系上，梁漱溟认为社会制度以习惯为基础。他在《请办乡治讲习所建议书》（1928 年 4 月）里讲到：“其实社会所真正循由者，系习惯而非法令，有其习惯而无其法令，于其事实之产生无所不足；无其习惯而徒有其法令，辄望有其事实产生，固断断不可得也。”[③]按此论述，习惯在社会生活中所起的作用比法令重要。拿政治制度和政治习惯来说，西方近代政治制度的背后有一套人生态度、政治习惯在支撑着。不仅政治制度和社会制度，而且人的行为和社会的形成也是以习惯为基础的。习惯一词的英文是 habit，它与 habitation（居住）有共同的词干，两者在词义上有接近之处。这说明，当人们拥有某种习惯的时候，也就是居住在这种习惯之中，习惯成为人们生活的家园。正如黑尔德所说：“人类行为能够在固定习惯中扎根安家。”[④]梁漱溟表达了类似的意思：“我之看一个人，就是一团习惯；一个社会（不论是中国社会，意大利的社会乃至于其他的社会）什么都没有，亦不过是一团习惯而已。中国社会之所以成为中国的社会，即是因为中国人有中国人的

---

①《梁漱溟全集》第 7 卷，山东人民出版社 1993 年版，第 942 页。
②《梁漱溟全集》第 3 卷，山东人民出版社 1990 年版，第 667、668 页。
③《梁漱溟全集》第 4 卷，山东人民出版社 1991 年版，第 826 页。
④［德］黑尔德：《世界现象学》，倪梁康等译，三联书店 2003 年版，第 271 页。

习惯。”[①]用习惯来解释个人和社会的本质，无疑把习惯拔高到了相当的高度。这样的思路也许可以称为习惯主义。在20世纪30年代的乡村建设期间，梁漱溟的习惯主义渗透到了政治生活世界的重整过程中。

梁漱溟早年对中国的政治出路问题深感烦闷，信奉过立宪论和革命论，一度对西方的政治制度很倾心。他说：

> 我从前是非常之信佩西洋近代政治制度，认为西洋政治制度是非常合理的，其作用是非常巧妙的。我彼时总是梦想着如何而可以使西洋政治制度到中国来实现，从十五岁起一直到二十余岁都是如此，所谓“策数世间治理，则矜尚远西”者是也。[②]

现实政治运动的一次次失败不断刺激他，后来他终于觉悟到西方近代政治制度背后的人生态度、政治习惯和中国的民族精神不合。“一种政治制度不寄于宪法条文上，却托于政治习惯而立。西方政制在我国并没有其相当的政治习惯，全然为无根之物。”[③]梁漱溟认为，中国在本质上缺乏政治。政治处理的是公共事务，中国的王道理想是尽量减少公共领域的事务，减少政治处理事务的范围，崇尚政简刑清。中国几千年来的政治是消极无为的政治，梁漱溟称之为“没有政治的政治”[④]。从历史上看，西方的民主政治制度在中国是无根基的。

因此，中国的政治发展不能照搬西方模式，需要我们培养出与民族精神相符的政治习惯来。正是在这种思路的指导下，梁漱溟把新政治习惯的培养与乡村建设连接在一起，“当我注意到养成新政治习惯时，即

---

①《梁漱溟全集》第2卷，山东人民出版社1990年版，第20页。
②《梁漱溟全集》第2卷，山东人民出版社1990年版，第18页。
③《梁漱溟全集》第6卷，山东人民出版社1993年版，第491页。
④《梁漱溟全集》第2卷，山东人民出版社1990年版，第214页。

已想到'乡村自治'问题。此中过程颇明显，因为我心目中所谓新政治习惯，即团体生活之习惯……要培养团体生活，须从小范围着手，即从乡村小范围地方团体的自治入手，亦即是由近处小处短距离处做起"①。他不仅把乡村看作整顿礼俗生活世界的场所，而且看作培育新政治习惯、整肃政治生活世界的场所。也就是说，乡村建设的一个任务是在政治生活中培育新的政治习惯。

儒家民主是贤者政治与民主政治的结合，实践这种结合的关键环节在于新政治习惯的培养。新政治习惯既要符合中国的民族精神，又要吸收西方民主政治的精神。具体地看，梁漱溟所说的新政治习惯包含什么内容？在 1934 年 1 月 5 日的讲演中，他概括出两条：一指成员对于团体公共事务要有注意力，也即关心团体的利益与发展方向；二指团体成员要有参与公共事务的活动力，也即要对团体事务发表自己的见解，并付诸实践。②

在《乡村建设理论》中，他有另一种概括，认为新政治习惯包括三项内容：一是组织能力；二是纪律习惯；三是团体与个人之间的互相尊重。③此处所谓的组织能力指个人如何成为一个称职的团体成员的能力。成为称职的团体成员，必须具备一些基本的能力，包括前面提到的注意力和活动力。纪律习惯的养成在于维持团体秩序或公共秩序。组织能力的锻炼与纪律习惯的培养是对个人的要求，使个人更好地参与团体事务，这体现了个人对团体的尊重。新政治习惯还有另一面，即团体对个人的尊重，这种尊重可以从消极和积极两方面看，在消极方面，尊重表现为团体在某些方面不妨碍、不干涉个人的自由行为；在积极方面，尊

①《梁漱溟全集》第 2 卷，山东人民出版社 1990 年版，第 21 页。
② 参见《梁漱溟全集》第 2 卷，山东人民出版社 1990 年版，第 21 页。
③ 参见《梁漱溟全集》第 2 卷，山东人民出版社 1990 年版，第 319 页。

重表现为团体对个人的帮助和指导。对个人事务的不妨碍到什么程度才是合理的，对个人的帮助到什么程度才是合理的，其间的分际如何把握需要人们在实践中摸索，不是法律条文可以明晰规定的。①这是一个习惯的问题。一旦习惯形成了，人们自然知道如何把握分寸。

梁漱溟从新政治习惯入手来谈中国儒家民主政治的建设，这种习惯主义的思路是有所见的。托克维尔（CharlesAlexis de Tocqueville）在《论美国的民主》一书中坦言，美国人的教育、习惯和实践经验对民主制度的发展是有促进作用的。②尤其是在制度的草创时期，新政治习惯的培养有助于制度的建立和推广。"新制度之运用实有资于新习惯。"③这是一方面。另一方面，在习惯成型之后，它的负面作用也会逐渐显现出来。当人们的行为受习惯支配的时候，也是人心昏失的时候。因此，梁漱溟说，"气质习惯本身并不是不好的东西，走对的路时也还是靠它，但不要为它所支配"④，人们的行为既要依靠习惯，又不要过分受习惯的约束。

按照梁漱溟的设想，在乡村建设中逐渐培养新的政治习惯，培育新的政治文化，为儒家民主的未来实现准备相应的条件。根据童世骏的研究，哈贝马斯理解的政治文化可从政治和文化两个角度界定："这种政治文化是'政治的'，所以它可以成为这种越来越多文化的社会中的政治认同的基础；它是一种'文化'，所以它可以连接公民的动机和态度，能够培育一种'以公共的善为取向的公民的不可用法律来强制的动机和意图的和谐背景的支持'。……简单地讲，它是一种作为公民对政治活

---

① 参见《梁漱溟全集》第2卷，山东人民出版社1990年版，第319页。
② 参见［法］托克维尔：《论美国的民主》，董果良译，商务印书馆1998年版，第350页。
③《梁漱溟全集》第4卷，山东人民出版社1991年版，第827页。
④《梁漱溟全集》第7卷，山东人民出版社1993年版，第943页。

动之参与的结果而形成起来的文化。”① 这样的政治文化对于梁漱溟来说还是一个遥远的理想，一个奋斗的目标。一个切近的途径是培养新的政治习惯。总的来说，梁漱溟关于新政治习惯的看法是一个相当不错的思想，它不仅鼓励人们探索适合中国民族精神的政治道路，探索与儒家民主相适应的政治文化的培育之路，而且开启儒家政治生活世界，使之成为一个开放的、共享的空间。

---

① 童世骏:《政治文化和现代社会的集体认同》,《二十一世纪》1999 年 4 月号第 52 期。

The Confucian Life-world

第四章 心性生活世界

从生活世界理论看，生命世界（或人心秩序）成为儒家生活世界的有机组成部分。从早年到晚年，梁漱溟初步形成了儒家生命哲学体系。梁漱溟对儒家生命哲学的阐发已经成为他建设儒家生活世界的重要步骤。

梁漱溟对儒家生命哲学的阐释主要涉及四个问题：第一，如何理解直觉与“理性”的关系？第二，如何理解意欲与生命的关系？第三，如何理解生命与科学的关系？第四，如何理解生命的终极寄托与宗教的关系？这四个问题依次构成本章四节的主要议题。

一、从直觉到“理性”[1]

梁漱溟似乎善于制造“概念麻烦”，有的时候他使用一些常见的概

① 本节部分内容请参见拙文《“理性”与现代性的价值依托》，《人文杂志》2006 年第 6 期。

念，却赋予全新的含义，如第二章里讨论到的“社会”概念和下文将讨论到的“理性”概念；有的时候他使用一些杂乱的概念，而且前后变换用法，似乎看起来他使用概念比较随意。其实，这个现象恰恰反映他不是一个学问家，而是一个思想家，一个围着问题转的思想家。概念的变化和更替服务于他的问题意识和思考路线图。

“概念麻烦”较多出现在梁漱溟的生命哲学体系中。在他的生命哲学中，存在着杂多的而又近似的概念，形成一个驳杂的概念群，包括直觉、本能、意欲、人心、生命、“理性”、情志、心理、生命本性等概念，这给我们的理解带来一定的困难。理顺这些概念之间的关系、确定它们的相对含义便成为研究梁漱溟生命哲学的一个基本任务。

对于梁漱溟的生命哲学或生命儒学来说，生命概念首当其冲成为关键词。这不仅是笔者的想象，也是梁漱溟自己的观点。他本人对此有自觉的意识。他曾说过：“在我思想中的根本观念是‘生命’、‘自然’，看宇宙是活的，一切以自然为宗。”① 与生命概念紧密相连的还有三个主要概念，即意欲、直觉与“理性”，它们的含义颇为接近。这是梁漱溟生命哲学的概念群中最为基本的四个概念。如何辨析这四个概念的意义无疑是一道难题。有论者精辟地指出，意欲“首先是本体论的范畴”，直觉是“同理智相对的认识论范畴”，“理性”是“梁漱溟伦理思想的中心概念”，② 这是从本体论、认识论和伦理学三个角度分别界定意欲、直觉与“理性”概念，勾勒了梁漱溟唯意志论体系的架构。

换一个视角，动态地看，我们发现梁漱溟哲学有一个演化的过程。在此过程中，上述四个概念起着不同的作用。从表面上看，它们存在着两个变化，一是从直觉转变到“理性”，二是从意欲转变到生命。在

---

①《梁漱溟全集》第 2 卷，山东人民出版社 1990 年版，第 125 页。

② 参见高瑞泉：《从历史中发现价值》，中国大百科全书出版社 2006 年版，第 102—110 页。

《东西文化及其哲学》一书中，意欲和直觉是两个使用频繁的概念，意欲还常常与生命概念混用，意思大体上相近。在《乡村建设理论》和《中国文化要义》中，梁漱溟基本不用意欲与直觉概念，“理性”一词成为关键词，生命概念继续沿用。在晚年的《人心与人生》一书中，生命一词成为重要概念，并衍生出一组相关概念，如人心、生命本性、宇宙生命。

对于哲学家来说，概念的转换常常蕴涵着哲学立场的转移。当然，这也不是绝对的，除非哲学家有明确的表述，例如说明了为什么撤换某个概念的理由。在这个问题上，大概有内在理路和外在环境两种解释模式。从内在理路看，哲学家之所以不用某个概念而启用新的概念有其自己的考虑，是一个深思熟虑的结果，找出其中的内在线索有利于把握该哲学家思想变化的轨迹。从外在环境看，某位哲学家使用新概念有外在的因素，例如当时很多学者都在使用某一新概念，他也顺手用上了。这种情况在知识社会学的研究视域内很有意义，对于我们理解该哲学家思想变化的内在理路也许有帮助，但无法真正揭示内在的线索。这个解释带有或然性的特点。

在梁漱溟的哲学语境里，存在着从直觉到“理性”、从意欲到生命的语词转换，对此转换，我更赞成内在理路的解释模式，相信梁漱溟转换概念的举动折射出思想的演化与意义的转折。那么，在梁漱溟的生命儒学里，词语转换的背后到底包含着什么样的意义转折呢？这是我们感兴趣的话题。

我们先来看第一个转换：从直觉到“理性”的转换。

在梁漱溟的中后期哲学中，“理性”（包括生命）是一个“重要而费解”的观念。说其“重要”，是因为梁漱溟在几本中后期代表作中都提到这个概念，如在《乡村建设理论》（1937年）一书中，他提出“以理性求组织”的思想；在《中国文化要义》(1949年)一书中，他提出“理性”是人类的特征、中国人长于“理性”短于理智等观点；在《人心与人生》(1984年)一书中，他重新厘定“理性”与理智的界限。国内有的学者将“理性”视为梁漱溟思想的核心概念。[①]也有的学者认为，“理性”概念是梁漱溟思想由早期向成熟期转变的标志。[②]说其“费解”，至少有一点可以证明：在《东西文化及其哲学》一书中，梁漱溟用直觉来解释“仁”，到1930年后，改用“理性”来解释“仁”。一般的研究者认为“理性”与直觉表达的意思大致相同，如美国学者艾恺指出，两者具有“相同的功能”[③]，如在20世纪50年代，贺麟说，两者“完全是同一之物”[④]。冯契点出两者的异同，相同之处在于《中国文化要义》中的“理性”至上“仍然是以神秘的直觉（内里的生命与宇宙大生命融为一体）为至上”，不同之处在于“理性”比起直觉来，“唯意志论和非理性主义的色彩是有所减少了”[⑤]。有学者指明了直觉和“理性”之间的另一种不同，在于梁漱溟早期带有自然人本主义倾向的思想和后期道德人本主义之间的差别，这种差别也表现在早期的《东西文化及其哲学》与中后期的《中国民族自救运动之最后觉悟》、《人心与人生》之间的不同，也表现在心性论上的不同，即由早年的“情善论”或本能即善论转到了“性善论”。[⑥]下文将表明，我们倾向于赞成两者的差异，主要不是从人本主义的角度，而是从两者与现代性的关系来解释它们的差异。

---

① 参见郭齐勇、龚建平：《梁漱溟哲学思想》，湖北人民出版社1996年版，第8—9页。但是，该书作者在第191页上说，在梁漱溟思想中，“生命”是比“直觉”和“理性”更为根本的一个概念。

② 参见曹跃明：《梁漱溟思想研究》，天津人民出版社1995年版，第138页。

③［美］艾恺：《最后的儒家——梁漱溟与中国现代性的两难》，王宗昱、冀建中译，江苏人民出版社2003年版，第132页。

④ 贺麟：《批判梁漱溟的直觉主义》，见张岱年、敏泽主编：《回读百年》第3卷，大象出版社1999年版，第667页。

⑤ 冯契：《中国近代哲学的革命进程》，上海人民出版社1989年版，第335页。

⑥ 参见曹跃明：《梁漱溟思想研究》，天津人民出版社1995年版，第61、70—71页。

对于两者的相同说，我们的疑问在于：如果“理性”与直觉的意义相同的话，那么，梁漱溟后期为什么一定要用“理性”来置换“直觉”呢？在这种词语转换的背后，难道就没有别的深意可寻？归结起来说，究竟如何理解“理性”论在梁漱溟哲学中的意义与地位？

（一）用“理性”替代直觉

梁漱溟是如何用“理性”替换直觉的？

在《东西文化及其哲学》阶段，梁漱溟受柏格森生命哲学、泰州学派等思想的影响，推崇直觉说。他的直觉说对后来的哲学家产生了较大的影响，如贺麟所坦言：“漱溟先生最早即引起我注意直觉问题。于是我乃由漱溟先生的直觉说，进而追溯到宋明儒的直觉说，且更推广去研究西洋哲学家对于直觉的说法……”① 贺麟对直觉说的系统阐述受到梁漱溟的启发。

在早期梁漱溟的论述中，直觉有很多含义。简单地说，两个含义是最基本的。

第一，从形而上的角度看，直觉既是体认生命本体的方法，也是本体本身。梁漱溟说：

> 宇宙的本体不是固定的静体，是“生命”、是“绵延”，宇宙现象则在生活中之所现，为感觉与理智所认取而有似静体的，要认识本体非感觉理智所能办，必方生活的直觉才行，直觉时即生活时，浑融为一个，没有主客观的，可以称为绝对。直觉所得自不能不用语音文字表出来，然一纳入理智的形式即全不对，所以讲形而上学要用流动的观念，不要用明晰固定的概念。②

① 贺麟：《宋儒的思想方法》，见张学智编：《贺麟选集》，吉林人民出版社 2005 年版，第 60 页。

②《梁漱溟全集》第 1 卷，山东人民出版社 1989 年版，第 406 页。

这个绝对的本体，梁漱溟有时也称为“仁”。在中国文化中，“仁”的扩张与开显，是生命本体的流行过程。这个过程只有诉诸直觉才能体认，换言之，直觉的体认与“仁”的开显、生命的流行是合一的。体认到的本体是不能用概念来表达的。

第二，从形而下的角度看，直觉包容本能和感情之维，与理智相对。梁漱溟一方面用直觉来解释“仁”：“此敏锐的直觉，就是孔子所谓仁。”① 另一方面，他又从情感、本能方面来解释“仁”：“‘仁’就是本能、情感、直觉。”② 他认为孟子所说的良知良能就是直觉。综合起来看，我们大致可以认为，梁漱溟所说的直觉或“仁”包括了本能和感情的成分，或者也可以认为，这三者的意思大致相当，但在更多的时候他所说的直觉指的是本能。当然，我们不能简单地从动物本能的角度来理解梁漱溟所说的本能。

梁漱溟使用的本能概念主要有几个意思。一指生命冲动或本能冲动，此说受柏格森的生命哲学和麦独孤（McDougall）的社会心理学的影响。美国心理学家麦独孤把本能看作一种先天的心理倾向，用本能来解释人的所有行为，突出了不学而会的本能的重要作用。麦独孤在心理学层面上肯定本能的功能，梁漱溟进一步把作为心理学概念的本能提升为哲学概念，与柏格森的生命冲动观念相提并论。他指出：“人的生活那〔哪〕里都是有意识的，他同动物一般也是处于本能，冲动。”③ 二指道德本能，此说受传统儒家伦理思想如王阳明的良知说的影响。王阳明的良知被梁漱溟解读为道德本能或直觉。三指社会本能，如社会化的人

①《梁漱溟全集》第1卷，山东人民出版社1989年版，第453页。
②《梁漱溟全集》第1卷，山东人民出版社1989年版，第455页。
③《梁漱溟全集》第1卷，山东人民出版社1989年版，第497页。

有互助的本能，此说受克鲁泡特金（Piotr Alekseevich Kropotkin）等人的影响。克鲁泡特金发现动物的生存不仅靠竞争，而且靠互助。互助不仅是动物的本能，也是人的社会本能。人类社会的发展更加需要互助互爱的本能。由于理论见解的相近，早期梁漱溟对克鲁泡特金十分欣赏，他甚至把克鲁泡特金看作一个“大贤”：“罗素说无私的感情抬出一个灵性来，实不如克氏所说的无私的感情只是一种本能为合于孔家道理。”①上文提到的这几种含义是有交叉的。总的来说，凭直觉与本能生活的人是随感而应、率性而行的，有一股生命的冲动；凭理智生活的人是麻木不仁的，总是计较着利益的得失，违逆本能的自然流行。

梁漱溟早年将人的心理二分，即理智与直觉（本能、感情）。后来他意识到这个二分法的错误，进而接受了罗素在《社会改造原理》一书中的观点，提倡人类心理的三分法，即本能、理智与“理性”。梁漱溟所谓的“理性”表示人心中情感意志方面的内容，这样，“理性”就不同于直觉，因为“理性”剔除了本能之维。本能与“理性”的关系也发生了变化，本能“必当从属于理性而涵于理性之中。本能突出而理性若失者，则近于禽兽矣”②。唯有“理性”才是人之为人的特征。本能只是人类生活的工具，服务于“理性”。

那么，具体地说，梁漱溟赋予“理性”什么样的含义呢？他对“理性”有很多界定，这些界定随着语境的转换而变化。在梁漱溟看来，“理性”不是概念或课题，不能用定义的方法加以界定。大致可以从心理与伦理两个层面进行界说。

第一，从心理学上讲，“理性”指无私的感情（impersonal feeling）、

①《梁漱溟全集》第1卷，山东人民出版社1989年版，第512页。
②《梁漱溟全集》第3卷，山东人民出版社1990年版，第603页。

通达的心理。“此和谐之点，即清明安和之心，即理性。”① 它超越本能与理智，常指直接的、无利益取向的心理体验。

第二，从伦理学上讲，“理性”指伦理的情谊或情理。“所谓理性，要无外父慈子孝的伦理情谊，和好善改过的人生向上。”② 笔者认为，它包括两方面内容：一指互相尊重的伦理关系，即相与之情。二指向上之心，它又包括两层意思，从道德上看，它指向善的意愿，指行动不违背良知；从生活态度上看，它指一种创造性的生命姿态，既包含着积极进取的乐观精神，也包含着无为而有为的心态。有的时候，他又把“理性”称为“对”。在古汉语里，单音字“对”的含义十分丰富，包括正当、合理、合宜、向上等意义。梁漱溟所说的“对”主要局限于伦理道德层面上的含义。简言之，“理性”是一种道德生命的表达。

从生物的演化历程看，动物依赖本能生活，人类则从本能的生活中获得解放，凭借理智创造工具以改善生活。理智越发展，越远离本能，越趋向生命的本真境地，即“理性”之域。“理性”与理智既有联系又有区别。他说：“理性、理智为心思作用之两面：知的一面曰理智，情的一面曰理性，二者本来密切相联不离。譬如计算数目，计算之心是理智，而求正确之心便是理性。”③ 两者都是人类生命的显现，但具有不同的功能和地位。借助理智，人们认识到的是客观的物理；借助“理性”，人们认识到的是主观的情理与道德上的应当。如果说理智的作用在于通过知识、技术与工具的进步促进生活，那么，“理性”的作用在于引导人超越了利益层次与机械生活，而进入“无所为”的精神境地。“理性”高于理智，前者是体，后者是用。“世俗但见人类理智之优越，辄

①《梁漱溟全集》第3卷，山东人民出版社1990年版，第132页。
②《梁漱溟全集》第2卷，山东人民出版社1990年版，第186页。
③《梁漱溟全集》第3卷，山东人民出版社1990年版，第125页。

认以为人类特征之所在。而不知理性为体，理智为用，体者本也，用者末也。”①

梁漱溟的“理性”概念来自英国哲学家罗素，受到了罗素思想的影响，但有他自己的理解。罗素在《社会改造原理》一书里说，人的活动有三个来源，即本能、思想和精神（或“灵性”，英文为 spirit）。罗素所说的本能的生活包括人与动物共有的冲动。思想的生活指“追求知识的生活”，即梁漱溟所说的理智生活。罗素关于本能和思想的说法和梁漱溟的想法基本一致。但在关于精神生活的解释上，梁漱溟和罗素的差别就显现出来了。罗素说：“精神的生活造成了宗教。”“宗教发源于精神而力图统治和教训本能的生活。”② 罗素所说的精神（灵性）生活实际上是宗教生活，宗教活动的内在根据在于精神，而在梁漱溟眼里，精神生活实际上是伦理生活。罗素使用的“spirit”一词一般被译为“精神”，而梁漱溟用“理性”一词来翻译，并把它借来指称儒家的伦理特征，于是“spirit”变成了伦理“理性”。梁漱溟虽然接受了罗素的三分法理论，但是对罗素的精神—宗教说做了一定的改造。这个改造为他阐发儒家生命哲学打下了“理性主义”的基础。

梁漱溟显然对他的“理性”论很欣赏，以至于用“理性主义”来描述儒家的思想。这个举动容易引起误解。因为我们常常也用理性主义一词来概括某些现代西方思想流派的基本特征，而且理性一词在 20 世纪三四十年代已经有比较确定的含义。我们只要留意一下张申府的《理性的必要》（1937 年）、毛泽东的《实践论》（1937 年）、张东荪的《理性与民主》（1946 年）等文章或著作，就可以大致了解当时中国人心目中理性的含义。它多指人的一种运用理智的认识能力，既与感觉经验、感性

①《梁漱溟全集》第 3 卷，山东人民出版社 1990 年版，第 606 页。
②［英］罗素：《社会改造原理》，张师竹译，上海人民出版社 1959 年版，第 120、121 页。

相对，也与天启、神性权威相对。在此以张申府的《理性的必要》为例稍加说明，他在此文中谈到理性的四点含义：

> 第一，有理性的人说话必要有根有据，必不故意造谣生事。第二，有理性的人看事论事必是客观的，解析的，必然有分别，有分寸，有分量，必不因此害彼，也不含混笼统。第三，有理性的认识事物必力求圆融，而不拘执，必不只从一方面着眼，只作一方面的认识。第四，有理性的人对人必是宽容的，体谅的，必肯替他人设想，而不轻凭己见抹杀异己；必贵自由，必主民主，必重说服，必尚理而不尚力。①

张申府理解的理性态度指切实的、客观的、全面的、宽容的态度。他的这个理解包括了工具理性和价值理性双重内涵。一方面，他主张客观地、分析地看问题而不是主观地看问题，这体现了工具理性的态度；另一方面，他认为理性者必持有宽容的、自由的心态，这体现了价值理性的态度。张申府将理性视为20世纪30年代新启蒙运动的基本特性之一，他的理性观尤其是工具理性观代表了当时一部分知识分子的立场。

梁漱溟当然知道人们已经习惯于一般意义上的用法，可是，他为什么还要用这个很容易混淆的概念呢？他似乎有意要用“理性”概念来标新立异。当然，这个说法是不正确的。用“理性”来解释儒家伦理思想的实质，梁漱溟对此有自己的考虑。他认为中国人和西方人所讲的“理”的含义是不同的，西方人讲的“理”指事理，是知识把握到的“理”，而中国人讲的“理”是情理，是和人的道德行为联系在一

①《张申府文集》第1卷，河北人民出版社2005年版，第187页。

起的，正是这种“理”告诉人们应该如何行动，应该如何与人愉快相处。由此梁漱溟指出，理性主义有两种，一是法国式的理性主义，即理智主义，① 其所谓的理性一如张申府所说的客观的、分析的理性，理性所把握的是事理；二是中国式的“理性”主义，主张“平静通晓而有情”，“有情”指的是有情理，有人情，有温情。此处的“理性”与“有情”相通。

在分歧的背后，中西方的理性主义之间也存在着某种“共性”。梁漱溟说：“两种理性，实实在在都是靠一种推理作用，靠思索，靠推论，靠判断，所以都应当称为一种‘理性主义’，没有比这个字（英文为 Rationalism）更合适的了。”② 这是梁漱溟继续选择使用“理性”概念的主要理由。对这个理由需要作点解释。因为从字面上来看，梁漱溟的这个理由是很成问题的。当他用推理、推论来解释“理性”的时候，他实际上是把“理性”等同于理智，而与“无私的感情”这个表述产生了冲突。要想使梁漱溟的思想保持圆融，必须抛弃上述解释，做出更切近梁漱溟“理性”思想的解释：他所说的推理、推论最好理解为体认式的推理，他所说的判断最好理解为顿悟式的判断。

（二）“理性”与现代性的价值依托

如前所述，从内容上看，直觉与“理性”有很多相同的地方，但这并不等于说“理性”就是直觉。从直觉论到“理性”论的转换，不仅仅是词语、概念的转换，而且是意义与精神的转换，表明梁漱溟对中国问题的思考有了新的答案。

---

① 在完成于 1974 年 6 月 25 日的文章《今天我们应当如何评价孔子》中，梁漱溟对法国启蒙理性的看法有所改变，认为它包含了理智和理性的成分。他说：“法国革命前夕启蒙思想之所谓‘理性主义’，十八世纪被史家称为的‘理性时代’，恩格斯曾点出其为社会主义渊源所自者；应知这里所云理性，是合理智理性而不分的，是西洋人头脑中情理的发露活动……”《梁漱溟全集》第 7 卷，山东人民出版社 1993 年版，第 283 页。

②《梁漱溟全集》第 2 卷，山东人民出版社 1990 年版，第 268 页。

要理解从直觉到“理性”的转换的意义，必须了解梁漱溟的哲学工作的目的。梁漱溟从事哲学思考不是为了个人的娱乐，也不是为了猎奇而一时兴起，他的真正关注点在中国社会。从青年时代开始，他就不断地追问：中国问题出在哪里？该如何解决？到了20世纪30年代，他的思索有了明确的结论：中国的问题就是文化失调的问题，主要表现为社会的组织构造的崩溃。①古代中国是一个伦理本位、职业分立的社会，长期以来，以伦理“理性”为主导的传统社会的结构十分稳定。近代以来，中国社会陷入了全面的危机之中，旧的社会构造出现了裂痕，社会秩序出现了混乱。

梁漱溟既是一个理论家，也是一个实践家。面对危机，他在实践层面上提出了许多乡村建设的具体措施来拯救中国社会。在理论层面上，他明确提出了乡村建设的两个基本原则，即“以理性求组织”和“以理性求秩序”。按照梁漱溟的诊断，既然中国社会的组织构造出了问题，救治工作当然要从新的社会组织的建构入手。建构新组织的核心原则就是儒家的伦理“理性”。那么，这是一个怎么样的社会组织呢？它“以伦理情谊为本源，以人生向上为目的，可名之为情谊化的组织或教育化的组织”，在这个组织里，“人与人的关系都是自觉的认识人生互依之意，他们的关系是互相承认（互相承认包含有互相尊重的意思），互相了解，并且了解他们的共同目标或曰共同趋向”。②这个“理性”组织类似于一个团结的学校。人与人不仅和谐相处，而且个人对组织的理想目标保持高度的认同，积极主动地参与到组织的构造中。这个新组织的建设不能诉诸武力或暴力，而只能依靠“理性”的规范作用。

在乡村建设中，新社会组织的建设是一方面，社会秩序的维持是另

① 参见《梁漱溟全集》第2卷，山东人民出版社1990年版，第164页。
②《梁漱溟全集》第2卷，山东人民出版社1990年版，第308、309页。

一方面。古代中国社会秩序的维持主要依赖伦理教化、礼俗与自力三方力量。梁漱溟认为，这三者都与“理性”相关。自力就是“理性”之力，礼俗源于人情，人情是“理性”的另一种说法。教化的目的自然在于启发或开发人的“理性”。因此，传统儒家已经为我们提供了“以理性求秩序”的经验。“理性”的代表者是士人，即知识分子。知识分子的主要职能是通过教育，开启众人的“理性”，遵守礼俗，实现和谐的社会秩序。

梁漱溟把伦理“理性”而不是直觉当作乡村建设的基本原则。这个思路的背后隐含着一个创见：如果把乡村建设视为中国现代性发展的有机组成部分，那么，梁漱溟的“理性”论体现了他为中国现代性发展寻找价值资源的努力。在他看来，是“理性”而不是直觉更适宜于担当中国现代性的价值依托。早期梁漱溟把直觉（包括本能）视为现代性发展的价值源头。“这‘社会的本能’之发见，就是发见了未来文化的基础。”① 用直觉来做现代性的价值依托，是有欠缺的。因为直觉包含本能冲动的成分，把人的生命理解为本能层次上的直觉，存在着把人降低为动物的危险，因为我们常常用本能来界定动物的属性。如果把包含本能成分的直觉作为中国现代性建构的价值依托，多少是把现代性的发展降低为动物层次上的生存斗争，这无疑在很大程度上勾销了现代性发展在中国的意义。20 世纪 30 年代后，梁漱溟投身于乡村建设，说乡村是一个“理性”组织，把乡村建设的实质视为文化运动，儒家的伦理“理性”构成乡村建设的价值源泉。因此，梁漱溟阐发“理性”论的一个主要目的是为中国现代性的发展提供一个精神动力。

有学者指出，从天理世界观到公理世界观的转换是理解中国现代性

①《梁漱溟全集》第 1 卷，山东人民出版社 1989 年版，第 502 页。

观念的一条主线。① 公理世界观的实质是科学世界观，科学理性成为现代性观念的内在维度。在梁漱溟这里，我们发现，他的现代性想象并不完全诉诸科学。科学在他的哲学中固然有其地位，但是尚未达到核心地位。他主要不是从科学的、公理的（或工具理性的）角度，而是从（实践）"理性"的角度寻找中国现代性的价值依托。他的这个思路至少说明从天理世界观到公理世界观的转换这一论说框架不一定适用于梁漱溟的"理性"论。下文将对梁漱溟的科学概念作更详细的讨论。

（三）儒家"理性"与新教伦理

梁漱溟讨论直觉与"理性"，有批评西方工具理性的一面②，但是从另一面看，其目的在于为中国文化的发展提供新的思路，为现代中国乡村建设和现代性的发展提供价值资源。在此，梁漱溟实际上提出了一个韦伯式的思想：现代性的发展需要有价值的依托。

如果我们把马克斯·韦伯 (Max Weber) 所说的资本主义精神理解为西方典型的现代精神（现代性），那么，他的名著《新教伦理与资本主义精神》讨论的问题可以简述为：西方现代性的发展与新教伦理的关系问题。根据他的研究发现，新教伦理是西欧资本主义精神或现代性发生的主要价值依托和思想资源。在新教伦理中，有两个观点起着关键性的作用：天职观和禁欲观。天职观要求新教徒把世俗的职业看作是上帝委派给人的工作，在现实世界里恪尽职守地从事一份正当的工作是在为上帝增添荣耀。禁欲观要求新教徒工作勤勉，生活节俭，反对奢侈浪费，积累资本，追求事业的成功与财富的增长。天职观和禁欲观交织在一起，不能分开来理解。它们融合在新教伦理之中，作为一个整体，为

① 参见汪晖：《现代中国思想的兴起》下卷，三联书店 2004 年版，第 1397 页。

② 参见高瑞泉：《直觉与工具理性批判》，见杨国荣主编：《思想与文化》第 1 辑，华东师范大学出版社 2001 年版，第 217—232 页。

现代资本主义精神或经济伦理的确立提供思想养分。所以韦伯说："在构成近代资本主义精神乃至整个近代文化精神的诸基本要素之中，以职业概念为基础的理性行为这一要素，正是从基督教禁欲主义中产生出来的。"① 无论是在天职观还是在禁欲观的背后，都可以看到一股理性力量在运作，恪尽天职、证明恩宠、克制欲望都可以看作是理性化的活动。由此可见，资本主义的理性主义精神（现代性）主要源于新教伦理，带有非理性的宗教信仰色彩。也就是说，资本主义经济伦理必须以宗教伦理为导向，没有了宗教伦理作为源头，追求财富的经济活动就会变成纯粹的情欲活动。韦伯认为，当代的资本主义已经呈现出这样的势头。这正是韦伯担忧的地方。

梁漱溟把儒家的伦理"理性"看作乡村建设和现代性发展的价值源头，韦伯把新教伦理看作西欧资本主义精神的价值源头，两者的思路是惊人的一致。在西方文化中，现代性的价值源头可在宗教伦理中寻找，而在中国文化中，由于没有宗教背景，只有在儒家伦理中寻找。但是，由于和皇权意识形态联系在一起的儒家伦理规范（如"三纲五常"）已经遭到"五四"主流思想家的激烈批判，因此古典的儒家伦理思想必须加以创造性地改造，只有这样才能为中国的现代性发展提供价值支撑。套用韦伯的术语来说，梁漱溟的"理性"论实质上是想建构一种适合于中国人心灵的"天职"观。现代中国人的"天职"观在于儒家的伦理"理性"观。

当然，在梁漱溟和韦伯拥有相近思路的背后，存在着深刻的分歧，至少有三点。

第一，韦伯的思想说明西方的资本主义精神或现代性是地方性的，

①［德］马克斯·韦伯：《新教伦理与资本主义精神》，于晓等译，三联书店 1987 年版，第 141 页。

而梁漱溟从全球性和地方性双重角度来理解他的哲学工作的意义。韦伯没有视西欧的资本主义精神为全球化现象，而是从新教伦理的角度论证资本主义精神或西方理性主义的独特性。西欧资本主义精神的实质是理性主义，这是一种特殊的理性主义。韦伯说："我们可以从根本不同的基本观点并在完全不同的方向上使生活理性化。"① 也就是说，在不同的文化传统内，人们对理性化生活方式的理解是不一样的。这就意味着存在着多重的理性化的生活世界。在这个问题上，韦伯是一个多元论者。韦伯把挖掘西欧的而非其他文化传统内的理性主义看作是他《新教伦理与资本主义》一书的研究任务："我们的任务就是要找出理性思想的这一特殊具体的形式到底是谁的精神产品。"② 韦伯认为西欧的理性主义主要是新教伦理的"产品"。所以，他会在《儒教与道教》等著作中考察为什么在中国的文化体系内发展不出类似西欧的资本主义。他考察中国的宗教问题是服务于"资本主义精神是西方特有的"这一主旨的。梁漱溟的观点相对复杂一些。一方面，梁漱溟从地方性的视角观看儒家文化，把儒家文化的现代性发展视为一个地方性事件。这一立场与韦伯颇为接近。另一方面，与韦伯的视角相反，梁漱溟站在一种普遍主义或天下主义的立场上，由此认为，伦理"理性"作为中国现代性发展的价值依托，不仅是中国人的精神，更是人类共同的特征。以"理性"为价值关切基础构建的"中国文化"将是未来世界文化的模板，"是正常形态的人类文明"③。

第二，按照韦伯的分析，路德和加尔文等宗教改革家对新教伦理的倡导并不是以资本主义精神的发展为目的，后来的资本主义精神的形成及其对资本主义经济的促进完全是一个意想不到的结果。而在梁漱溟的

①② [德] 马克斯・韦伯：《新教伦理与资本主义精神》，于晓等译，三联书店 1987 年版，第 57 页。
③《梁漱溟全集》第 2 卷，山东人民出版社 1990 年版，第 567 页。

工作中，他对儒家伦理“理性”传统的开掘是有自觉意识的，其目的很清楚，就是要引导和创造一个现代文化精神，为乡村建设和中国的现代性发展注入精神动力。也因为这种自觉意识，他才会抛弃直觉论转而倡导“理性”论。

第三，在韦伯眼里，儒家伦理思想发展不出西方的资本主义精神；在梁漱溟眼里，韦伯的这个论断是过去式，并不一定适用于儒家伦理文化的未来。韦伯指出，儒教和清教都赞同理性主义，但是，在理性的旗帜下，两者有着显著的差异：

> 只有清教的理性伦理及其超世的取向，才能彻底贯彻现世的经济理性主义。因为在清教徒看来，这是他们惟一的意向，现世的劳作只不过是他们追求一个超验目标的表现。……儒教的理性主义旨在理性地适应现世；而清教的理性主义旨在理性地支配这个世界。清教徒与儒教徒都是“清醒的人”。但是清教徒的理性的“清醒”建立在一种强有力的激情的基础之上，这种激情则是儒教徒所完全没有的……①

儒家既没有理性化的企业管理方式，也没有合理的货币制度，也没有技术化的商业契约制度。资本主义伦理精神和儒家似乎没有本质上的关联。“这种无情的、宗教上系统化的、任何理性化禁欲主义所特有的、‘生活于’此世但并不‘依赖于’此世的功利主义，有助于创造优越的理性的才智，以及随之而来的职业人（Berufsmenschentum）的‘精神’，而这种才智与精神，儒教始终是没有的。”② 梁漱溟未必完全认同韦伯的

①［德］马克斯·韦伯：《儒教与道教》，洪天富译，江苏人民出版社2003年版，第196页。
②［德］马克斯·韦伯：《儒教与道教》，洪天富译，江苏人民出版社2003年版，第195页。

看法。梁漱溟指出，在古代，儒家和西方走不同的路，有不同的生活态度，儒家没有发展出西方的资本主义生产方式是“自然”现象，但这并不意味着现在和未来也同样如此。梁漱溟在乡村建设中努力要做的是在儒家伦理“理性”思想内开发出现代性发展的资源，为中国的现代性发展寻求精神支柱。他对未来儒家伦理“理性”与中国现代性之间的融合关系确信不疑。在这一点上，他与韦伯的“在中国发展不出资本主义”①的立场有着深刻的差异。

借助于韦伯的思想，我们更加清晰地认识到梁漱溟的直觉论和“理性”论之于现代性的不同意义。如果说在20世纪20年代梁漱溟用直觉论来批判西方的现代性观念，那么，在30年代以后他的“理性”论则是在为建构中国的现代性而努力。从这个角度看，梁漱溟用“理性”替换直觉，有其理论的逻辑必然性，体现了梁漱溟哲学的流变性与深刻性。

总而言之，根据韦伯的思路来理解，梁漱溟的“理性”主义属于价值建构层面，理想的状态是：它在乡村建设中得到试验，从而为现代中国经济、文化的发展提供有力的精神支持。理想与现实总是有距离的。在现代中国特殊的国情条件下，梁漱溟的乡村建设实验惨遭失败，但是无论如何，他为中国现代性发展寻求价值依托的努力是值得肯定的。这样的努力在当代中国的社会发展中仍然是需要的。

虽然梁漱溟用“理性”来替代直觉，并有一定的理由，但是，我们还得承认两点：第一，梁漱溟的“理性”概念中包含着直觉成分，或者说包含着与直觉相通的成分；第二，直觉说并没有因梁漱溟的废弃而在现代中国哲学史上消失了，上文已经提到贺麟的贡献，他曾区分向内省

---

①［德］马克斯·韦伯：《儒教与道教》，洪天富译，江苏人民出版社2003年版，第196页。

察和向外观认两种直觉方法，“陆象山的直觉法注重向内反省以回复自己的本心，发现自己的真我。朱子的直觉法则注重向外体认物性，读书穷理”①。不少现当代中国哲学家对直觉说予以相当的重视，例如熊十力曾提出含义接近于直觉说的“性智”说，牟宗三曾提出“智的直觉”说，冯契曾提出“理性直觉”说，这些现象说明用“理性”代替直觉只是一个特殊事例，显示梁漱溟思考中国现代性发展的独特思路，这个思路并不能取消直觉说在中国现代哲学史上的意义，当然，这种意义还有待发掘。

前面的讨论侧重在直觉与“理性”的关系，其实，从生命哲学层面看，理智与直觉（“理性”）的关系也是一个重要议题。在柏格森那里，直觉与理智之间的关系问题就是生命哲学的话题。他说：“直觉与智力代表意识运作的两个对立方向：直觉只朝着生命的方向前进，而智力则朝着相反的方向前进，并因此而自然地发现自己与材料的运动取得了一致。完整和完善的人性往往会使意识活动的这两种形式都得到充分发展。”② 尽管直觉与理智代表了意识发展的对立趋向，但是两者都不可或缺，都将在意识活动的敞开过程中得到发展，其中直觉代表着生命发展的方向，理智代表着反生命发展的方向。直觉与理智都关系到生命的演化与创造。

梁漱溟把柏格森的这个问题与中西文化问题结合起来考虑，认为西方文化以理智为特征，而中国儒家文化以“理性”为特征。理智与“理性”的区别简洁地表示了西方智慧与儒家智慧的区别。这个问题类似于利奥·施特劳斯曾经提出的耶路撒冷和雅典的关系问题。耶路撒冷和雅典的关系问题是《圣经》传统与哲学传统、启示与理智、律法与哲学的

---

① 张学智编：《贺麟选集》，吉林人民出版社2005年版，第67页。

②［法］柏格森：《创造进化论》，肖津译，华夏出版社2000年版，第227页。

关系问题。施特劳斯说："将柏拉图的陈述与《圣经》的陈述结合起来看，揭示了处于巅峰期的雅典和耶路撒冷之间的基本对立：哲学家讲的神或诸神与亚伯拉罕、以撒和雅各的上帝之对立，是理性和天启之对立。"① 耶路撒冷是希伯来《圣经》传统的象征，《圣经》教导人们过顺从上帝启示的生活，雅典是希腊哲学传统的象征，哲学教导人们过理智的生活。西方文化是耶路撒冷传统与雅典传统的综合，但这两者之间始终存在着紧张关系。这种紧张是西方文化内部的问题，但这是一个触及西方文化核心的问题。梁漱溟所说的直觉与理智的关系问题（后来演变为"理性"与理智的关系问题）是中西文化之间的问题，是儒（家）希（腊）之间的问题。直觉或"理性"代表的是儒家传统（有的时候梁漱溟也称"理性"是人之所以为人的特征），理智代表的是希腊哲学与现代科学的传统，不包括施特劳斯所说的《圣经》传统。梁漱溟对西方文化的认识是有所偏的，但是他提出的直觉（"理性"）与理智之间的关系问题或儒家文化与希腊文化的关系问题是一个值得探讨的问题。

在未来中西文化的发展与融合中，直觉（"理性"）与理智的互补也许是一个理想的方向。现代新儒家冯友兰、徐复观已经表达过类似的意思。冯友兰说："未来世界哲学一定比中国传统哲学更理性主义一些，比西方传统哲学更神秘主义一些。只有理性主义和神秘主义的统一才能造成与整个未来世界相称的哲学。"② 直觉和理智的互补是理性主义和神秘主义相统一的一种表现。徐复观说："西方文化，因其成就了知性，并且保持了知性，所以西方文化今日的转进，是要'摄智归仁'，以仁来衡断智的成就，运用智的成就。中国今后的文化，是在一面恢复仁

---

①［德］施特劳斯：《耶路撒冷与雅典：一些初步的反思》，见刘小枫、陈少明主编：《经典与解释的张力》，上海三联书店 2003 年版，第 288 页。

② 冯友兰：《三松堂全集》第 11 卷，河南人民出版社 2001 年版，第 593 页。

性，同时即‘转仁成智’，使知性在道德主体涵煦之中，但不受道德局格的束缚。”① 徐复观用“摄智归仁”和“转仁成智”来描述中西文化结合的两种路径。这些论述无疑推进了人们对梁漱溟所触及的直觉与“理性”的关系问题的思考。

二、从意欲到生命

在梁漱溟哲学中，存在着从直觉到“理性”、从意欲到生命的两组概念转换。上文从现代性的批判和建构来理解第一组概念转换的意义。那么，究竟如何理解第二组概念的转换呢？梁漱溟早年谈到形而上学问题，提出意欲概念，并与生命概念通用，后来，他基本不用意欲概念，而径直使用生命概念，并赋予很多含义。从早年到晚年，他在形而上学上的贡献是形成了一套儒家生命哲学，为儒家生活世界奠定了理论根基。

梁漱溟早年在文化哲学里讲生命，中期在乡村建设理论中讲生命，晚年在《人心与人生》中也讲生命。生命（生活）成为梁漱溟哲学的主要观念。对宇宙生命的发扬、对文化生命的守护、对个人生命（生活）的锻造，是梁漱溟生命哲学关心的话题。对于梁漱溟所阐发的生命哲学或生命智慧，牟宗三发表过较高的评价：“中国学问随明亡而亡，至今已有三百余年。现在能与中国文化生命智慧接起来的首先是梁漱溟先生，发扬光大的是熊先生（指熊十力——引者注）。”② 很显然，梁漱溟是以其独有的儒家生命哲学接续起中国文化生命的血脉。

无论从理论还是从实践的层面看，从意欲到生命的概念转变是值得

---

①《徐复观文集》第 2 卷，湖北人民出版社 2002 年版，第 73 页。
② 牟宗三：《人文讲习录》，广西师范大学出版社 2005 年版，第 10 页。

追究的。我们从这样几方面来探讨这个话题：第一，梁漱溟在《东西文化及其哲学》中如何使用意欲（包括绵延、直觉）概念？第二，促使梁漱溟从意欲到生命概念转变的主要因素有哪些？第三，梁漱溟在儒家哲学的范围内如何界定生命概念，进而为儒家生命哲学的建构奠定理论基础？第四，生命概念可指个体的生命和类生命，也可指文化生命，梁漱溟对文化生命的发展持何看法？

（一）意欲、绵延与直觉

在《东西文化及其哲学》时期，梁漱溟从叔本华、柏格森的哲学和王学的良知说中吸取不少思想，丰富他的意志主义哲学。

他从叔本华哲学中借鉴了意欲（现在更多译为意志）概念。他说："你且看文化是什么东西呢？不过是那一民族生活的样法罢了。生活又是什么呢？生活就是没尽的意欲（will）——此所谓'意欲'与叔本华所谓'意欲'略相近——和那不断的满足与不满足罢了。"① 他用叔本华的意欲概念解释生活的"本体"与民族文化的发展。这个时候，意欲还只是人类生活的"本体"，不是世界的"本体"。

梁漱溟从柏格森那里吸取了绵延和直觉的思想，这两种思想"帮助"意欲成为世界的"本体"。他说："生活就是'相续'，唯识把'有情'——就是现在所谓生物——叫做'相续'。……生活、生物非二，所以都可以叫做'相续'。"② 相续是柏格森所使用的绵延概念的同义词，也是唯识宗看待宇宙的基本态度。绵延标示出人类的生活与生物活动具有共同的特性，成为世界的"本体"。绵延指宇宙的连续变化过程，也称为"生命之流"。生命展现为时间的绵延状态与运动过程，世界万物在生命之流中不断生成。这个过程需要依靠直觉加以把握，理智是无能

①《梁漱溟全集》第1卷，山东人民出版社1989年版，第352页。
②《梁漱溟全集》第1卷，山东人民出版社1989年版，第376页。

为力的。正如柏格森所说："我们以纯逻辑形式出现的思维，却不能阐明生命的真正本质，不能阐明进化运动的全部意义。"①

在对梁漱溟的意志主义哲学的深入研究中，我们发现这样一个现象：当梁漱溟讲意欲的时候，他的讲法是矛盾的。矛盾性体现在：一方面，梁漱溟推崇变化，认为意欲表现为生命的流动，流动与变化是意欲的实质；另一方面，他又承认意欲是世界"本体"。他在意志主义思潮里寻求对于世界的终极解释。怎么看待梁漱溟上述讲法的矛盾性呢？

纵观梁漱溟的论述，他有一股形而上学的冲动，喜欢追根究底，寻求终极"本体"与最终答案。他的这股形而上冲动渗透着中国文化的影响。他甚至认为中国人的心态是倾向于玄学或形而上学的。他说，中国"有玄学而无科学"，西方"有科学而无玄学"。② 中国的玄学（形而上学）有其自己的特点，这表现在两个方面。

第一个特点表现在主题上，中国的形而上学追究的不是绝对的实体或"静体"，而是变化的"本体"。"科学所讲的是多而且固定的现象（科学自以为是讲现象变化，其实不然，科学只讲固定不讲变化），玄学所讲的是一而变化、变化而一的本体……当知中国人所用的有所指而无充实的观念，是玄学的态度，西方人所用的观念要明白而确定，是科学的方法。"③ 这"本体"即为柏格森所说的绵延。它没有固定的本质，始终处于流变之中，但是在这流变之中，又有一以贯之的东西，即意欲。从变的角度看，绵延是根本的；从世界"本体"的角度看，意欲是根本的。在梁漱溟的形而上学内，绵延与意欲几乎是同义的，是变化的"本体"。"本体"不是别的，正是宇宙之流、变化之流。"生生之谓易"表达的正

①［法］柏格森：《创造进化论》，肖聿译，华夏出版社 2000 年版，第 2 页。
②③《梁漱溟全集》第 1 卷，山东人民出版社 1989 年版，第 359 页。

是这个意思。

变化的道理在梁漱溟晚年时仍然一直坚持，他甚至用爱因斯坦的宇宙观来印证变化的“本体”论。他说：“爱因斯坦是自然科学家，但其思想意识却深入哲学领域而与我的宇宙观若相契合。此即指空间时间原非两事，宇宙只是事物迁流不驻耳。……真象恰是天地万物变易无常，浑然一体，大化流行也。”[①]变易的观点继续保留在梁漱溟的生命哲学中。在《乡村建设理论》、《人心与人生》中，他进一步把变易观念发挥成创造观念，并把创造理解为宇宙生命的本性。

第二个特点表现在方法上，中国的形而上学不主张使用抽象概念去把握变化之流，而主张使用直觉去体会玩味变化之道，得到调和的、平庸的道理。作为方法的直觉与作为“本体”的意欲是相通的。感觉和理智无法洞察意欲的流转之道。

这样来看，梁漱溟的讲法似乎是不矛盾的，只是侧重点有所不同而已。在他讲世界“本体”时，他使用意欲概念；在他讲世界的永恒变化时，他使用绵延概念；在他讲体认“本体”的方法时，他使用直觉概念。这样的区分是相对的。在有的语境里，梁漱溟并未严格地区分这三者的用法，把它们混杂在一起使用。这个现象至少反映出《东西文化及其哲学》时期梁漱溟的思路也许并不十分清晰，术语表的层次也不很分明，这些问题蕴涵着后来重新调整关键词与转换概念的可能性。

梁漱溟在《东西文化及其哲学》时期颇为看重意欲概念，用意欲来解释世界上三种文化的路向。持意欲向前态度的是西方文化，持意欲调和态度的是中国文化，持意欲向后态度的是印度文化。在《中国文化要义》时期，他的提法有所改变，改用身心概念代替意欲概念，把西方文

---

①《梁漱溟全集》第 7 卷，山东人民出版社 1993 年版，第 845 页。

化描述为“身的文化”，中国文化描述为“心的文化”。他是这样重新界定文化问题和文化态度的：“第一问题即人对物的问题；第一态度即向外用力的态度。现在总说作：从身体出发。第二问题即人对人的问题；第二态度即转而向内用力的态度。现在总说作：从心（理性）出发。”① 第一问题变成身体问题，第二问题变成心的问题。换言之，梁漱溟把西方文化身体化了，把中国文化心灵化了。由于身心是主体的组成部分，所以，用身心来理解中西文化，表明梁漱溟是在主体性范式之下讨论文化问题。

梁漱溟用身心概念来替换意欲概念，显示他对用意欲概念解释文化发展路向的思路已经不满意，转而寻求新的理路，即人心论。这样，中国文化所要对付的人与人的问题实际上是心与心的问题，或生命与生命的问题。由此可见，在乡村建设之后，意欲概念已经淡出梁漱溟的视野。

（二）人心与乡村建设

前已述及，梁漱溟对待意欲概念的态度前后有变化。在 20 世纪 20 年代，意欲和生命概念在梁漱溟笔下常被混同，意义相近。在 20 世纪 30 年代后，梁漱溟不常使用意欲概念，对人心、生命概念的使用则越来越多。人们不禁要问，是什么因素导致梁漱溟逐渐废弃意欲概念，而更青睐于人心和生命概念，进而在《人心与人生》一书中对生命观念大书特书呢？从梁漱溟思想的进程来看，有两个事件与此相关，不得不提。

第一个事件指梁漱溟对人心问题的自我反思。

在出版《东西文化及其哲学》一书后不久，梁漱溟就意识到此书

①《梁漱溟全集》第 3 卷，山东人民出版社 1990 年版，第 260 页。

有“重大错失”，觉得有必要另写一本书以更正自己观点。“错失”之处在哪里呢？在于对人心的理解（他称心理学或人心论）上，先前从直觉（本能、意欲）与理智二元对立的角度分解人心，后来觉得过于简单和有偏失，遂采用本能、理智和“理性”三分法剖析人心。在人心问题上认识的转变预示着梁漱溟对道德生命的关注，因为“理性”正是道德生命的另一种表达。

在对人心进行反思的基础上，梁漱溟重新思考人生的意义问题，这是他一生最为关注的两大问题之一。于是，他决定他要写的新书的题目为《人心与人生》。心理学讨论的是人心，伦理学讨论的是人生。人心与人生的结合也是心理学与伦理学的结合。这两方面是梁漱溟从早年一直到晚年都很关心的话题。他对两者的关系有一个基本的论断：心理学讲的是事实，伦理学讲的是价值，价值判断必须根据于事实，即伦理学必须根据于心理学。他说：

> 凡是一个伦理学派或一个伦理思想家，都有他的一种心理学为其基础；或说他的伦理学，都是从他对于人类心理的一种看法，而建树起来。儒家是一个大的伦理学派；孔子所说的许多话都是些伦理学上的话；这是很明显的。那么，孔子必有他的人类心理观，而所有他说的许多话都是或隐或显地指着那个而说，或远或近地根据着那个而说的；这是一定的。①

可以这样理解梁漱溟的这段话：孔子的伦理学是外显的，是大家都可体认到的，而他的心理学是内隐的，不易被人体察，外显的伦理学是以内

①《梁漱溟全集》第1卷，山东人民出版社1989年版，第327页。

隐的心理学为根据的，因此，对儒家心理学的阐发是一项比伦理学阐释更为基本，也更艰难的工作，生命儒学是比礼俗儒学与政治儒学更为基础性的儒学。

梁漱溟以“人心与人生”为主题做过三次系列讲演，第一次是在1926年的北京西郊大有庄，第二次是在1927年北京各大专院校学生会举办的寒假期间学术讲演会上，第三次大约是在1934年山东乡村建设研究院。[①]从他完成《东西文化及其哲学》之后到他从事乡村建设，一共约有十年时间，他一直在思考“人心与人生”问题，并把思考的成果以讲演的形式与人交流，从今存1926年和1934年讲演的记录中，可见其思想演化的轨迹。

由于种种原因，梁漱溟对儒家心理学或人心论的完整论述到晚年（1975年）才完成，他的相关论述集中在《人心与人生》一书中。梁漱溟自己对晚年之作《人心与人生》的评价颇高。他说：“我写的书，特别是最大的一本书、最重要的一本书叫做《人心与人生》。”[②]这本书不仅了却了早年的心愿，而且对人心问题做了系统的阐发，为儒家生命哲学奠定了人心论基础。

梁漱溟对心理学概念的使用并不十分严密。它至少包括了这样两层含义：

第一层含义，指学科意义上的心理学。例如，他曾引用过麦独孤的《社会心理学绪论》等书中的观点，利用现代心理学的成果来解释人类的行为。早年的梁漱溟对麦独孤的本能说十分赞赏，相信他所说的心理学结论：即人类行为源于本能。梁漱溟在《东西文化及其哲学》时期

① 参见《梁漱溟全集》第3卷，山东人民出版社1990年版，第758—759页；《梁漱溟全集》第7卷，山东人民出版社1993年版，第1038—1039页。

② 梁漱溟：《这个世界会好吗》，东方出版中心2006年版，第109页。

区分人心为本能与理智等做法即属于这一层次。他也曾对德国学者卫西琴（又名卫中）的心理学较感兴趣。卫西琴明确表示他的心理学是研究人力量（即人心）的科学，其目的在于“寻出力量活动程度之间种种定律，而使人有他应有的‘人程度’之活动”①。1926 年，卫西琴和梁漱溟等人在北京西郊大有庄租房同住，一起讨论儒学与心理学问题。梁漱溟后来对人心的看法多少受到卫西琴心理学的影响。

第二层含义，他所说的心理学超出了科学的范围，而是指在哲学层面上对人心、人的精神力量的讨论和研究。他在《人心与人生》中对生命本性的讨论就属于这一层次。

梁漱溟对心理学的科学含义和哲学含义基本上未加明确区分，两者混杂在一起。这种混杂在一定程度上遮蔽了梁漱溟思想的深刻内涵。实际上，对两者做一个区分并阐明它们的关系更有利于澄清梁漱溟的思想。根据梁漱溟的论述，科学意义上的心理学为哲学意义的心理学奠定了基础，哲学意义上的心理学已经属于生命哲学的范围，因此，生命哲学的发挥奠基于科学的心理学。梁漱溟对儒家生命哲学的阐释吸取了很多现代心理学的成果。从这一点上，可以看出梁漱溟的儒家生命哲学已不同于宋明时期的儒家形而上学，而带上了现代哲学的色彩。

第二个事件指梁漱溟对乡村建设经验教训的总结。

上面已提到，大约在 1934 年，梁漱溟在山东乡村建设研究院给研究部的学员做讲演，现存的讲演记录的题目为《意识与生命》。这个记录表明一个事实：梁漱溟在从事乡村建设运动期间，仍然在思考人心论或生命哲学的问题。这个事实立即引出一个问题：梁漱溟的乡村建设理论与他的人心论有什么关系？笔者认为两者有内在关系。这可以从两方

---

①《梁漱溟全集》第 4 卷，山东人民出版社 1991 年版，第 815 页。

面看：一方面，从人心论与伦理学的关系看，梁漱溟主张人心论将为伦理—政治生活世界的整顿提供理论基础，而乡村建设可以看作是伦理—政治生活世界整顿的实验，因此，阐明人心论有利于乡村建设实验的顺利推进；另一方面，梁漱溟在出版《东西文化及其哲学》之后，试图重新理解人心，这种决心在乡村建设运动之后更加明确，因为乡村建设的经验强化了他对人心问题重要性的认识，促使他不断修正人心论，强调“理性”、生命概念的合理性，而不再强调意欲概念的合理性。也正是从这个角度，我们才可以理解为什么梁漱溟把乡村建设看作一个发扬“理性”、启发生命的运动。

如前所述，乡村建设不仅是一个社会运动，而且是一个文化运动，是重建人心秩序的运动。“我们的乡村组织就是要启发乡下人的力量，形成乡村的团体生命。我们现在不愿意把生存和教育的保障归于国家负责，就是因为我们不愿意抑蔽这个痛痒亲切的生命所在——乡村。”①乡村是一个感受生命意义的世界，建设乡村就是在开启农民的生命觉悟与精神自觉，借助“理性”的力量，构筑人人为对方尽义务的共同体。经过乡村建设实验，梁漱溟进一步确证了《东西文化及其哲学》一书的“重大错失”，认识到“理性”对于人心秩序、生命世界建设的重要性。

在实践中，梁漱溟很快遇到了乡村建设的两大难处，其中之一是“号称乡村运动而乡村不动”。他描述了当时的现状：“本来最理想的乡村运动，是乡下人动，我们帮他呐喊。退一步说，也应当是他想动，而我们领着他动。现在完全不是这样。现在是我们动，他们不动；他们不惟不动，甚且因为我们动，反来和他们闹得很不合适，几乎让我们作不下去。”②这个现状说明，农民的人心没有发动，他们参与乡村建设的积

①《梁漱溟全集》第2卷，山东人民出版社1990年版，第423页。
②《梁漱溟全集》第2卷，山东人民出版社1990年版，第575页。

极性不高，持观望态度的人比较多。农民是承载儒家文化的主体，如果农民不动，复兴儒学的希望是渺茫的。乡村不动的关键在于人心不动。他说："现在乡间最急切的事情，是整顿人心，与革除陋风弊俗。"[①] 他从对乡村建设失败的反省中引出人心秩序问题，这些反省为他思考儒家生命哲学提供了第一手的材料。

乡村建设是一个现实的运动，在它的尽头有一个理想的社会。梁漱溟在《乡村建设理论》一书的最后谈到了人类理想社会建设应有的四项原则，第一和第四项原则即与人心或生命有关。梁漱溟认为，人心的发展有一个从本能到理智、再到"理性"的过程，从理智到"理性"是一次飞跃，是一次解放。抵达最高境界的人，必定有开阔的心胸，有与物同体的情感，对于天下万物有同胞之感。梁漱溟希望通过乡村建设而达到的新社会是一个充盈与物同体之情的社会，是一个保障人类生命无限敞开的社会。按照梁漱溟的见解，人心的生长与生命的敞开将是未来理想社会建设的主要原则，也是乡村建设的指导原则。这些原则将在乡村建设中得到培育。通过乡村建设的试验，梁漱溟发现儒家的伦理文化与生命儒学不仅可以治疗人心秩序的失范问题，而且提供了正面建构合理人心秩序的可能性。

贺麟认为，梁漱溟在早年极力倡导王学，结合柏格森的生命哲学发挥王阳明的良知论，把良知视为道德生命。后来梁漱溟专心从事乡村建设，"似已放弃发挥王学的使命了"[②]。真的是如此吗？这里的关键是怎么理解乡村建设的意义。如果把乡村建设只理解成乡村的经济和政治建设，而不是儒家生活世界的建设，那么，贺麟的看法是有道理的。可事实上，梁漱溟首先是在儒家生活世界重整的意义上界定乡村建设的，因

---

①《梁漱溟全集》第5卷，山东人民出版社1992年版，第341页。

② 贺麟：《五十年来的中国哲学》，商务印书馆2002年版，第12页。

此，他的工作并没有脱离儒家的语境，没有完全脱离王学的良知论或良知——生命哲学，而是试图在乡村建设中开启人的道德生命，重整礼俗儒学。乡村建设的受挫使重整儒家生活世界的工作遭到了阻遏，但正是这阻遏，使梁漱溟更加认识到生命儒学建设的重要性，认识到儒家生命世界的意义。

梁漱溟后来为什么偏重于讲生命不讲意欲？这个问题可以从很多角度加以解释，上文提到的两个事件为我们理解这个问题提供了一些线索，这里再从人际交往的角度补充一个材料，为我们理解梁漱溟的思路提供一个立体的社会文化史背景。我说的材料指梁漱溟和伍庸伯之间的交往。两人于 1919 年相识，不仅成为好朋友，还成为亲戚，交谊深厚，伍庸伯将其妻之妹介绍给梁漱溟认识。

梁漱溟对伍庸伯的为人和为学佩服有加。晚年梁漱溟在《伍庸伯先生传略》里说："伍庸伯先生应该是我心里最折服的人；他在我心目中的重量更无人能相比并，而我们彼此间的关系应该亦说是最亲近的和相当深的。"① 伍庸伯参加过辛亥革命，组织过讲会，抗日战争期间，还做过游击司令（挺进第四纵队司令），能文能武。1921 年，他凭着儒家修身齐家的信念，回家乡广东的南浦村做事，不出三月，便平息械斗，肃清盗匪，之后就兴办教育。梁漱溟感到伍庸伯的生命是自觉的，身体与精神是统一的，他说睡就睡，说醒就醒。梁漱溟称赞"他是真正能够在他的生命上自主自如。这个学问不是书本上的学问，不是随便讲一讲、说一说的学问，这就是孔子的生活之学。……伍先生的学问功夫是真正的、彻底的儒家，他把儒家的路子走得最正确，我没有看见第二个人这样。"② 一般人以为梁漱溟是一位知行合一的真儒家，可是梁漱溟却认

①《梁漱溟全集》第 4 卷，山东人民出版社 1991 年版，第 175 页。
② 梁漱溟：《这个世界会好吗》，东方出版中心 2006 年版，第 137 页。

为伍庸伯是“纯正的儒家”，他的“纯正”表现在他的生活（生命）上。伍庸伯的生命姿态和生活方式给梁漱溟的影响是很强烈的，以至于梁漱溟把向世界介绍伍庸伯的生命之学认作自己的重大责任，这恐怕也是他写作《伍庸伯先生传略》的内在原由之一。与伍庸伯这样的朋友交往，使梁漱溟更加关注生命的展开方式，关注生命的学问。

（三）生命世界与形而上学基础

如果他对理智与“理性”的讨论属于心理学的话，那么，对人生、道德的讨论则属于伦理学，梁漱溟试图融合两者，努力为两者的统一寻求哲学的辩护。辩护的结果便是他的儒家生命哲学的出台。梁漱溟在《人心与人生》中说：“吾书言人心，将从知识引入超知识、反知识，亦即从科学归到形而上学，从现实生活上起作用的人心归到宇宙本体。”①这个“宇宙本体”即为生命。当他讲生命哲学的时候，他已经进入形而上学的范围，越出了科学的心理学的讨论范围。

尽管梁漱溟没有建立起非常系统的形而上学，没有建立起类似于牟宗三的道德形上学，但对心性或生命问题仍有独到的见解，并一直抱有浓厚的兴趣。他对形而上学的兴趣与柏格森生命哲学、印度佛学、周易思想、王学的影响有关。梁漱溟把柏格森生命哲学看作当代西方形而上学的典范。他说：“当世还有一个人替形而上学开辟一条道路的就是柏格森。他着眼康德对于形而上学的批评，宣言说他的哲学方法是出乎康德对一般形而上学之反对之外的，是要把从康德以来被康德打断了的形而上学与科学再搭一个桥接通。”②柏格森的努力直接启发了梁漱溟在儒学领域内进行重构儒家生命哲学的思路。

在生命哲学里，梁漱溟谈到了与生命相关的一些概念，例如生命本

---

①《梁漱溟全集》第3卷，山东人民出版社1990年版，第538—539页。

②《梁漱溟全集》第1卷，山东人民出版社1989年版，第405页。

性、宇宙生命、人心、个体生命、社会生命等。要理清这些概念关系，先要理解其中的关键词——生命。

梁漱溟的生命概念至少有四层含义。

第一层含义指活的状态，与死亡相对，死是生（命）的终结，有命即为生。生命包括生物生命与人类生活，它们的共同点在于有一套生长机制。这是在自然状态上的生命。

第二层含义指生命几乎与生活同义，指无目的的、活生生的过程。在《东西文化及其哲学》中，梁漱溟也把生命称为意欲。他说："生活与生命相同，无分别，纯然一回事。人说话时，用脑筋时，总爱把他打成两截，一个是体，一个是用。其实是体用一回事。"① 这里"体用"的意思主要指内在"本体"与外在表现，生活是生命或意欲的表现，生命就体现在生活之中。两者并不呈现为两个隔绝的领域，而是以体用不二的方式相互作用。

这个想法与梁漱溟受柏格森生命哲学的影响有关。柏格森在《创造进化论》中把直觉视为生命，直觉是生命运动的方向。与直觉活动反方向的是理智活动，两者构成了精神生活的整体。受此影响，梁漱溟有时也把直觉称为生命，把生活当作生命之流或直觉之流。

严格地说，生活与生命是有差别的，在英语里，可用 living 和 life 来表示。生活常常与日常世界里的活动、习惯性的生活方式联系在一起，而生命具有不同的意义，在最低的层次上，生（命）与死相对，在高一级层次（下面第三、四层含义）上，生命也指精神之流与创造性的活动，更指智慧活动。

第三层含义指生命高于生活，指精神的创造性展开。生命有生活或

---

①《梁漱溟全集》第 7 卷，山东人民出版社 1993 年版，第 1020 页。

生存的意义，但又不限于生存，而具有范导性的意义，规范着现实生活的价值导向。梁漱溟说："其能代表这大生命活泼创造之势，而不断向上翻新者，现在唯有人类。故人类生命的意义在创造。"①创造成为生命活动的规定性。在梁漱溟的文本中，创造也被表述为"向上奋进"。"生命本性是在无止境地向上奋进；是在争取生命力之扩大，再扩大（图存、传种，盖所以不断扩大）；争取灵活，再灵活；争取自由，再自由。……唯一代表此生命本性者，今唯人类耳。"②从生物学上看，人类生命的诞生有一个漫长的演化过程。就生命形式而言，人类生命是最高级的，它的本性在于创造性。在人类生命中，创造不仅是推动生命生长的动力，而且成为规范性的价值。

梁漱溟把生命比喻为可能性，生命的展开过程就是可能性转化为现实性的过程。他说："一个人的生命，就是一个顶大的可能性，就是一个顶大的可以发挥的材料，而不是一个已经成功的东西，如桌子凳子一样。因为他是一个可能，所以他是个活动的，是个或此或彼的，可以这样也可以那样，好象〔像〕是留了一个很大的空，等着你去充实他，去发挥他，去利用他，或者说是等着你去享用他。"③可能性为创造开辟了空间，体现了生命的可塑性。

梁漱溟的创造概念仍然保留了早期意志主义哲学中相续、绵延的含义，同时又赋予其现代价值的内涵。创造成为生命追求的导向性目标。创造性的生命是流动的，从来不是现成的。生命一旦变成现成的、凝固的东西，无异于宣告了生命的死期。"生命不是一成不变的死物，其为物至神而为力至强。"④生命的跳动性、创造性显示出它的构成性与生成

①《梁漱溟全集》第 2 卷，山东人民出版社 1990 年版，第 94 页。
②《梁漱溟全集》第 3 卷，山东人民出版社 1990 年版，第 569 页。
③《梁漱溟全集》第 2 卷，山东人民出版社 1990 年版，第 264 页。
④《梁漱溟全集》第 2 卷，山东人民出版社 1990 年版，第 197 页。

性。与生成性相对的是现成性和既成性。既成性是就过去的事情来说的，现成性是就现在固定的事情来说，生成性是就当下未定的、尚处于变动之中的事物来说的。

对人类生命的洞察主要靠人心，人心包括心理能力和精神力量。它是透视人类生命的“窗口”。梁漱溟指出：“说人心，应当是总括着人类生命之全部活动能力而说。”① 人心是人类生命的活动能力，如理智与理性活动。这类活动能力是发展进化的。凭借这些精神活动能力，人心可以体认生命，人心中最高层次的“理性”能力可以体认道德生命乃至宇宙生命。

关于“理性”与生命之间的关系，梁漱溟在很多地方说得比较含糊。在一篇题为《中国文化的特征在哪里？》的讲演里，他说得比较明确一些：“理性则是人类生命的本体。”② 此所谓“本体”指最高阶段，指根本阶段。生命的演化经历了从本能到理智再到“理性”的发展阶段，“理性”体现了生命演化的最高成果。这个最高成果也可以用“自觉自律”、“无对”来表述，它们的意思十分接近，所指的侧重点不同。在梁漱溟看来：“好好恶恶而心中了了，是曰自觉；基于自觉而行吾所好，别无所为，是曰自律。……说理性，即指自觉自律之条理天成而言，说无对，即指自觉自律之浑然不二而言。道德根于理性无对而来，为人类生命之最高表现。”③ 此时的道德“理性”已经达到生命的自由境地，可与下文将要谈到的智慧化生命相通。

第四层含义指智慧化生命。这是生命创造的终极境界或超越之境。生命的创造既可以外化为科学的发现、技术的发明与事业的开创，也可

---

①《梁漱溟全集》第3卷，山东人民出版社1990年版，第536页。
②《梁漱溟全集》第5卷，山东人民出版社1992年版，第699页。
③《梁漱溟全集》第3卷，山东人民出版社1990年版，第291页。

以内化为德性的成就。自觉的生命表现为内在与外在的统一，凝结成生命的智慧。在终极状态上，生命就是智慧。梁漱溟说：

> 西洋人至近代以来，学术虽很发达，可是都系智慧向外用的结果。所谓智慧为役于生命，即系智慧单单成立了生命的工具。中国最高学问与印度的最高学问，是让智慧回到自己生命，使生命成立了智慧的生命。①

这是在智慧层面上比较西方、中国和印度文化。儒家文化与佛教文化的共同点之一在于使智慧与生命打通，使智慧成为生命化的智慧，使生命成为智慧化的生命。在儒家的视野内，智慧是性与天道之学，既是一种体知，也是一种实践，是知行合一的“学问”。圣人达到了这样的境界。孔子说“从心所欲不逾矩”，在这个层次上，智慧化生命得到了实现。

智慧化的生命是对理的体知。梁漱溟所谓的理主要指情理而非事理，此情理既与天相通，又与人心相契。“人类有其一极强要求，时时互以责于人，有时亦内以讼诸己；从之则坦然泰然，怡然自得而殊不见其所得；违之则歉恨不安，仿佛若有所失而殊不见其所失。——这便是所谓理。”②从人心上体验理，理不是死的原则，而是活的智慧，是与人心、人情的变化相共鸣的智慧。它是境域化的，而非固定化的。这种智慧具有超道德的意义，指向超越之域。

梁漱溟在一个场合讲过生命的本性在于创造，在另一个场合他讲生命的本性在于求通。这两个生命本性不是居于同一层次的规定性，而是有层次差别的，通高于创造。通是智慧化生命的真正本性。他指出：

---

①《梁漱溟全集》第5卷，山东人民出版社1992年版，第555页。
②《梁漱溟全集》第5卷，山东人民出版社1992年版，第169页。

“生命本性要通不要隔，事实上本来亦一切浑然为一体而非二。吾人生命直与宇宙同体，空间时间俱都无限。”① 通不仅指未分化的原初状态，也指人与人，人与物，身与心之间的沟通、贯通与畅通，也指理想状态上的世界与人的和谐，通即和。“生命就是宇宙大生命，天人一体，通人即通天、即通全体、即通人生、即通宇宙，味儿深易引人。”② 这样的通本身就是智慧。求通的生命是趋向智慧的生命。

梁漱溟在《东西文化及其哲学》时期使用意欲（或生命）概念，意欲概念涵盖了上面四层意思，但更偏重于第一、二层含义。在《人心与人生》一书中，他使用生命概念也兼摄如上四层含义，但第三、四层含义的分量明显加重。有学者已经注意到梁漱溟生命概念的含义在早期和中后期有所变化，认为早期的生命概念带有自然人本主义的特点，中期以后生命一词由“理性”代替而成为道德本体。③ 从上文的梳理中可以见出，梁漱溟的“理性”概念与中后期的生命概念还不能完全等同，生命概念具有更大的包容性，成为儒家生命哲学的中心概念之一。

综合上文第三、四层含义，梁漱溟的生命说是在为他的哲学构建形而上学的基础，在此基础上，他的儒家生命哲学有了确立的可能性。这种哲学关注的是创造性的生命和智慧化的生命，它们构成生命世界的两个主要向度，既是人生实践的价值指向，也是生活世界的最高层次。

在乡村建设时期，梁漱溟用生命观念来解读杜威的哲学，把生命看作杜威哲学的主要观念。这种解读多少带有误读的成分。如果我们把生命与生活区分开来，那么，我们看到，杜威在《民主主义与教育》中所谈的侧重在于生活的质量，而不是生命，而儒家所谈的侧重在于生

①《梁漱溟全集》第 3 卷，山东人民出版社 1990 年版，第 572 页。
②《梁漱溟全集》第 7 卷，山东人民出版社 1993 年版，第 1019 页。
③ 参见曹跃明：《梁漱溟思想研究》，天津人民出版社 1995 年版，第 85 页。

命，尤其是道德生命与宇宙生命及其两者的合一，而不仅仅是生活。与上述区分相对，杜威侧重的是睿智（Intelligence），儒家侧重的是智慧（Wisdom）。当梁漱溟用生命观念理解杜威的时候，他实际上是用儒家的生命哲学（并带上了柏格森生命哲学的烙印）为杜威哲学做注解，让孔子和杜威就生命问题进行对话，把杜威哲学看作儒家生活世界建设的思想资源之一。

在现代哲学史上，讲生命大概是现代新儒学的主要面相。熊十力、牟宗三都倡导生命的学问。牟宗三对生命的学问有较清晰的论述："生命的学问，可以从两方面讲：一是个人主观方面的，一是客观的集团方面的。前者是个人修养之事，个人精神生活升进之事，如一切宗教之所讲。后者是一切人文世界的事，如国家、政治、法律、经济等方面的事，此也是生命上的事，生命之客观表现方面的事。"① 我们大体上可以用内圣外王四个字来概括牟宗三此话的意思。生命的学问在心性修养与事功作为两方面展开。梁漱溟也有类似的意思，他说生命的创造有两类，一是成己，二是成物。成己是成就内在生命，完善精神生活；成物是成就一番事业或功业。在这两者之中，成己是成物的根据。在现代新儒家里，在阐释儒家的生命哲学方面，梁漱溟无疑是一位先驱者。他的生命说引发了后来现当代新儒家哲学中的生命哲学向度的勃发，这在熊十力、牟宗三等人的哲学中都有一定的表现。

当然，梁漱溟讲生命是有自己的特点的，有别于熊十力、牟宗三的讲法。特点之一在于梁漱溟讲生命哲学以乡村建设为背景，为乡村建设理论提供形而上学的基础。牟宗三不同意这一点。他认为在《东西文化及其哲学》中，梁漱溟在礼教化的孔子之外发现了生命化的孔子，这是

---

① 牟宗三：《生命的学问》，广西师范大学出版社2005年版，第33—34页。

一个创见。在这之后，梁漱溟投身乡村建设事业，牟宗三对此表示不解。他认为，梁漱溟转向乡村建设表示“他的生命已降落而局限于一件特殊事业中……这还是由于他体悟孔教的生命与智慧之不透”①。笔者不认同这样的判断。梁漱溟的乡村建设恰恰是在另一层面上开拓生命哲学的新方向，这不是生命的降落，而是新的开显。我们不能离开乡村建设来理解梁漱溟的生命哲学，两者是统一的。

建设乡村的实质是重整儒家的生活世界，生活世界包含不同的成分，如礼俗世界、政治世界和生命（心性）世界，生命世界关涉精神、灵魂与人心秩序，它的价值目标也是儒家生活世界的价值目标。生命世界的开发与整顿是儒家生活世界建设的难点。如果说儒家生活世界是有结构层次的话，那么，生命世界居于最高层次，是生活世界的最后归宿。梁漱溟的乡村建设也含有开发儒家生命世界的意思。他说：“我们只能从农村的新生命里来求中国的新生命；却不能希望从中国的新生命里去求农村的新生命。我的所谓乡治，就是替农村求新生命的方法。”②在现当代新儒家中，讲生命的学者很多，梁漱溟在乡村建设中讲生命，把生命的敞开面向乡村建设，这是他讲儒家生命哲学的特色之一。

（四）文化生命的发展③

生命不仅有个体生命，而且有类生命和文化生命。前面的讨论侧重于个体生命和类生命，这里集中对文化生命的发展做一点分析。

在个体生命和人类生命的发展上，梁漱溟受到进化论、柏格森哲学和儒家思想等影响，主张生命发展是一个进化的过程，同时是一个创造的过程，一个生命力扩张的过程。在文化生命的发展上，梁漱溟受到进

---

① 牟宗三：《生命的学问》，广西师范大学出版社 2005 年版，第 89 页。

②《梁漱溟全集》第 4 卷，山东人民出版社 1991 年版，第 834 页。

③ 这部分内容请参见拙文《直线进化论抑或文化转轨论》，见杨国荣主编：《思想与文化》第 7 辑，华东师范大学出版社 2007 年版。

化论很深的影响。许多学者认为梁漱溟是一个直线进化论者。例如，有学者认为："梁漱溟的历史观中除了文化整体观之外，且有普遍主义、线性进程、阶段论和进化观等见于单线演化论的基本取向。只不过，梁漱溟认为这一演化过程的原动力存于人类心理发展的内在机制，而非存于竞争或其他属于个人之外的因素。"① 在文化进化问题上，梁漱溟主张直线进化论，这个判断是有根据的，但是并不全面。有学者区分梁漱溟的未来文化观和现实文化观，把前者看作封闭的，以线性思维方式为方法论原则，把后者看作开放的，以两点论为基础。② 这样的区分无疑是有益的，使我们更好地把握梁漱溟关于文化生命理论的内涵。也有的学者认为，梁漱溟的文化观"也有不少矛盾和不圆通之处"，比如，梁漱溟说西方文化可以从第一路向跳到第三路向，又跳回到第一路向，而中国和印度始终走在各自的路向上，这是为什么？③ 也有的学者认为，梁漱溟的世界文化三期重现说和人生态度的三路向说是"相抵触的"，说明梁漱溟是"从强烈的主观意愿出发"，夹杂着民族情感的因素。④ 也有的学者指出，梁漱溟既从进化论的角度，也从相对主义的角度解释文化的发展。⑤

我们的研究视角有所不同，在于文化生命的发展观。根据我们的研究，在《东西文化及其哲学》一书中，梁漱溟对文化生命的发展至少存在三种理解，即文化类型论、文化序列论与文化转轨论。正因为如此，梁漱溟的文化观从表面上看似乎存在不少"矛盾"。要理解这样的"矛盾"，需要我们深入地分析梁漱溟在文化生命发展观上的三种理解。下

---

① 杨贞德：《论梁漱溟文化保守主义中的历史观》，见李明辉主编：《儒家思想的现代诠释》，"中央研究院"中国文哲研究所筹备处 1997 年版，第 263—264 页。

② 参见柴文华：《现代新儒家文化观研究》，三联书店 2004 年版，第 79 页。

③ 参见陈来：《现代中国哲学的追寻》，人民出版社 2001 年版，第 35 页。

④ 参见张汝伦：《现代中国思想研究》，上海人民出版社 2001 年版，第 418—419 页。

⑤ 参见王宗昱：《梁漱溟》，东大图书公司 1992 年版，第 247—248 页。

面对这三种理解分别加以申说。

第一种理解，文化类型论。在《东西文化及其哲学》中，梁漱溟从人生态度入手，在世界范围内区分三种文化类型，即西方文化、中国文化和印度文化。它们各有自己的特色，具有民族性。这三种文化代表了文化发展的三条道路和三个趋向。他指出：

> 中国人不是同西方人走一条路线。因为走的慢，比人家慢了几十里路。若是同一路线而少走些路，那么，慢慢的走终究有一天赶的上；若是各自走到别的路线上去，别一方向上去，那么，无论走好久，也不会走到那西方人所达到的地点上去的！中国实在是如后一说。①

这是说，中国文化走的道路与西方文化不同，不在一条道上，再怎么追赶，也赶不上西方文化。从上面引述的话里可知，梁漱溟持有多元文化发展观，不赞成直线进化论。多元文化发展观有几种模式。模式一指几种文化平行发展，不会交叉，不会相遇。模式二指几种文化有共同的起源，但是后来朝着各自的方向发展，呈发散状态。模式三指几种文化有独立的起源和发展路径，但是它们都趋向一个目标，最后有可能在这个目标上会合，殊途同归。模式三标识的是起源与路径上的多元文化论。

梁漱溟在几个地方谈到此问题，说法有些差异。在《东西文化及其哲学》中认为，西方、中国和印度文化在起源处就走上各自的道路，并且各有发展的路向，这个观点属于模式一。他在《中国文化要义》里主张文化发展是殊途同归，最后同归到世界文化上去。这个观点属于模式

---

①《梁漱溟全集》第1卷，山东人民出版社1989年版，第392页。

三。当然，他认为对世界文化的理解不能简单化。其一，世界文化不等于一种文化，他认为，“各处自仍有其情调风格之不同”。其二，世界文化是变化的，“它倒可能次第演出几个阶段来”。① 这里提到的世界文化观念与梁漱溟在《东西文化及其哲学》中提出的世界文化观念不同。在《东西文化及其哲学》中，他指出：“世界未来文化就是中国文化的复兴，有似希腊文化在近世的复兴那样。”② 他把西方文化、中国文化和印度文化都界定为可能的世界文化。在不同的时间段或不同的问题域，某种文化会占据主导，从而成为现实的世界文化。可以从几个角度理解世界文化是中国文化复兴这个观念，文化序列论和文化转轨论便是其中两个视角。

第二种理解，文化序列论。在有些表述中，梁漱溟把文化类型塞入直线型的时间框架，得出从西方的科学文化到中国的伦理文化再到印度的宗教文化的发展序列，从而呈现出直线进化论的趋向。他说：“人类文化有三步骤……初指古代的西洋及在近世之复兴，次指古代的中国及其将在最近未来之复兴，再次指古代的印度及其将在较远未来之复兴。而此刻正是从近世转入最近未来的一过渡时代也。”③ 这是说人类文化的发展有一个时间性的序列，即从西方文化到中国文化再到印度文化的线性发展。中国文化将在西方文化之后成为世界文化。

早在《东西文化及其哲学》之前，梁漱溟就受到进化论思想的影响。他在《穷元决疑论》一文中表述过人类社会发展的线性轨迹：“盖人群之进，由图腾而宗法，而军国，而以社会主义圆满为其终局。迨彼其时，人类聪明已造其极，感苦至剧，而从境遇谋救苦之方已穷，如来

①《梁漱溟全集》第3卷，山东人民出版社1990年版，第47页。
②《梁漱溟全集》第1卷，山东人民出版社1989年版，第525页。
③《梁漱溟全集》第1卷，山东人民出版社1989年版，第504页。

大法，举世同情矣。”① 此说法也许受到严复翻译的甄克斯（E.Jenks）的《社会通诠》一书以及社会主义、佛教等思想的影响。甄克斯的《社会通诠》描述人类社会的发展是由图腾社会到宗法社会，再到军国社会或政治社会。这是一个逐渐进化的、由低级到高级的发展过程。这个社会进化观念在他的《东西文化及其哲学》一书中也有踪迹，具体表现为文化发展的三阶段论。

文化序列论的背后涉及线性的时间观念。在直线进化论者看来，时间有两个特点。第一，时间是直线型的，其运动有一定的方向，从过去到现在再到未来是不可逆的，已经逝去了的时间无法挽回，成为历史的记忆。第二，时间是均匀的，可被无限分割，不能说时间有疏密。时间是在均质地流淌。

在线性时间观的指导下，人们很自然地用新旧这对范畴来概括中西文化，把中国文化称为旧文化，把西方文化称为新文化。宽泛地看，新文化运动的主要含义之一是引进新文化，批判旧文化。在新文化运动中，新旧不仅是一对时间概念，而且是一对价值判断用语。判断新旧的尺度在于时间的先后，走在前面的是新文化，是现代文化，走在后面的是旧文化，是传统文化。新与旧是先进文化与落后文化的区别。很多“五四”思想家持有这种观点，例如，李大钊说东方文明和西方文明“一为依赖的，一为独立的；一为苟安的，一为突进的；一为因袭的，一为创造的；一为保守的，一为进步的”②，东西方文明不仅是空间、地域意义上的文明样式，而且是带有种种价值意义的文明样式，如保守与进步。梁漱溟的文化发展阶段论也有类似的特点，不同的阶段呈现出落后与先进、低级与高级的区别。他曾说：“人类是先从对于自然界要求

①《梁漱溟全集》第 1 卷，山东人民出版社 1989 年版，第 19—20 页。
②《李大钊全集》第 3 卷，河北教育出版社 1999 年版，第 40 页。

物质生活之低的容易的问题起，慢慢解决移入次一问题，愈问愈高，问到绝对不能解决的第三问题为止。”① 按照梁漱溟设想，第一类问题即人与自然之间的关系问题是低级的，第三类问题即人与自身生命之间的关系问题是高级的。从第一类问题的解决到第三类问题的解决正是人类文化生命的线性发展过程。

从时间观念上比较梁漱溟的文化类型论与文化序列论，可知他在时间观念上的两歧性：一方面，他建立了中西印三种文化发展路向的时间坐标，这是多元的时间叙事模式；另一方面，他建立了一个线性文化发展的时间坐标，这是一元的时间叙事模式，两者矛盾地出现在梁漱溟的文化生命哲学中。

第三种理解，文化转轨论。他不仅认为文化生命发展是多元的，而且认为可以跳跃，例如，西方文化从古希腊开始就进入第一条道路，到了中世纪，它折入第三条道路（宗教），到了近代的文艺复兴，它又回到第一条道路，终于造就了辉煌的科学文化。② 这个说法一方面承认文化发展的三条道路，冲破了直线进化论的框架；另一方面，又承认在不同的道路之间可以突然跳跃、跃迁或转轨。转轨有两种形式，一种是指文化生命在发展过程的中途发生的跃迁，可称“转轨一”，例如，上文提到的西方文化，它先在第一路向上发展，还没有到尽头就转轨到第三路向上，后来在第三路向上发展，又没有到尽头就转轨回到第一路向上。古代中国文化也存在类似的转轨情况。梁漱溟说：“人类文化之初，都不能不走第一路，中国人自也这样，却他不待把这条路走完，便中途拐弯到第二路上来；把以后方要走到的提前走了，成为人类文化的早

①《梁漱溟全集》第 1 卷，山东人民出版社 1989 年版，第 439 页。

② 参见《梁漱溟全集》第 1 卷，山东人民出版社 1989 年版，第 383、 526 页。

熟。”[①] 这种转轨或拐弯不是指同一条道路上的跨越式追赶，那是直线进化论的思路。

另一种转轨大概是指某种文化沿着既定的轨道发展，致力于解决某一类问题，当它发展到该轨道的尽头、较完满地解决了这类问题时，便会自然地跃迁到高一层次的轨道，去解决新的问题，由此，文化生命在新的轨道上继续发展。这种转轨可称“转轨二”，它是文化生命发展的理想模式。梁漱溟说：“所谓这条路——就前面下手改造环境以求满足的路——已走到了尽头处，固谓改造到这一步无可更改造，亦谓到这一步将有新问题，这个办法不复适用。盖人类将从人对物质的问题之时代而转入人对人的问题之时代……”[②] 这里呈现的是从第一路向自然而然转轨到第二路向的情况。这种形式的转轨说明，文化生命的发展有方向性，即从低级到高级发展，但是这种方向性不能从直线进化论的角度加以理解。

在自然状态下，文化生命的发展按照“转轨二”方式进行，“转轨一”是特例。西方文化从第一路向折到第三路向再折到第一路向的发展进程体现的是“转轨一”的思路。中国文化在源头处走第一路向，中途走上第二路向，体现的也是“转轨一”的思路。按照梁漱溟的推断，今后中国文化不可能再走到西方文化的路向上去，因为它们本来走的就不是一条道路。这正是“转轨二”的思路。

梁漱溟在文化生命的发展问题上有三种不同的视角，做出了三种不同的表述，其中文化类型论和文化转轨论可以结合在一起，它们和文化序列论中包含的直线进化论之间存在着矛盾，也即多元与一元之间的矛盾。那么，在这些表述中，哪种表述是梁漱溟真正关切的呢？

---

①《梁漱溟全集》第 1 卷，山东人民出版社 1989 年版，第 526 页。
②《梁漱溟全集》第 1 卷，山东人民出版社 1989 年版，第 494 页。

要回答这个问题，我们也许要通盘考察梁漱溟的文化哲学与生命哲学，不能只限于《东西文化及其哲学》一书。在《中国文化要义》一书中，他谈到了对直线进化论（独系演进论）的批评。从理论上看，用直线进化论来描述文化发展似乎过于简单化，而且也不符合实际的发展历史，梁漱溟已经觉察到其中的问题。他说：

> 独系演进论（Unilinear Development）是说文化演进各处都循着一条路线，其表现之不同等，便是代表此一条路线的各阶段。各阶段是固定的，而在时间上则有些民族进得快，有些进得慢；但他们总都会逐段前进，不会越级突过。……这在今日看来已是四十年前乃至五十年前的旧观念。从近二三十年民族学和人类学之探究，他们的假说几乎已全被否认。不但整个文化难以划分为阶段，便是文化之某部门亦不能断其有一定阶段。①

他引用林惠祥的《文化人类学》中的论述来说明直线进化论的“穿凿武断”。其实，不同意直线进化论的说法在《东西文化及其哲学》中也有出现，例如，他说中国文化和西方文化不是走在同一条道上。在《中国民族自救运动之最后觉悟》一文中，他批评迟慢说（中国文化比西方文化走得慢），而赞成停滞说（中国文化停滞于某一状态），实际上也是在以另一种方式批评直线进化论。

梁漱溟不仅批评直线进化论，而且批评两种进步论，即恒进步论和循序渐进观。所谓恒进步论指承认各民族历史的发展永远在前进，不后退。他对此的批评立足于两点。第一点，这个观点并不符合

①《梁漱溟全集》第3卷，山东人民出版社1990年版，第43—44页。

进化的事实。也许就世界整体而言，有某种发展的趋势，但是就民族文化或地域文化而言，其发展不一定有定则，可以有进有退，有生长有衰落。“进固有，退亦常有，盘旋而不进不退者亦有；那种种情态，简直难说得很。”①也就是说，进化的未来是无法预见的。第二点，梁漱溟认为章太炎的俱分进化论很有道理，善与恶是同时进化的，人们为善能力增强时，为恶能力也随之增强。他在《中国文化要义》中以工具进步为例说明这个道理：“一面由于工具发达，人都受到教育，文化普遍增高，人命弥足珍贵。一面由于工具发达，战争破坏力增大，以致可能毁灭一切。”②既然善恶是并进的，那么，民族文化永远进步的说法便不成立。它可以倒退，也可以变轨，当然也可以前进。

所谓循序渐进观指承认事物的发展依照一定的次序进行，不承认突变或跨越。梁漱溟对此不予接受。他认为活的生命总是在不断创造，有创造就会有突变或有意外的事情发生。按部就班、因袭旧法不一定能产生创造性的东西。“要知生命创进不受任何限制，虽然可能有其势较顺之顺序，却并无一定不易之规律。”③在物种的进化过程中，新物种或新类别的出现，有的时候会比较突然，带有一定的偶然性。文化生命的发展也有类似的情况，在一般情况下，某种文化沿着自己的道路发展，但有的时候它会发生突变，转轨是突变的一种形式。

换一个角度看，梁漱溟对直线进化论、恒进步论和循序渐进论的批评在一定程度上可以看作是对他的文化转轨论的辩护。文化转轨论的前提之一是承认轨道是多元的，而不是单线的。它的基本观点是承认轨道是可以转换的，文化发展轨道的转变肯定是一种大变，这不仅说明恒进

①③《梁漱溟全集》第3卷，山东人民出版社1990年版，第45页。
②《梁漱溟全集》第3卷，山东人民出版社1990年版，第266页。

步是不可能的，而且说明循序渐进是文化生命发展的一种方式，不是唯一的方式。

虽然梁漱溟承认理解文化生命的发展有三个不同角度，但是，综合起来看，他更倾向于文化转轨论。追溯其思想渊源，进化论是一个主要的思想来源。他不仅接受科学的进化论，而且受到柏格森的创造进化论的影响。

柏格森的创造进化论建立在对机械论和目的论的批评之上。机械论者认为世界的进化是遵循一定的定律的，把事物看作有待处理的材料，依据相关的定律，产品可被顺利地制造出来。目的论者认为世界的进化是合乎一定的目的或计划的。柏格森认为这两种观点所揭示的是人的行为的外部视角，它们不愿意看到这样的情形："在事物的总体进程中（或者更简单地说，在生命的发展过程中）存在不可预见的形式创造。"① 这话揭示出柏格森关于创造进化论的两个观点。

第一点，事物的进化尤其是生命的进化在本质上是一种连续的创造。这种创造具有时间性或绵延性。"绵延意味着创新，意味着新形式的创造，意味着不断精心构成崭新的东西。"② 因为连续的创造是由原始的生命冲动推动的。生命冲动是世界进化的基本动力。

第二点，生命的进化常常是不可预见的。人们可以利用既有的理论圆满地解释已经进化了的生命现象，但是无法预测未来的进化结果，因为"偶然性在进化中起了很大作用"③。在偶然性的作用下，生命的进化成为一种突变，变得无法预知。他用炮弹做比喻来说明生命运动的复杂性和不可预测性。他是这样描述生命运动的：它像一颗炮弹突然爆炸，

①［法］柏格森：《创造进化论》，肖聿译，华夏出版社 2000 年版，第 42—43 页。
②［法］柏格森：《创造进化论》，肖聿译，华夏出版社 2000 年版，第 16 页。
③［法］柏格森：《创造进化论》，肖聿译，华夏出版社 2000 年版，第 217 页。

许多碎片散落下来，但这些碎片也是炮弹，又会发生新的爆炸，从而分裂出更多的碎片。这个进化过程无法预测。

柏格森关于创造进化论的两个观点对梁漱溟的文化生命哲学产生了深刻的影响。梁漱溟用创造性进化来批评线性进化，用不可预见论来批评恒进步论，用突变论来批评循序渐进观，从这些批评中，可以见出梁漱溟对柏格森的创造进化论的吸收与运用。

三、对待科学的双重姿态①

把握梁漱溟的儒家生命世界理论既牵涉到“理性”、生命这样一些核心概念，也牵涉到科学理智等次要概念。所谓次要只是就科学概念在梁漱溟哲学中的地位而言，如果放眼现当代中国哲学界，科学无疑是一个举足轻重的概念。

一些人认为新儒家梁漱溟是反“五四”的思想家，不可能赞成科学知识论；也有一些人认为梁漱溟不反科学，但对科学没有太多的好感，对科学理智多有贬抑之词；当然，也有一些人认为梁漱溟承认科学知识的有效性，承认中国需要吸收西方的科学知识，在这一点上，梁漱溟和陈独秀、胡适的看法基本一致，他们共享“五四”启蒙语境。那么，事实情况如何呢？梁漱溟对科学到底持何种态度？这是一个值得探讨的学理问题，我们很难用“是”或“否”来回答。对这个问题的分析，可以从以下几个问题展开：第一，梁漱溟如何认识科学本身？为什么古代中国发展不出科学来？第二，他究竟如何对待科学？是认可还是批判？这两个问题构成了梁漱溟科学观的核心。透过这两个问题的剖析，可以大

① 本节相关内容请参见拙文《梁漱溟的“科学”概念》，《中国哲学史》2007年第3期。

致了解他对中国现代性发展的想象。

（一）科学：两个概念

如何理解科学？怎么认识科学的本质？这个问题对于现代中国的思想家来说是一个难题，因为在现代中国思想家中有科学研究经历的不多，很多思想家自身不是科学家，对实验科学缺乏经验，而且科学技术在中国也不发达，科学知识的巨大威力是晚清以来才被人们深深地认识到。人们对科学的外在社会功能与社会影响力有直观的认识，但是对于科学本身的学理性认识相对缺乏。

梁漱溟在现代思想家中有一定的代表性，他没有从事过自然科学研究，是一位人文学者。他对科学的了解大多得自于观察与书本知识，因而他对科学的认识带有很多主观臆想。

梁漱溟究竟如何看待科学？笔者通过对梁漱溟的《东西文化及其哲学》和《乡村建设理论》等著作的研读，发现在他的书中存在着两种关于科学的论说模式，一是知识的论说，二是文化的论说。这样，在梁漱溟视野里有两种科学概念：作为知识的科学与作为文化与价值的科学。

在知识论说模式中，科学是有自己的符号系统、推理系统的公理体系，被纳入知识谱系之中。“科学求公例原则，要大家共认证实的；所以前人所有的今人都有得，其所贵便在新发明，而一步一步脚踏实地，逐步前进，当然今胜于古。”① 科学追求的是公理或真理性知识。这类知识的形成源于人的直接经验，其关注的是客观事物之间的关系。梁漱溟指出：“知识之构成始于各种感觉、知觉直接经验，固求不失事物之真；然却本于生命立场出发，一切要识得其与我（生命——主体）之关系意义如何，各事物彼此间之关系意义如何（包涵其相关规律）。凡此关系

①《梁漱溟全集》第1卷，山东人民出版社1989年版，第355页。

意义未明者，即其观念、概念未明，未成其为知识；而其关系意义既明者，亦即接纳到我固有知识系统中来了。”[①] 由此可见，科学知识寻求的是对于事物之间的本质关系有一个合理的把握。

在作为知识的科学概念背后隐藏着一套知识论。梁漱溟认为知识的形成有心理的作用。梁漱溟借用唯识学的说法，认为人的心理活动包括现量（感觉）、比量（理智）和非量（直觉），知识需要靠这三方面的作用才能形成。感觉是杂多的，所得的是自相，从中抽出共同的意义，形成概念，达到了对于事物的共相的认识，这种认识的形成靠的是理智的作用。理智的作用主要体现在主动的整理经验上，使杂乱的经验材料变成条理化的知识。他说：“科学之成就盖非徒赖人们生活经验之自然累积也，尤在有意识地去取得经验，即所谓科学实验者。”[②]“有意识”体现的正是理智规整经验的主动性。从感觉到理智之间还有一个中间状态，即直觉。“凡直觉所认识的只是一种意味精神、趋势或倾向。”[③] 直觉有两类：一是附着于感觉的直觉，如听到美妙的音乐时体验到的乐味；二是附着于理智的直觉，如读到美文时体会到的深刻思想。既然知识是由这三种心理活动做成的，那么科学也是如此。

作为知识的科学还关联着方法，科学方法是获得和检验科学知识的有效手段。梁漱溟所理解的科学方法主要指分析的方法，对事物进行分门别类地处理和甄别。他说：“科学方法要变更现状，打碎、分析来观察。”[④] 它与直觉方法相对，直觉方法把握的是事物的整体。在梁漱溟眼里，科学理智的作用主要在于分析。这个看法有所见又有所蔽。所蔽之处在于理智的功能既有分析的一面，也有综合的一面。对事物进行条理

①《梁漱溟全集》第3卷，山东人民出版社1990年版，第555页。
②《梁漱溟全集》第3卷，山东人民出版社1990年版，第586页。
③《梁漱溟全集》第1卷，山东人民出版社1989年版，第400页。
④《梁漱溟全集》第1卷，山东人民出版社1989年版，第382页。

化的总结也是理智的作用。这一所蔽显示出梁漱溟对于科学理智的理解并不十分“科学”。

当然，这种认识上的“局限”不单单为梁漱溟所有，当时许多知识分子都有类似的认识。在“科玄论战”中以批驳张君劢为“玄学鬼”而出名的丁文江是一位地质学家，受过西方科学教育的训练，他也把科学方法界定为分析（分类）方法。他指出：“我们所谓科学方法，不外将世界上的事实分起类来，求他们的秩序。等到分类秩序弄明白了，我们再想出一句最简单明白的话来，概括这许多事实，这叫做科学的公例。”①科学定理是人们运用分析方法所得的结果。分析的方法被视为科学方法的典范，科学方法又被视为科学万能主义的支柱。“科学的万能，科学的普遍，科学的贯通，不在他的材料，在他的方法。”②梁漱溟对科学方法的认识自然没有超过以丁文江所代表的中国科学界的认识深度，而且他也无法接受丁文江的科学万能的观念。

在文化论说模式中，科学是覆盖物质生活、精神生活、社会生活的文化，是西方文化的特色之一。梁漱溟在世界文化范围内区分三类文化模式，即以科学和民主为特色的西方文化、以伦理为特色的中国文化和以宗教为特色的印度文化。在梁漱溟的文化哲学里，文化是民族意欲的表达，科学代表了意欲向前发展的西方文化，因此，科学文化是以意欲的扩张为内涵的。与此对照，中国文化强调意欲的调和与持中，伦理文化是中国文化的代表。

在知识论上，梁漱溟分析了感觉、理智和直觉三者的作用。梁漱溟在文化论说模式中对人心的分析与前面的知识论说模式（现量、比量和非量）稍有不同。在 20 世纪 20 年代的文化论说模式中，梁漱溟区分了

① 张君劢、丁文江等：《科学与人生观》，山东人民出版社 1997 年版，第 42 页。
② 张君劢、丁文江等：《科学与人生观》，山东人民出版社 1997 年版，第 53 页。

理智与直觉或本能。他用直觉来解释儒家的仁。“此敏锐的直觉，就是孔子所谓仁。”① 儒家的伦理文化偏重直觉，西方的科学文化偏重理智。到了 20 世纪 30 年代以后，梁漱溟对于心理学的看法有了较大的改变。这主要体现在两个方面：一方面，他基本废弃不用现量、比量和非量这样的叙述方式；另一方面，他把原先的理智与直觉二分法改成三分法，即人心包含本能、理智和“理性”，他用“理性”替代 20 年代使用的直觉概念。从文化论的视角看，理智与“理性”的分别也即科学文化与道德文化的分别。“科学在人类生命中之根据是理智，而道德在人类生命中之根据则是理性。”② “理性”是那种体认人际交往中人情关系的道德情感，而理智则是注重事物分析的思维能力。

在作为文化的科学概念背后，隐藏着把科学视为人生价值原则的意思。梁漱溟说：“考究西方文化的人，不要单看那西方文化的征服自然、科学、德谟克拉西的面目，而须着眼在这人生态度，生活路向。要引进西方化到中国来，不能单搬运，摹取他的面目，必须根本从他的路向、态度入手。但是四五年来，大家只把科学方法，德谟克拉西的精神说来说去，总少提到此处。”③ 梁漱溟提醒我们，在引进西方人的科学知识时，要看他们的人生的路向，即生活的路向。科学知识背后有积极进取的生活态度与文化态度，这些态度比科学知识更具根本性。

在大多数语境下，梁漱溟对科学知识的论说模式和科学文化的论说模式没有做出明确的区分，而是把它们混杂在一起加以论述。

从不同的文化路向出发，梁漱溟回答了中国为什么没有发展出科学的问题。这个问题实际上包括两个小问题：第一，中国为什么没有发展

①《梁漱溟全集》第 1 卷，山东人民出版社 1989 年版，第 453 页。
②《梁漱溟全集》第 3 卷，山东人民出版社 1990 年版，第 292 页。
③《梁漱溟全集》第 1 卷，山东人民出版社 1989 年版，第 385 页。

出科学知识来？第二，中国为什么没有发展出科学文化来？关键是第二个问题。回答了第二个问题也就间接回答了第一个问题。在梁漱溟看来，古代中国不是不能而是认为没有必要发展科学文化。这话怎么理解呢？因为古代中国文化偏于“理性”，属于“理性”早熟型文化，随着“理性”的发达，儒家伦理文化得到成熟的发展。“周孔以来，宗教缺乏，理性早启，人生态度遂以大异于他方。在人生第一问题尚未解决之下，萌露了第二问题暨第二态度，由此精神移用到人事上，于物则忽略。即遇到物，亦失其所以对物者，科学之不得成就出于此。既不是中国人笨拙，亦不是文化进步迟慢，而是文化发展另走一路了。”①以伦理“理性”为主导的中国文化与以理智为主导科学文化是两个不同的文化发展路向，在中国文化路向里，科学理智文化自然受到抑制，而且对于古代中国人来说，发展科学文化几乎没有必要，那是另一个路向的文化。在这样的文化背景下，科学知识受到轻视，它的发展受挫是不言而喻的。

梁漱溟的上述观念还曲折地表达出如下的思想：古代儒家文化没有走科学（文化）的路子，并不一定意味着儒家文化中存在着反科学（知识）的思想。梁漱溟明确指出：

> 中国在人类文化任何一部门、任何一方面都是开化最早，乃至今尚有此未进步的现象，实以其所走之路不十分反科学，转而长保其不科学的形迹，其所走之路不十分反德谟克拉西，转而长保其不德谟克拉西的形迹。②

此话挑明，中国儒家文化没有发展出科学（知识）只是一个历史现象

①《梁漱溟全集》第 3 卷，山东人民出版社 1990 年版，第 270 页。
②《梁漱溟全集》第 2 卷，山东人民出版社 1990 年版，第 203 页。

（形迹），是长时间形成的现象，并非本质。“不十分反科学”这个用语至少暗示了两个意思。第一个意思，在儒家文化的源头处，儒家思想与科学存在着相融相合的可能性，不仅是可能的，而且是现实的。“科学和德谟克拉西，在中国皆曾有萌芽茁露，而且萌芽甚早。后来之不见，是萎缩荒废的。”① 第二个意思，虽然过去的儒家文化没有孕育出近代西方类型的科学（知识），但是未来的儒家文化也许有发展出科学（知识）的可能性。笼统地说儒家文化是不科学的或者反科学的，都不是恰当之语。

在前引梁漱溟的话之后，他紧接着说：

> 他（指中国——引者注）不是尚未进于科学而是永远不能进步到科学了；他不是尚未进于德谟克拉西，而是永远不能进步到德谟克拉西了。②

“永远不能”这话怎么理解呢？这和上文所说的儒家文化与科学有相融的可能性不是有矛盾吗？解释此种矛盾需要借用两种科学概念，即作为知识的科学和作为文化的科学。当梁漱溟说中国“永远不能进步到科学”的时候，这里的“科学”概念主要指作为文化的科学。他在《东西文化及其哲学》中已经指明，由于人生态度的差异，儒家文化“永远不能”走西方文化（如科学文化）的路子，它们走在不同的道路上，不会相逢，但这并不意味着作为知识的科学不能与儒家文化相遇。

如果说作为文化的科学概念与儒家伦理文化存在着冲突的话，那么，作为知识的科学概念与儒家伦理文化并不截然对立，有相融之处。

①《梁漱溟全集》第 3 卷，山东人民出版社 1990 年版，第 48 页。
②《梁漱溟全集》第 2 卷，山东人民出版社 1990 年版，第 203 页。

梁漱溟在晚年时引述怀特海《科学与近代世界》一书中的话以申明这一点。怀特海说："中国人之追求科学的内在禀赋能力是无可置疑的。可是讲到中国的科学，实际上却微薄得不足注意。"① 梁漱溟充分肯定"禀赋"说，因为它回答了这样一个问题：为什么科学知识在古代中国没有发展起来而在现代中国却有可能发展起来。它似乎是说，在中国人身上，科学理智以潜能的方式存在着，在古代它一直没有发挥出来，因为在儒家文化氛围下没有这个必要。到了现代，中国人意识到这种潜能的可贵和必要性。有了这种意识，有了这种"禀赋"，科学知识（而不是科学文化）在现代中国的发展便是可能的了。因此，梁漱溟对未来中国的科学（知识）发展（在儒家文化的框架下）保持乐观的心态。

来自芬兰的哲学家冯·赖特（Gerog Henrik von Wright）区分了希腊科学与西方科学，称它们各有特征。他说："希腊科学有一种价值论或价值的取向，而西方科学从一开始就以技术的取向作为其特征。可以打个比方说，前一类型的科学旨在服从或顺应自然，后一类型的科学旨在控制或驾驭自然。"② 希腊科学类似于笔者所说的作为文化的科学，西方科学类似于作为知识的科学。如果冯·赖特的这种区分是有效的，那么，对梁漱溟来说，能够在中国儒家文化环境里立足的是以技术取向为特征的科学，因为它有利于生产，有利于改善人们的生活条件，而以价值取向为特征的科学文化与儒家文化有冲突，无法从儒家文化内部生长出来。也就是说，在儒家文化里，可以接纳的是西方科学而不是希腊科学。

在《乡村建设理论》中，梁漱溟说中国文化具有幼稚性，与西方的科学与民主文化相比，中国文化具有一些"未进步的形态"，这个说法

---

①《梁漱溟全集》第 7 卷，山东人民出版社 1993 年版，第 853 页。

②［芬］冯·赖特：《知识之树》，陈波等译，三联书店 2003 年版，第 7 页。

不如早熟说合理。幼稚说表明，中国文化处于低级阶段，西方文化处于高级阶段，这是以科学与民主为标准来衡量中国文化。换个角度看，根据梁漱溟的文化路向说来推断，中国文化要比西方文化更高级，这个推断与前面的幼稚说存在矛盾。他的早熟说较好地避免了这样的矛盾。笔者以为，梁漱溟意识到了这样的问题。幼稚说也许是当时普通人的一个见解，“五四”后的人们习惯用旧的、落后的、未进步的这样一些术语来概括中国文化的特点。梁漱溟借用了幼稚这个术语，但他实际所指并非落后，而是指早熟。他在《乡村建设理论》中把中国文化的老衰性和幼稚性并举，说明中国文化的缺欠之处。① 从字面上看，老衰性和幼稚性是矛盾的，这样的并举几乎没有意义。可见，梁漱溟所说的幼稚性另有他意。这“他意”主要指中国文化的早熟性。他后来较少用幼稚说而更愿意用早熟说来描述中国文化的发展状况。

另一位现代新儒家牟宗三对梁漱溟的“理性”早熟说提出批评。他把理性的表现区分为运用表现（Functional Presentation）和架构表现（Constructive Presentation，Frame Presentation）两方面。儒家德化的治道、圣贤人格的感召等属于理性之运用表现，而科学知识属于理性之架构表现。架构表现中的理性已经不是实践理性，而是观解理性或理论理性。理性或精神的发展有不同的环节。在古代中国文化中，理性的运用表现发展得很好，而架构表现没有开显出来，所以，中国文化不存在早熟不早熟的问题，而存在一方面发展另一方面不发展的不平衡现象。所以牟宗三说：“我们可以把梁先生的意思吸收进来，而予以修正。我们现在的说法是：光是运用表现在现在已显不够，理性之架构表现与运用表现都需要，都要出来。只要明白理性表现精神发展的全副意蕴及其关

① 参见《梁漱溟全集》第2卷，山东人民出版社1990年版，第201—203页。

节，则早熟的说法便显得不恰当，亦可不必要。”①

牟宗三的批评从一个方面推进了梁漱溟的早熟说。梁漱溟没有挑明在现代中国如何发展出科学知识，具体的途径如何，而在牟宗三眼里，这些问题需要进一步得到澄清，这实际上是一个如何从理性的运用表现转出架构表现的问题，亦即如何从内圣开出外王的问题。内圣开外王有两种开法，即直通与曲通。古代儒家讲治国平天下，这是从内圣直通出去的外王。现在讲科学与民主这些新外王（架构表现），无法效法直通的办法，从内圣的运用表现中不可能直接推出科学与民主，科学与民主的出现只能走曲通的、转折性突变的路子。

如何理解这种曲通的路子呢？牟宗三指出，人们通常希望诚心获取科学知识，此种诚心求知属于正当行为，是道德理性的要求，因为道德理性管辖人的行为。要在实践中落实此种行为，就必须将道德理性转化为观解理性，“由动态的成德之道德理性转为静态的成知识之观解理性”，这个“转”不是指一般意义上的转变，而是指道德理性的自我坎陷或自我否定，“经此坎陷，从动态转为静态，从无对转为有对，从践履上的直贯转为理解上的横列。在此一转中，观解理性之自性是与道德不相干的，它的架构表现以及其成果（即知识）亦是与道德不相干的。在此我们可以说，观解理性之活动及成果都是‘非道德的’（不是反道德，亦不是超道德）”，②亦即是道德中立的。在此曲通的路子中，自我坎陷成为关键环节。它的成功与否决定着观解理性与科学知识的命运。毫无疑问，牟宗三关于道德理性的自我坎陷的一系列想法细化了梁漱溟的早熟说，也从一个更深的层面回应了梁漱溟的早熟说提出的问题。但是，这种回应是在道德形而上学之内展开的，是理论性的，而不是实践

① 牟宗三：《政道与治道》，广西师范大学出版社 2006 年版，第 45 页。
② 牟宗三：《政道与治道》，广西师范大学出版社 2006 年版，第 50 页。

性的。如果说有实践性，也是指意识的活动性，因为自我坎陷是在道德主体之内进行的。

（二）科学：两种态度

由于有两种科学概念，梁漱溟对科学的态度也呈现出某种复杂性，对待作为知识的科学与对待作为文化的科学的态度是有区别的。在讨论这个问题之前，让我们先了解一下近代科学概念的翻译问题，作为一个背景知识。

据一些学者的考证，大约在 1902 年以后，科学概念得到广泛使用，随着科举制度的废除等事件的影响，人们用“科学”一词来翻译 science，在这之前，思想家普遍使用“格致”一词来翻译，此译法大概延续了 300 年。[①] 为什么早期人们用格致这个译法呢？这需要从理论上加以把握。格致是儒家的方法论，格致是“格物致知”的简略说法，其字面意思是通过接触事物进而把握真理。从哲学上看，它指向不仅是对事物的认识，而且是对天理的认识，天理是儒家价值系统的终极依据。肯定理的世界观，也就是在维护儒家的意识形态。因此，格致概念表达的是一个完整的理的世界观，用格致来翻译 science，意味着把西方的科学知识纳入到格致的系统中去，纳入理的世界观中去，确保儒家的意义世界的完整性，不至于让西方的科学知识动摇儒家的意识形态。这样，西方科学知识反而成为儒家意识形态的组成部分，服务于理的世界观。近代的中体西用论也是在这个背景下滋生的。

可是，到了大约 1902 年以后，人们开始摈弃格致这个翻译，进而采纳科学概念，这正好表明，当时的中国人对于儒家价值在现世的有效性产生强烈的质疑，表明中体西用论的破产。人们已经认识到，西方的

---

① 参见金观涛、刘青峰：《从“格物致知”到“科学”、“生产力”——知识体系和文化关系的思想史研究》，台湾《“中央研究院”近代史研究所集刊》第 46 期。

科学技术不同于儒家的伦理学说，它提供的是一个科学的世界观，这个世界观和儒家的理的世界观发生了激烈的冲撞。旧有的格致概念已经无法包容科学知识所揭示出来的世界观。在近代的历史背景下，用科学概念代替格致概念来翻译 science 不仅是个词语的替换问题，更主要的是词语背后的思想世界发生了变化，对世界的观看方式发生了变化。因此，从格致到科学，不仅是一个翻译学的话题，而且是一个哲学的话题，一个世界观的话题。

到了“五四”前后，科学的巨大威力已经为世人熟知。人们对科学的崇拜已经出现，在当时的思想界，科学主义或唯科学主义成为一些思想家的基本信念。科学主义的出现是与科学的世界观的成型联系在一起的，前者是以后者为基础的。按照郭颖颐的研究：“唯科学主义可定义为是那种把所有的实在都置于自然秩序之内，并相信仅有科学方法才能认识这种秩序的所有方面（即生物的、社会的、物理的或心理的方面）的观点。”① 毫无疑问，科学主义夸大了科学方法的有效性与适用范围，以为它可以解决世界上所有的问题，不论是自然科学领域内的问题还是人文学或社会科学领域内的问题。郭颖颐还从唯物论和经验论两个角度来理解中国现代思想中的科学主义类型，把吴稚晖和陈独秀看作唯物论的科学主义者的代表，把胡适看作经验论的科学主义者的代表。前者把思想和精神看作物质的产物，承认决定论的作用，把人类的精神活动视作物质的或自然界的活动，后者崇拜科学方法，把实验的科学方法当作获取知识的唯一方法。②

科学主义思潮在现代中国的出现，表示科学已经彻底成为与传统的

① 郭颖颐：《中国现代思想中的唯科学主义》，雷颐译，江苏人民出版社 1995 年版，第 17 页。

② 参见郭颖颐：《中国现代思想中的唯科学主义》，雷颐译，江苏人民出版社 1995 年版，第 19—25 页。

儒家世界观不同的另一种世界观，并上升到了科学信仰的地步。科学的世界观的影响力在“五四”知识分子群体中广泛扩散，梁漱溟也深受影响，但他仍然保持着某种程度的清醒，对科学主义持有一定的批判意识。从这样一个时代背景出发，我们可以更好地理解梁漱溟对待科学的多元态度。一方面，他受科学的世界观的影响，在把科学视为知识和技术的层面上，他对科学持认可态度；另一方面，由于他对科学主义的批判意识，所以，当有人把科学文化视为中国人的人生价值取向时，他是持批判的态度，但是在批判的背后，仍然对一些科学原则表示有限的认可。

我们先来看第一方面：梁漱溟对科学的认可。

按照余英时的观点，王学属于儒学内部的反智识主义一系，而且把反智识主义推向高潮。[①] 梁漱溟继承王学传统，多少也带有反智识主义的遗风。他对柏格森生命哲学的欣赏与他的反智识主义不无关系。但是，从另一方面看，梁漱溟并不是反科学、反知识的哲学家。他对“五四”启蒙思想家提倡的科学方法并不反对，他对科学知识持肯定的态度，甚至说科学方法是“天下公器”[②]。

科学方法有效性的背后有理智的作用。梁漱溟对科学理智的作用与局限是毫不讳言的。上文的讨论已经申明此点。

梁漱溟多次引用“知识就是力量”这句名言，对此充满赞誉。他把计划性视为知识与力量的中介环节，进而解释为什么知识能化为改造世界的力量。“缘何知识就是力量耶？正为任何改变客观局势达成主观意图之事，必资于计划；而一切计划之产生端赖知识为其张本故耳。”[③] 这

① 参见余英时：《论戴震与章学诚》，三联书店 2000 年版，第 296 页。

②《梁漱溟全集》第 5 卷，山东人民出版社 1992 年版，第 203 页。

③《梁漱溟全集》第 3 卷，山东人民出版社 1990 年版，第 556 页。

表明梁漱溟充分认识到科学知识的外在功能，认识到知识对于日常生活的维系、客观世界的改造都起着重要的作用。他甚至说：“生活中第一需要的便是知识。……吾人生活各方面都要各有其知识或学术才行。”① 他对科学知识功能的肯定间接地表达了对科学本身的信任。

他对科学知识的肯定态度尤其体现在乡村建设运动中。他认为乡村建设有两个主要任务，一是建设乡村团体组织，二是引进科学技术。“说到科学上的知识方法，事事精益求精，不断地改良进步，那实在是我们所顶缺乏的了。”② 他在乡村创办乡学和村学，学习的一个内容是科学知识或技术，尤其是农业知识。他鼓励农民学习现代科学技术，也鼓励科技专家下乡传授科学知识，主张知识分子与农民在乡村建设中融为一体，促进科学知识在中国的发展。他指出：“生产事业的科学化，乡村生活的科学化，才算是科学技术在中国扎根。若科学没能于〔与〕生产发生关系，于〔与〕乡村发生关系，则始终不会有什么科学在中国成功。”③ 这话强调了在乡村发展科学技术的重要性。

梁漱溟在20世纪20年代和30年代对科学的态度有所变化。在《东西文化及其哲学》时期，他承认中国的现代化需要科学知识，但没有过多论述。到了《乡村建设理论》时期，他比以前更加肯定科学的功能，尤其是肯定科学技术对于乡村经济建设的推动作用。

我们再来看第二方面：梁漱溟对科学的批判。

在梁漱溟的哲学里，科学不是最主要的概念之一。但是，在与他同时代的很多思想家那里，例如在陈独秀、胡适那里，科学无疑是一个中心话语。值得分析的是下列问题：为什么在梁漱溟的哲学中科学不是一

①《梁漱溟全集》第4卷，山东人民出版社1991年版，第656页。
②《梁漱溟全集》第1卷，山东人民出版社1989年版，第646页。
③《梁漱溟全集》第1卷，山东人民出版社1989年版，第649页。

个中心话语？原因也许很多，但是有一点值得提及，这和他对科学的批判态度与对儒家伦理文化的定位有关。他对科学的批判常常建立在对儒家的伦理文化的体认之上。他的批判态度与对伦理文化的定位使他始终与科学保持着一定的距离。

梁漱溟对科学的批判是在现代中国科学主义的背景下展开的。具体地说，他从两个层面切入对于科学的批判。

第一，通过对科学文化与其他文化形式划界的方式，限定科学发挥作用的领域，从而达到对科学的批判。他对思想谱系分化的阐释体现了这一点。他认为由知识发展为思想，思想可分为哲学与宗教两部分。从思想谱系上讲，科学与哲学、宗教十分不同，需要加以划界。

自从把格致概念转化为科学概念之后，分科之学的科学观念在知识分子中间逐渐得到普及。梁漱溟对科学与宗教、科学与伦理等的区分，其意义主要不在于知识谱系上的分科，而在于文化路向上的区分，主要不在于科学知识内部领域的分化，而在于不同文化形式的分化。

在许多文化形式的区分中，梁漱溟特别重视科学与宗教的划界。在他看来，“所谓宗教的，都是以超绝于知识的事物，谋情志方面之安慰勖勉的”①。这个定义从两个角度界说宗教。一是挑明宗教与科学知识的关系，宗教是超越科学的，带有神秘的色彩；二是挑明宗教与人心的关系，宗教与情感意志联系得更紧密一些。这里显现梁漱溟的二元对立的思路，宗教是在宗教与知识、神秘与明确、情志与理智这些二元范畴中得到界定的。

与关乎知识多寡的科学不同，宗教关乎人们的行为。“科学是知识，宗教是行为。知识并不能变更我们行为，行为是出于情志的。”②我知道

①《梁漱溟全集》第1卷，山东人民出版社1989年版，第417页。
②《梁漱溟全集》第1卷，山东人民出版社1989年版，第422页。

如何做一件事情与我是否决定去做一件事情有着质的差别，前者属于知的范畴，后者属于行的范畴。在知的范畴中，科学是最主要的知识形式；在行的范畴中，人生的行为（包括宗教和道德行为）是其中主要的行为。

宗教的重要作用在于为人们寻求一个安身立命之处。在中国文化中，发挥这一作用的是孔子的儒学而不是宗教。梁漱溟指出：

> 道德为理性之事，存于个人之自觉自律。宗教为信仰之事，寄于教徒之恪守教诫，中国自有孔子以来，便受其影响，走上以道德代宗教之路。这恰恰与宗教之教人舍其自信而信他，弃其自力而靠他力者相反。①

儒家思想具有宗教的功能，主要体现在下列两点，一是强调伦理道德的教化，二是强调礼乐对于性情的陶养。在人的安身立命的领域，宗教和伦理都有可为之处，而科学基本上无能为力。科学一旦入主人生观之域，人之生命力的枯竭是可以预见的事情。这一观念为后来由张君劢发动的“科学与玄学”论战埋下了伏笔。

梁漱溟在思想谱系内区分科学与宗教，限定了科学的作用范围，如科学无法施展于宗教和伦理的领域，人生态度问题非科学所能理解，科学的过度发展已经带来人心秩序的失范。梁漱溟划分思想谱系的努力预示着他试图突破科学的世界观和科学的人生观，批判科学主义思潮，进而在思想文化领域为宗教和伦理争取生存空间。他在承认科学的合理性之外，也承认其他思想形式、文化形式的合理性。根据这一思路来推

---

①《梁漱溟全集》第3卷，山东人民出版社1990年版，第107—108页。

论，梁漱溟认为科学文化只是诸多文化形式的一种，并不具有特殊的优先性，在历史上科学文化已经为西方民族充分享有。与此类似，印度的宗教文化和中国的伦理文化也是各有特点的文化形式。

梁漱溟的上述看法有点类似于卡西尔的文化观点。卡西尔认为，人的劳作造就了人，也创造了文化符号。科学、宗教、语言都是文化的符号，其间包含着人的创造性。真正重要的不是文化的结果，而是文化活动本身。正是在文化活动中，科学、宗教、艺术等文化世界被构筑起来，人建立起自己的主体性来。卡西尔曾说："作为一个整体的人类文化，可以被称之为人不断自我解放的历程。语言、艺术、宗教、科学，是这一历程中的不同阶段。在所有这些阶段中，人都发现并且证实了一种新的力量——建设一个人自己的世界、一个'理想'世界的力量。"① 这些不同的文化发展阶段或文化形式都对人的自我解放做出了独特的贡献，科学只是其中一个文化阶段或文化形式。这样的定位不是忽视科学的作用，而是对科学作用的合理勘定。梁漱溟对科学与宗教、伦理的区分也表达了这一意思，这在一定程度上显示他对科学主义的危害抱有一定的清醒态度。

第二，通过揭示科学的人生态度所造成的可能的危害，达到对科学的批判。

虽然梁漱溟对科学知识的诸多正面功能与积极效应多有肯定，对科学的人生态度是持批判态度的。科学知识有助于物质生活的改善，但是无助于精神生活的提升。在《东西文化及其哲学》中，他指出："要晓得感觉与我们内里的生命是无干的，相干的是附于感觉的直觉；理智与我们内里的生命是无干的，相干的是附于理智的直觉。我们内里的生命

① ［德］卡西尔：《人论》，甘阳译，上海译文出版社1985年版，第288页。

与外面通气的，只是这直觉的窗户。”① 内里的生命指的是儒家的仁、儒家的道德生命。开发道德生命靠的是直觉或后来所说的“理性”，而不是科学理智。梁漱溟在科学与道德之间划出界限，把科学的生活视为机械的、缺乏生命力的生活。他说：

> 机械实在是近世界的恶魔；但他所以发现的，则为西方人持那种人生态度之故。从西方那种人生态度下面定会发生这个东西：他一面要求物质幸福，想利用自然征服自然，一面从他那理智剖析的头脑又产生科学，两下里凑合起，于是机械就发明出来。②

机械的生活是远离仁的生活，是“恶魔”般的生活。唐君毅进一步指出了机械生活可能导致的可怕后果：“一切都成为科学知识以后，我们的生命即将完全抽空。在此，知识本身便有了一个危机。但这个危机还不是一般所谓科学知识的误用（如原子知识之误用，造成原子弹可以毁灭人类等），而是它将人生化为外在的东西，使人的生命抽空了。”③ 生命被抽空的现象凸显的不仅是知识的危机，更是人生的危机。梁漱溟与唐君毅对科学入主人生领域的做法保持高度的警惕。

梁漱溟对科学的人生态度的批评是有所见的。海德格尔把科学技术的本质理解为解蔽（das Entbergen）方式，现代科学技术的解蔽是一种摆置或促逼（Herausfordern）。他指出：“科学摆置（Stellen）现实。科学把现实置放到那个地步，即：现实向来作为受作用物呈现出来，也即在被设定的原因的一目了然的结果中呈现出来。于是，现实就在其

①《梁漱溟全集》第 1 卷，山东人民出版社 1989 年版，第 468 页。
②《梁漱溟全集》第 1 卷，山东人民出版社 1989 年版，第 489 页。
③ 牟宗三：《人文讲习录》，广西师范大学出版社 2005 年版，第 153 页。

结果中变得可追究的和可综览的。”[①] 现实成为科学的对象。“集置（Gestell）意味着那种摆置（Stellen）的集聚者，这种摆置摆置着人，也即促逼着人，使人以订造方式把现实当作持存物来解蔽。”[②] 人的生命流行受阻，受制于某个要求、某种促逼。梁漱溟认为科学理智的负面作用就在于此，由于科学技术的摆置作用，人成为对象，生命变成机械。

对于从事乡村建设的梁漱溟来说，他既不希望农民被科学技术摆置，也不希望农民的所作所为是在摆置土地。海德格尔举例说：

> 那时候，“耕作”（Bestellen）还意味着：关心和照料。农民的所作所为并不是促逼耕地。在播种时，它把种子交给生长之力，并且守护着种子的发育。而现在，就连田地的耕作也已经沦于一种完全不同的摆置着自然的订造的漩涡中了。它在促逼意义上摆置着自然。于是，耕作农业成了机械化的食物工业。[③]

这里，海德格尔区分了两种生产情况：古代农民的耕作与现代机械化的农业生产活动完全不同，不同在于现代农业技术有一种促逼的力量。在海德格尔看来，这种促逼正是科学理智的过度运用留给生活的消极影响。对此，梁漱溟是有同感的。

从另一个角度看，不仅知识化的生活会导向机械的生活，使生命机械化，而且知识自身功能的正常发挥也需要借助生命的力量。梁漱溟说：“必待活泼的生命去进求，而后知识技能才得有；必待活泼的生命去运用，而后其功用乃著。……在中国入手便讲知识技能，专在用上求，

---

①［德］海德格尔：《演讲与论文集》，孙周兴译，三联书店 2005 年版，第 51 页。
②［德］海德格尔：《演讲与论文集》，孙周兴译，三联书店 2005 年版，第 19 页。
③［德］海德格尔：《演讲与论文集》，孙周兴译，三联书店 2005 年版，第 13 页。

忽略了生命本体，结果无体亦无用。”①如果人的生命没有充分的展开，那么，科学知识的作用也将受到限制，因为科学知识属于用，人的生命属于体，用必根于体。生命之体是科学知识之用的根基。罗素也表达了类似的思想：“科学文明若要成为一种好的文明，则知识的增加还应当伴随着智慧的增加。我所说的智慧，指的是对人生目的的正确认识。这是科学本身所无法提供的一种东西。”②罗素用的是“伴随”一词，与梁漱溟的“必待……而后”的用法相近，都挑明科学要与人生智慧的生长相协调，否则科学无法施展其应有的功能。“科学的人生观”是一个有语病的表达。从这个立场看，梁漱溟大概不会支持“科玄论战”中以丁文江为代表的科学派，而和以张君劢为代表的玄学派享有较多的共同语言。

根据以上的分析可知，我们不能笼统地说梁漱溟是反对科学的或者是赞同科学的，而应该从不同的层面加以辨识。梁漱溟的科学观大体上属于启蒙范畴，他肯定科学理智的作用，就此而言，他有启蒙的眼光。然而，梁漱溟的深刻之处在于他对启蒙提出了反思，反思启蒙不等于反启蒙，而是提醒人们对启蒙的消极面有所警惕。他对启蒙的反思表现在他从生命哲学的视角对孔子儒学进行辩护，以儒学和生命哲学的立场批判科学主义。对他来说，更主要的任务不是批评科学主义，而是为民族国家的崛起和中国文化的复兴寻找一条正途。批评科学主义服务于上述现实目的。可见，在梁漱溟身上，启蒙心态与反思启蒙心态并存，这多少体现出他的思想的复杂性。

在对科学主义进行批判的背后，梁漱溟对部分科学原则保持了隐默的认同，如分化原则和合理化原则。他对西方文化、中国文化和印度文

①《梁漱溟全集》第2卷，山东人民出版社1990年版，第341页。
②《罗素文集》第3卷，内蒙古人民出版社1997年版，第33页。

化的区分，对科学、伦理和宗教的区分，对本能、理智和“理性”的区分等都表现出对科学分化原则的部分认可。科学的分化观念蕴含着合理化原则，合理的分化是西方现代性观念的基本原则。梁漱溟从心理学入手讨论文化分化的合理依据，他从现象与本体、固定与流动等角度讨论科学方法与玄学方法的区分，他从组织构造、政治问题、经济建设等视角讨论如何开展乡村建设，并为此提出详尽的设想与论证，这些做法都体现了合理分化的思路。由此可见，在梁漱溟对科学主义态度的批判中，在无形中认可了某些科学的价值。这里包含着他对中国现代性的想象：既批评科学的泛化发展倾向，也认可科学分化与合理化原则，也就是说，他既批评西方现代性的基本原则，又承认其中的部分立场，这体现了梁漱溟的反思现代性立场。

四、以道德代宗教

讲心性儒学，讲到最后便涉及生命的寄托问题。在人类历史上，人们常常在宗教中寻找生命的寄托。

梁漱溟对宗教有自己的理解。他不仅把宗教看作一种文化形式，而且理解为文化的开端处。“道德、礼俗、法律皆属后起，初时都蕴孕于宗教之中而不分，是即所以人类文化不能不以宗教开端，并依宗教作中心了。”[①] 在人类社会初期，宗教发挥两种社会功能：一是统摄凝聚的作用，用宗教把人团结起来结成社会；二是统摄驯服的作用，用宗教建立一种秩序，保障正常的社会生活。可见，宗教是原始人类文化的中心。这个论断与梁漱溟的文化类型说并不矛盾。按梁漱溟的看法，早期人类

①《梁漱溟全集》第3卷，山东人民出版社1990年版，第97页。

首先生活在宗教之中，之后才分化出不同的文化路向，才有不同的文化类型。

在知识与文化之间，梁漱溟喜欢讨论文化。他是在文化谱系内而不是在知识谱系内界定宗教。他对宗教的界说有两点：“一、宗教必以对于人的情志方面之安慰勖勉为其事务；二、宗教必以对于人的知识方面之超外背反立其根据。”① 前者表明宗教有出世性，后者表明宗教有超绝性和神秘性。依据这样的标准来衡量儒家思想，很显然，儒家不符合宗教的界定，所以，他说：“须知道孔子实在是很反对宗教的。”②

然而，从功能上看，儒家思想虽然在本质上不是宗教，却又担当着宗教的功能。宽泛地说，宗教有人生方面的功能和社会方面的功能。儒家思想在这两方面都能发挥宗教的功能，从而成为宗教的替代品。对于这种“替代”，梁漱溟用“以道德代宗教”加以概括。对于这个概括，梁漱溟在《中国文化要义》中有详细的论证。除此之外，梁漱溟还在其晚年之作《人心与人生》中提出另一个说法，即“以美育代宗教”。这两个提法的表述结构基本一致，但内容差别很大。怎么理解这个现象？梁漱溟的前后表述是否存在矛盾？

在回答上述问题之前，我们先来看一下“以道德代宗教”这个表述的含义。从人生功能上看，“以道德代宗教”意味着中国儒家在人生道德的追求上与宗教有相近之处。

在个人道德建构的层面上，存在着两个可能的维度，形成两种伦理话语。第一是指社会性道德，显示个人存在的社会性维度。个人与他者是平等的社会成员，他们各自向对方敞开自己的存在，进行赤诚的对话与合作。这种伦理交往是在社会环境下展开的。第二是指宗教性道德

①《梁漱溟全集》第3卷，山东人民出版社1990年版，第98页。
②《梁漱溟全集》第1卷，山东人民出版社1989年版，第469页。

（借用李泽厚的术语），显示个人存在的宗教性（或形而上学）维度。个人完全、无限地为另一个人（他者）负责，其上限就是为上帝（另一个大写的“人”）献身，而不求回报。这种伦理行为带有宗教性或形而上学性。

社会性道德与宗教性道德是近年来李泽厚常用的术语。他对两者的界定是这样的：“‘宗教性道德’是自己选择的终极关怀和安身立命，它是个体追求的最高价值，常与信仰相关系，好像是执行‘神’（其实是人类总体）的意志。‘社会性道德’则是某一时代社会中群体（民族、国家、集团、党派）的客观要求，而为个体所必须履行的责任、义务，常与法律、风习相关联。”① 宗教性道德关乎人的终极价值寄托，而社会性道德牵涉甚广，关乎日常生活世界的道德规范，包括家庭道德、职业道德、公民道德等。

上述两种伦理话语在梁漱溟的哲学中都有表现，但是，梁漱溟并没有自觉到他在叙述两种伦理观。他始终认为他所叙述的是同一种伦理观，是对儒家伦理传统的创造性诠释。那么，他所认同的到底是哪一种伦理观呢？统观梁漱溟的论述，他相对偏重于第一种伦理观，把“互以对方为重”看作是伦理观的典范。这表明在他的理论中，存在着以社会性道德取代宗教性道德的倾向，这一思想体现在他的“以道德代宗教”理念中。他承认，在中国文化中，没有西方宗教意义上的道德，宗教性道德的建构似乎缺乏相应的思想资源，但是，中国的家庭伦理在某种意义上是宗教伦理的替代品，发挥着宗教的作用。换言之，中国文化实际上在社会性道德的基础上开出了宗教性的向度，建立起终极性的精神关怀理论。在这点上，和牟宗三的看法有相合的地方。牟宗三指出，儒教

① 李泽厚：《实用理性与乐感文化》，三联书店2005年版，第178页。

有“极圆成的宗教精神，它是全部以道德意识道德实践贯注于其中的宗教意识宗教精神”①。

可是问题也就出现在这里。笔者认为，当梁漱溟立足于第一种伦理观的时候，说要“以道德代宗教”，这个任务其实无法完成。因为在第一种伦理话语内，个人的伦理诉求只局限于社会性道德层面，缺乏宗教性或形而上学的维度。中国文化中的“以道德代宗教”没有实质性的依据。因此，在第一种伦理话语内，社会性的个人是梁漱溟关注的焦点。从西方现代性的观念来看，这无疑是一个现代的表述。按海德格尔的说法，“弃神”是一个现代性的现象。②梁漱溟的这一理论主张恰好体现了这一现代特征。

只有当梁漱溟立足于第二种伦理观的时候，“以道德代宗教”才有可能。因为为他者负责的伦理追求显然具有超道德的意义，包含着形而上学的诉求，可以提供终极关怀的精神向度。他说：“中国之家庭伦理，所以成一宗教替代品者，亦即为它融合人我泯忘躯壳，虽不离现实而拓远一步，使人从较深较大处寻取人生意义”。③为他者负责的无限过程就是一个不断促进人的生命境界提升的过程。在这个视域下，宗教性的个人是梁漱溟伦理主义的关注焦点。

按照西方现代性的论述，人们常常把现代性的特征之一描述为社会性个人的高扬和宗教性个人的放逐。因此，梁漱溟对个人的社会性和宗教性的双重确认，似乎预示着他既认可现代性，又走向反现代性。有人认为这正体现他思想中的保守一面（反现代性），也构成他思想中的一个矛盾（现代性与反现代性并存）。笔者认为，对个人的两个维度的确

① 牟宗三：《中国哲学的特质》，上海古籍出版社1997年版，第103页。
② 参见孙周兴选编：《海德格尔选集》（下），上海三联书店1996年版，第886页。
③《梁漱溟全集》第3卷，山东人民出版社1990年版，第88—89页。

认恰恰不是体现他的保守性与矛盾性，而是构成梁漱溟现代性思想中相辅相成的两个方面，体现了他的现代性思想的特色。在他看来，个人的现代性认同不能离开社会性道德和宗教性道德的寄托，两个维度都不能缺。缺乏终极精神寄托的个人，只顾眼前享乐、争权夺利的个人恰恰不是一个现代的个人。这既表明他对西方现代性观念的批评，也表明他以自己的方式阐述中国式现代性的基本观念。

当然，在梁漱溟的伦理架构内，并没有有意识地区分社会性个人与宗教性个人，因而也没有明确地意识到两者之间的紧张关系。

梁漱溟关于两种伦理话语的意义在后来的中国现代性的进程中得到了进一步的揭示，具有深刻的当代性。这种当代性意义在实践和理论两个层面上展现出来。在实践层面上，梁漱溟的伦理观揭示出来的问题，可以这样表述：在当代社会中，我们在大力推广公民道德教育的时候，还是不是需要讨论宗教性道德？答案是肯定的。当代中国的道德困境不仅仅表现为公民道德（社会性道德）的缺位，更表现为宗教性道德的遗弃。传统社会中个人对天理的敬畏感在当代人的生活世界里渐趋消失，转化为对个体自我的无限自信感，当代人的精神危机也潜伏于此。当我们在批评当代的物欲主义、享乐主义与虚无主义而试图重建精神版图的时候，公民道德建设已经难以担当此重任。梁漱溟的伦理话语启示我们，最好的方法是兼顾社会性道德与宗教性道德，使中国现代性的走向受到双重伦理话语的照看。

在理论层面上，梁漱溟的伦理观的当代性意义在与李泽厚、牟宗三的宗教性道德言说的比较中得到了较好的展现。李泽厚指出“情本体论”的进路，试图为宗教性道德寻找理论依据。他视儒家的“仁”为本体，这“仁”不是一般的情感经验，而是“作为历史积淀物的人际情感”，具有宇宙的情怀。① 儒家的宗教性道德正是奠基于此，而不是奠基于抽象的实体或超善恶的上帝。所以，他批评牟宗三的道德形而上学。牟宗三讲心体性体，划分两个世界，从康德的先验哲学来理解宗教性道德的理论源泉。李泽厚认为这种做法不合中国的文化传统。他自己走的是以“情”为体的路线，从既出自感性又超越感性的“情体”入手，建构宗教性道德的本体论基础。梁漱溟的做法显然与后来李泽厚、牟宗三的路径不同：他是从“以对方为重”、尊重他者的伦理主义向度入手为宗教性道德奠定理论根基。伦理本身奠基于“理性”，即无私的情感，或者说，清明的直觉。“理性”是梁漱溟伦理主义背后的“本体”依据。可以说，李泽厚和梁漱溟同样关注宗教性道德，但是切入的路径不同，各有千秋。梁漱溟的伦理主义个人观至少为我们思考道德形而上学和现代个人观提供了一个参照系，也为我们思考中国的现代性观念提供了伦理话语的支撑。②

总的来说，梁漱溟认为儒家思想不是宗教但又类似宗教。说它不是宗教是就儒家思想的本质而言的，说它类似宗教是就儒家思想的功能而言的。

接下来我们看一下这个棘手的问题：“以美育代宗教”的说法是否与“以道德代宗教”的说法发生矛盾？笔者以为两者并不一定矛盾。那么，如何解释梁漱溟前后表述的不一致呢？据笔者的研究，可以从两个层面来解释“以道德代宗教”和“以美育代宗教”的一致性关系。

第一个层面，在理想状态上，道德生活与优雅生活是相通的。

如前所述，儒家伦理不单单讲心性之学，更讲礼乐的熏陶与礼俗的

① 参见李泽厚：《实用理性与乐感文化》，三联书店2005年版，第180页。

② 关于梁漱溟的两种伦理话语及其当代意义的论述请参见顾红亮、刘晓虹：《想象个人——中国个人观的现代转型》，上海古籍出版社2006年版，第162—173页。

规范。儒家所要塑造的社会秩序是伦理的秩序，“伦理秩序初非一朝而诞生。它是一种礼俗，它是一种脱离宗教与封建，而自然形成于社会的礼俗”①。传统儒家伦理礼俗尤其是周孔之礼担负着宗教的功能，即维持合理的社会秩序。这个现象可称为“以礼代宗教”。梁漱溟进一步认为，在中国儒家传统里，“以道德代宗教”也就是“以礼代宗教”。“在中国代替宗教者，实是周孔之‘礼’。不过其归趣，则在使人走上道德之路，恰有别于宗教，因此我们说：中国以道德代宗教。”②两者从不同的侧面表达儒家思想发挥着宗教的功能。

“以礼代宗教”之礼和乐是分不开的。梁漱溟说：“有礼必有乐，说到礼，便有乐在内。其礼其乐皆所以为在不同关节表达人的各式各样情感。”③生活在礼乐之中，身心得到滋养，情感得到调节，因此，礼乐有美育之功。“以礼代宗教”也可谓“以礼乐代宗教”或“以美育代宗教”。

道德本身具有绝对价值，不是为了实现别的目的的手段。就此而言，人类理想的生活应该是道德的生活、绝对的生活。梁漱溟指出：

> 人类生活将来终必提高到不再分别目的与手段，而随时随地即目的即手段，悠然自得的境界。此境界便是没有道德之称的道德生活。
>
> 盖人类入于社会主义时期以至共产社会时期，是最需切道德而道德又充分可能之时。那时道德生活不是枯燥的生活，恰是优美文雅的生活，将表现为整个社会人生的艺术化。④

---

①《梁漱溟全集》第3卷，山东人民出版社1990年版，第119页。
②《梁漱溟全集》第3卷，山东人民出版社1990年版，第110页。
③《梁漱溟全集》第3卷，山东人民出版社1990年版，第743—744页。
④《梁漱溟全集》第3卷，山东人民出版社1990年版，第750、738页。

这两段话表明，在理想状态上，道德生活同时也是美的生活或艺术化的生活，善与美是相通的。悠然自得的既是道德的境界，也是美的境界。从这个意义上说，“以道德代宗教”也就是“以美育代宗教”。

第二个层面，在现实世界中，道德生活需要礼乐的涵养。

在现实生活世界中，道德与礼乐是相互作用的。一方面，道德生命是礼乐的根据；另一方面，礼乐可导引、醇化道德生命的作用。梁漱溟指出：“信乎旧日宗教此时将代以自觉自律之道德，然为人们自觉自律之本的高尚品质、优美感情，却必有其涵养和扶持之道。否则，是不行的。”① 这“涵养和扶持之道”具体指什么呢?“根本地予人的高尚品质以涵养和扶持，其具体措施唯在礼乐。”因为“具体的礼乐，直接作用于身体，作用于血气；人的心理情致随之顿然变化于不觉，而理性乃油然现前，其效最大最神”。② 此处的“理性”可指道德“理性”或道德生命。礼乐的作用在于涵养道德生命，提升人们的道德生活质量，使日常生活艺术化。道德生命和礼乐的相互作用不仅说明“以道德代宗教”和“以美育代宗教”的统一性，也说明心性（道德）儒学和礼俗儒学具有一致性。

有学者指出，梁漱溟所走的不是心性论的路子，“他不是从‘理性’出发来讲‘礼乐’，而是从‘礼乐’的作用来讲‘理性’”。③ 从上面我们所作的论述来看，此论断值得商榷。梁漱溟固然重视礼乐对于道德“理性”或道德生命的醇化作用，主张“以礼乐（美育）代宗教”，显现礼俗儒学的面貌，但是他也没有因此放弃儒家生命哲学的进路，他对

①《梁漱溟全集》第3卷，山东人民出版社1990年版，第748页。
②《梁漱溟全集》第3卷，山东人民出版社1990年版，第751、110—111页。
③ 郑家栋：《断裂中的传统》，中国社会科学出版社2001年版，第254页。

“理性”、生命、“以道德代宗教”的阐发都说明了这一点，他是在一种融合礼俗儒学精神的框架下从事着心性儒学的建构工作，从事着儒家生命世界的重释工作。也就是说，在梁漱溟的哲学中，生命儒学与礼俗儒学并非彼此隔绝，而是共通互进的。他说：“儒家所为种种的礼，皆在自尽其心，成其所以为人，没有什么要求得的对象。”①礼与心的沟通预示着生命儒学与礼俗儒学的相依相靠。

在方法论上，梁漱溟的“以道德代宗教”说显现出他的中西哲学比较思路。他以西方宗教文化为参照来重新认识儒家的生命哲学。一方面，论证儒家生命哲学具有终极关怀性，它在中国社会里的地位可与基督教在西方社会中的地位相比较；另一方面，为儒家的生命哲学在现代社会的继续存在寻找合法性根据，证明儒家生命哲学有助于心性生活世界的完善，并为儒家生活世界的重整提供理论支持。

①《梁漱溟全集》第5卷，山东人民出版社1992年版，第72页。

The Confucian Life-world

第五章 儒家现代性

梁漱溟的儒家生活世界包含礼俗生活世界、政治生活世界和心性生活世界三个维度，分别组成礼俗儒学、政治儒学和生命儒学的主要内容。这个理论看起来比较系统，实际上这是笔者对梁漱溟哲学思想的重构，梁漱溟本人并没有对儒家生活世界理论做出系统的阐述，也没有提出生活世界的概念，他的叙述散落于各种著述文章之中。因此，他的儒家生活世界理论包含着复杂的矛盾。揭示这些理论矛盾是我们的任务之一。

梁漱溟哲学作为现代中国哲学的组成部分，具有现代性与传统性的双重特征。从现代性和儒家传统的视域看，梁漱溟的儒家生活世界理论具有双重的反思性。揭示这些反思性的内涵有助于我们深入思考当前的新农村建设和儒家现代性的可能性。这是我们的任务之二。

犹太文明比儒家文明更早进入现代化历程。犹太文明的现代性遭遇无疑是儒家文明学习的好例子。犹太人对犹太文明的现代性困境的思考，引出犹太生活世界的重整问题，这与梁漱溟的关注点十分接近。通过对两者的比较，可以看出梁漱溟关于儒家生活世界理论的普遍意义。这是我们的任务之三。

上面三个任务都围绕着一个中心话题，即梁漱溟的儒家生活世界理论的当代意义。在这个话题的背后，隐匿着儒家现代性的可能性话语。

一、儒家生活世界理论的矛盾

如前所述，梁漱溟的乡村建设是中国现代性发展在农村的一个实验，是重整儒家生活世界的实验。尽管实验结果失败了，但其中一定有很多经验教训可以总结，总结可以从外在环境、实验条件、实验设备的调查入手，也可以从理论假设的检验入手。从外部条件来看，日本军队的入侵和失去当地政府的支持是两个重要因素。梁漱溟在《告山东乡村工作同人同学书》（1938 年）里谈到山东的乡村建设失败的部分原因，指出当地政府有两个不妥的做法。第一，“抗战起后，未容吾人尽力于抗战的民众工作”；第二，“当局急切退离山东，遂以毁灭吾侪工作”。①

这里，我们更关心的是后一种方式，即检讨理论矛盾，试图分析梁漱溟的乡村现代性实验理论和儒家生活世界重整实验理论的潜在矛盾，如普遍主义视角与特殊主义视角之间的矛盾，精英的儒家文化与农民的儒家文化之间的差距。

（一）普遍主义与特殊主义

从梁漱溟的思想历程来看，他从早年对文化问题的思考转入对中国社会问题的思考，从而对乡村问题发生浓厚兴趣，显示出与其他现当代

①《梁漱溟全集》第 6 卷，山东人民出版社 1993 年版，第 11—12 页。

新儒家不同的理论关注点。从20世纪30年代的时代背景来看，乡村建设思潮在当时的知识分子群体中颇有影响，例如陶行知在南京创办晓庄师范学校从事乡村教育，晏阳初在河北定县开展乡村运动。这些乡村建设活动是与中国民族自救运动联系在一起的，其背后的潜台词是现代民族国家的建设，也就是说，乡村运动最终指向现代国家的建设。晏阳初指出："乡村建设者，亦应从整个国家的建设计划上着眼……使乡村建设的学术方案与实施机构，很和谐地配合于整个的建国方案与体系之中，同时乡建运动的最近将来，必须盛行培养乡村建设工作上各种行政或技术人才，以供全国各地的急需。"① 晏阳初把乡村建设看作建国计划的一部分，认为乡村建设服务于民族国家建设大局。"中国的农村运动，担负着'民族再造'的使命。"② 民族自救是乡村建设的主要目标。

然而，梁漱溟对乡村运动有着自己的理解。他不想从现代国家的角度定位乡村建设工作。他批评说："我们一向民族自救运动之最大错误，就在想要中国亦成功一个'近代国家'，很象〔像〕样的站立在现今的世界上。"③ 梁漱溟对乡村建设与"现代国家"相勾连的观点提出批评。他认为，乡村运动其实是一个"文化运动"④，是儒家生活世界的更新运动。他指出："乡村建设除了消极地救济乡村之外；更要紧的还是在积极地创造新文化。所谓乡村建设，就是要从中国旧文化里转变出一个新文化来。"⑤ 这个新文化是普适性的文化。这个观点背后呈现出文化普遍主义的思路。这一思路是要脱出"民族国家"的政治语境，在一个普适的文化谱系下讨论中国文化的前途与自救问题。

---

① 马秋帆、熊明安主编：《晏阳初教育论著选》，人民教育出版社1993年版，第198页。
② 马秋帆、熊明安主编：《晏阳初教育论著选》，人民教育出版社1993年版，第60页。
③《梁漱溟全集》第5卷，山东人民出版社1992年版，第108页。
④《梁漱溟全集》第2卷，山东人民出版社1990年版，第338页。
⑤《梁漱溟全集》第1卷，山东人民出版社1989年版，第611页。

也就是说，梁漱溟并没有把中国文化简单地理解为民族文化或地方性的文化，而是视之为普遍的文化、全球性的文化。当他在说“中国”这个词的时候，更多的含义是指天下、世界意义上的中国，而不仅是“民族国家”意义上的中国，因此，中国文化是世界文化的一个普遍模式，是世界文明史上一个重要形态，是“正常形态的人类文明”①。对于顾炎武名言“天下兴亡，匹夫有责”，梁漱溟是这样解释的：“他所积极表示每个人要负责卫护的，既不是国家，亦不是种族，却是一种文化。他未曾给人以国家观念，他倒发扬了超国家主义。”②他认为顾炎武的思想代表了大多数传统中国人的思想，常常在文化意义上界定“中国”和天下，因此，维护中国文化的实质是维系世界文化。他曾在一则征友启事中说：“欧化实世界化，东方所不能外。然东方亦有其足为世界化，而欧土将弗能外者。”③这话明确表示东方（中国）文化可以成为世界文化。在现当代新儒家中，梁漱溟怀有强烈的“天下”意识。他认为，我们的眼光不能只局限于一个“民族国家”来理解乡村组织，而应该有一个世界的视野。“从民族自觉而有的新趋向，其大异于前者，乃在向世界未来文化开辟以趋，而超乎一民族生命保存问题。”“吾民族实负有开辟世界未来文化之使命。”④这样，他构想新的乡村与理想的儒家生活世界，实质是对未来世界文化形态的设计与谋划，超越了狭隘的民族文化视野。中国乡村文化是世界文化的未来。很显然，在乡村儒家生活世界的重整这个问题上，梁漱溟持有普遍主义或天下主义的视角。

梁漱溟的乡村建设思路具有天下主义的色彩，这是一方面。问题的复杂性在于还有另一方面：他并未完全脱离“民族国家”话语来谈论乡

①《梁漱溟全集》第2卷，山东人民出版社1990年版，第567页。
②《梁漱溟全集》第3卷，山东人民出版社1990年版，第162页。
③《梁漱溟全集》第4卷，山东人民出版社1991年版，第547页。
④《梁漱溟全集》第5卷，山东人民出版社1992年版，第113页。

村建设。20世纪30年代，当“民族国家”建设已经成为一个实践无法回避的迫切问题时，文化的复兴就与现代国家建设紧紧捆绑在一起。现实告诉人们：现代文化的发展必须以民族国家为根基。从这个角度上说，乡村建设固然具有文化的意义与儒家生活世界的意义，但是，也不可避免地带有现代民族国家的价值诉求。梁漱溟说：“乡村建设，实非建设乡村，而意在整个中国社会之建设，或可云一种建国运动。”① 他又说：“我们所标举的‘乡治’或‘村治’，并不是地方自治或乡村自治的简称，而是一个有特殊意义和整个建国计划的主张，不过要从乡村入手，又归本于乡村。”② 这两句话表明他赞成“建国运动”的说法，该说法暗示出：乡村建设的一个主要目标指向就是现代民族国家，乡村无非是一个缩小的民族国家组织，是民族国家的微型组织。因此，他的乡村建设工作也有了民族国家主义（Nationalism）或特殊主义的色彩。

于是，民族国家主义（特殊主义）和天下主义（普遍主义）奇特地并存在梁漱溟的乡村建设和儒家生活世界上，构成一个混杂的综合体。从普遍主义和特殊主义双重视角来看，我们不会完全同意美国学者艾恺的下述论断：梁漱溟“在根本上是一心维护某种模式的文化主义者，而不是一个献身于中国政府的国家主义者”。③ 我认为，前半句话是合理的，后半句话则未必。现代中国深受“民族国家”思想的影响，传统的“天下”观念已被“民族国家”论者攻击得体无完肤。列文森（Joseph R. Levenson）的下列说法无疑是一个深刻的洞见：“近代中国思想史的大部分时期，是一个使‘天下’成为‘国家’的过程。”④ “民族国家”取代

①《梁漱溟全集》第2卷，山东人民出版社1990年版，第161页。

②《梁漱溟全集》第5卷，山东人民出版社1992年版，第252页。

③［美］艾恺：《最后的儒家——梁漱溟与中国现代性的两难》，王宗昱、冀建中译，江苏人民出版社2003年版，第9页。

④ 列文森：《儒教中国及其现代命运》，郑大华等译，中国社会科学出版社2000年版，第87页。

“天下”已经成为现代中国的主流思潮。也许梁漱溟并不一定献身于某个具体的政府，但是，他对作为国家概念的“中国”还是情有独钟的。从传统儒家的视野看，“中国”概念不仅具有政治的意义，更具有文化的意义。梁漱溟继承了这一视野，在文化和政治双重意义上确认“中国”概念，所以，他既用心思考和维护普世性的中国文化，也殚精竭虑地探索民族国家的富强与独立之路。这样，带有乡村色彩的儒家生活世界既具有普遍的意义，是人类生存的意义指引，又具有特殊的意义，是中国“国民”生活意义的寄托之地。

（二）精英的儒家文化与农民的儒家文化

梁漱溟不是农民出身，但在20世纪30年代投身于农民生活世界的更新运动。他认为自己十分了解乡村儒家文化，把握到了乡村儒家思想的精义，由此他对所从事的乡村建设信心十足，颇为自信。在这里，他并没有充分意识到精英的儒家文化与体现在农民身上的儒家文化的区别，更没有充分估计到两者之间的差别有多大。

在传统社会中，帝国的意识形态与下层普通百姓的日常生活之间是有差距的，不能完全把乡村生活看作是帝国政治的附属物。人们常说“天高皇帝远”，此话反映偏远乡村与帝国统治之间的微妙关系，与帝国的城市相比，乡村显然享有更多的自由度。

在中国历史上，孔子的儒学经过多次转化之后才化为农民的生活方式，儒家思想经过多次转折才渗透在农民的生活习俗之中。精英的儒家思想与农民的儒家文化是有距离的，后者带有地域性、时代性等特殊性。

美国学者杜赞奇在《文化、权力与国家》中指出：“谈到文化，我们不能只讲孔教、绅士或由绅士操纵的体制。国家利用合作性的商人团体、庙会组织、神话以及大众文化中的象征性资源等渠道深入下层社会。”① 按照杜赞奇的研究，在华北的乡村社会里，宗族文化、祭祀文化等起着重要的作用，是农民的儒家文化的一部分。宗族意识、祭祀意识在中国农民中是相当强烈的。杜赞奇通过对河北邢台地区水利管理组织与祭祀制度的考察，得出这样一个结论：“乡村社会中的权威既不是为上层文化所批准的儒家思想的产物，也不是某种观念化的固定集团所创造的。乡村权威产生于代表各宗派、集团以及国家政权的通俗象征的部分重叠及相互作用之中。”② 乡村中的权力人物不一定是乡长或村长等行政官员，可能是族长或某位乡绅，这取决于当地的文化—政治网络。杜赞奇的研究表明，我们不能用一般性思维去推论体现在农民身上的儒家文化的特征，那是很容易犯错误的。梁漱溟对这些渗透在下层社会中的儒家文化有所了解，但是他的了解是有一定限度的。

梁漱溟认识到乡村建设不能单靠政府和官员的力量，那样会毁掉乡村建设运动本身。他竭力主张要发动农民，使农民自己行动起来，参与到乡村建设中去。没有农民参与的乡村建设是不会成功的。遗憾的是，尽管他认识到农民参与、农民自觉的重要性，但是在实践中，并没有很好地完成这个任务。很多农民对梁漱溟从事的乡村建设并不热情，也不主动。他对此做了自我反省：“本来最理想的乡村运动，是乡下人动，我们帮他呐喊。退一步说，也应当是他想动，而我们领着他动。现在完全不是这样。……我们自以为我们的工作和〔对〕乡村有好处，然而乡村并不欢迎；至少是彼此两回事，没有打成一片。”③ 这是他从事乡村建设遇到的一个重要困难。这从一个侧面说明他没有完全了解农民文化与农民的心理。

①［美］杜赞奇：《文化、权力与国家——1900—1942 年的华北农村》王福明译，江苏人民出版社 2006 年版，第 16 页。

②［美］杜赞奇：《文化、权力与国家——1900—1942 年的华北农村》王福明译，江苏人民出版社 2006 年版，第 22 页。

③《梁漱溟全集》第 2 卷，山东人民出版社 1990 年版，第 575 页。

据此，梁漱溟推论说："农民好静不好动"。1938年1月，当他在延安把这个感想讲给毛泽东听的时候，毛泽东一下子打断他的话，并说："你错了！农民是要动的；他哪里要静？"① 毛泽东从农民运动中看到了农民参与土地革命、参与打倒土豪劣绅的积极性，看到了农民身上的革命热情。梁漱溟在乡村建设中体会不到这一点。因为他的乡村建设更多着眼于儒家生活世界的重整或乡村儒家文化的改造，对于农民的经济问题和政治问题没有拿出有效的措施。他对此弱点毫不讳言："农民为苛捐杂税所苦，而我们不能马上替他减轻负担；农民没有土地，我们不能分给他土地。他所要求的有好多事，需要从政治上解决，而在我们开头下乡工作时，还没有解决政治问题的力量。那么，当然抓不住他的痛痒，就抓不住他的心。"② 梁漱溟没有做到的，毛泽东做到了。在梁漱溟眼里，农民是静的，而在毛泽东眼里，农民是动的。有的学者指出："中国的知识分子自古以来就有'亲民'、'爱民'的自觉意识和使命感，他们谋求与大众的结合，多少反映民众的要求，但他们毕竟是一批拥有强烈精英意识即优越感的特殊人群。他们可以在大脑里理解农民的困苦，但无法通过身体和精神深处的体验来把握农民的要求和期待。"③ 此话用来形容梁漱溟不一定十分适合，但也有几分道理。

马克斯·韦伯在《新教伦理与资本主义精神》一书的一个注解中对世俗智慧与伦理观念做了概念区分。这个区分对于我们理解儒家生活世界与农民身上的儒家文化之间的关系很有帮助。

世俗智慧与伦理观念的区分涉及本杰明·富兰克林（Benjamin Franklin）和文艺复兴时期的阿尔贝蒂（Leon Battista Alberti）。阿尔贝

①《梁漱溟全集》第6卷，山东人民出版社1993年版，第873页。

②《梁漱溟全集》第2卷，山东人民出版社1990年版，第581页。

③ 余项科：《30年代中国国民形成的展开与挫折》，《学人》第14辑，江苏文艺出版社1998年版，第516页。

蒂（1404—1472）是意大利著名的建筑家、艺术家和文艺理论家，也是骑士家族的后裔，写过有关家庭管理等方面的著作。同样讲勤奋，本杰明·富兰克林的讲法与阿尔贝蒂的讲法不同。韦伯说："勤奋的观念源自修道士的禁欲主义，后来又为修道士作家所发展。这一观念已经埋下了以后在新教世俗禁欲主义中获得充分发展的精神气质（ethos）的种子了。……卡托和阿尔贝蒂的著作中都没有论及这种精神气质。因为，对他们两人来说，这是一个世俗智慧的问题，而不是一个伦理问题。"① 韦伯还说："一种建立在宗教基础之上的伦理观念只要维持了宗教规定的态度，就能产生一定的心理上的约束力（非经济性质的）。只要宗教信仰存在，这种约束力就极其有效。象〔像〕阿尔贝蒂具有的那种纯粹世俗的智慧是不能控制这种约束力的。"② 在经济领域里，这种约束力表现为经济伦理的规范力，规范经济行为，抑制欲望和冲动，世俗智慧起不到类似的作用。韦伯试图说明，阿尔贝蒂所说的勤奋、求利等观念还只是一种世俗智慧，而不是现代经济伦理，并不代表现代资本主义精神。而富兰克林则完全不同，他的勤奋、功利观念体现了新型的资本家的伦理理念，其背后包含着一组现代的资本主义精神，如理性主义、对职业负有神圣的责任感等。这组精神可以在新教伦理中找到起源。韦伯做出这个区分，是要说明世俗智慧不等于资本主义精神。真正值得关注的是那些对经济生活产生重要影响的现代伦理观念。

借用韦伯的这个概念区分，可知梁漱溟的儒家生活世界观念大致相当于韦伯所说的伦理观念，体现在农民身上的一部分儒家文化大致相当于世俗智慧。在日常生活中，世俗智慧是不可或缺的，但不一定代表现代的生活方式。新的伦理或新的生活世界代表着事物发展的新动向，代

①［德］马克斯·韦伯：《新教伦理与资本主义精神》，于晓等译，三联书店 1987 年版，第 159 页。
②［德］马克斯·韦伯：《新教伦理与资本主义精神》，于晓等译，三联书店 1987 年版，第 160 页。

表着新的精神气质。

梁漱溟所说的儒家生活世界是上层和下层人士都享有的生活领域，其中包含的思想与信念是公共的，类似于葛兆光所说的一般知识与思想。这“是一种‘日用而不知’的普遍知识和思想，作为一种普遍认可的知识与思想，这些知识与思想通过最基本的教育构成人们的文化底色，它一方面背靠人们不言而喻的终极的依据和假设，建立起一整套有效的理解，一方面在日常生活中起着解释与操作的作用，作为人们生活的规则和理由”①。儒家生活世界并不直接等于农民的文化世界，它常常以无形的方式渗透于农民的文化生活之中。把握儒家生活世界有利于认清上层儒家文化与下层儒家文化的区别与联系，但并不等于直接把握了上层文化和下层文化。体现在精英身上的儒家文化与体现在农民身上的儒家文化多少有些差别或矛盾。在乡村建设中，随着梁漱溟对农民文化的了解，上述矛盾有所缓解，但是并未根除。

二、对现代性和儒家的双重反思

全球化与现代性有内在的联系，正如安东尼·吉登斯(Anthony Giddens)所说：“现代性的根本性后果之一是全球化。”② 现在很多人对全球化和中国现代性的理解是：第一，全球化是从西方资本主义的殖民扩张开始的，它的实质是西方化；第二，与西方的现代性设计类似，中国的现代性发展主要走城市化的道路。现代新儒家梁漱溟的思路颠覆了这两个观念。他认为：第一，全球化的实质是中国化；第二，中国的现代性发展应该从“乡村”入手。

① 葛兆光：《中国思想史》第1卷，复旦大学出版社1998年版，第14页。

②［英］安东尼·吉登斯：《现代性的后果》，田禾译，译林出版社2002年版，第152页。

梁漱溟的乡村建设思路无疑是独特的，是其整个儒家生活世界重整思想的重要组成部分。从表面上看，这个思路似乎有违于现代性与全球化的进程，是反其道而行之，有人也许认为这是反现代性和反全球化的观点。在笔者看来，梁漱溟恰好是在表述另一种现代性与全球化观念：一种反思性的现代性，一种有别于西方化的全球化观念，是多元现代性的一种。这种现代性的实践就是他的乡村建设。正如艾森斯塔特（S.N. Eisenstadt）所说："要理解现代性的历史，最好的方法是将它视为现代性的多元文化方案、特殊的现代制度模式不断产生和形成、构造和重构的一个故事，关于多元现代性的一个故事。"① 梁漱溟的乡村建设正是多元现代性故事中的一个版本。

毋庸置疑，梁漱溟的乡村建设是一项综合工程，是一项包括了政治、经济、文化教育等方面在内的系统工程。在这些庞杂的现实问题背后，隐藏着梁漱溟的乡村建设理论及其整个哲学的实质：即儒家生活世界的重新整顿与整肃，以复兴中国文化与改善中国人的精神生活。笔者认为，与其说梁漱溟提出了自己的乡村建设理论，不如说提出了具有中国特色的"儒家生活世界"理论。这一理论包括这样两个要点，体现了双重反思性：

第一，儒家生活世界具有伦理礼俗、政治和精神生活的多重向度，是生命意义的源泉。梁漱溟所说的儒家生活方式不是固守儒家传统习俗，而是吸纳西方现代观念之后的儒家生活方式。这不是古典的生活方式，而是现代的生活方式。这个思路体现了梁漱溟的生活世界理论对儒家思想传统的反思性质。

第二，梁漱溟把儒家生活世界的重整放在乡村而不是都市的环境

---

①［以色列］艾森斯塔特：《反思现代性》，旷新年、王爱松译，三联书店2006年版，第410页。

里，视乡村问题为中国现代性的关键问题，选择乡村而不是城市作为中国现代性发展的入口。“只有乡村安定，乃可以安辑流亡；只有乡村产业兴起，可以广收过剩的劳力；只有农产增加，可以增进国富；只有乡村自治当真树立，中国政治才算有基础；只有乡村一般的文化能提高，才算中国社会有进步。”① 他认为，不在乡村解决儒家的生活世界问题，中国文化的复兴将毫无希望，中国的现代性将无法走上正常的轨道。这个思路体现了他的生活世界理论对西方现代性观念的反思性质，也体现了他对存活在乡村生活世界中的儒家传统的某种程度上的认可。

就其对西方现代性的反思而言，梁漱溟洞察到现代性内在包含着野蛮性的维度。一方面，西方现代性本身蕴涵着某种病态。“近代西洋人走的这条路，内而形成阶级斗争社会惨剧，外而酿发国际大战世界祸灾，实为一种病态文明。”② 梁漱溟甚至引用一位来华访问的美国作家丕斐（Nathaniel Peffer）的话来说明西方现代性的问题值得正视。这位美国作家在上海演说：“欧西人士，今日已深感到陷入漩涡，无法自拔之苦；而远东方面不引为前车之戒，反思效尤，其结果岂不将同出一辙乎？”③ 这种善意提醒昭示，人们对待西方现代性要有反思的姿态，不可一味模仿，梁漱溟对此心领神会。另一方面，现代性进入中国的过程充满着野蛮的意味。中国的现代性展开表现为外国列强的入侵和国内的种种救国运动，它们都对乡村的政治、经济和文化造成极大的破坏。“在近百年中，帝国主义的侵略，固然直接间接都在破坏乡村，即中国人所作所为，一切维新革命民族自救，也无非是破坏乡村。”④ 在梁漱溟看来，国内外势力在中国实施的多种现代性努力，都带有破坏乡村的野蛮性

①《梁漱溟全集》第5卷，山东人民出版社1992年版，第225页。
②《梁漱溟全集》第5卷，山东人民出版社1992年版，第222—223页。
③《梁漱溟全集》第2卷，山东人民出版社1990年版，第144页。
④《梁漱溟全集》第2卷，山东人民出版社1990年版，第150页。

质。说其野蛮是因为这种破坏“是一种绝对破坏，为世所仅见”①。

人们通常以为古代文明和中世纪文明有野蛮性一面，现代文明是人道的。在现代社会里，如果还有野蛮的、残忍的事件发生，那么，这种野蛮与残忍不应归咎于现代性，不属于现代性的本质特征，而应看作前现代的遗留物。对于这种论调，著名社会学家艾森斯塔特持批评态度，他指出：“野蛮主义不是前现代的遗迹和‘黑暗时代’的残余，而是现代性的内在品质，体现了现代性的阴暗面。现代性不仅预示了形形色色宏伟的解放景观，不仅带有不断自我纠正和扩张的伟大许诺，而且还包含着各种毁灭的可能性：暴力、侵略、战争和种族灭绝。……纳粹大屠杀恰恰发生在现代性的中心，成为现代性的负面毁灭潜能的极端表现和象征，显明了潜藏于现代性核心的野蛮主义。”②在这段话里，艾森斯塔特提出了值得思考的“现代性问题”。对此问题，中国的学者是这样表述的：“现代性问题必然会对正在思考中国现代化之路的中国知识分子造成极大的困惑，因为它意味着：现代化的进程并不只是一套正面价值的胜利实现，而且同时还伴随着巨大的负面价值。而最大的困惑更在于：至少在西方，这些正面价值和负面价值并不是可以一刀切开的两个东西，而恰恰是有着极为深刻的内在关联的。”③在这里，负面价值与野蛮性是同义词，它们不是现代性的偶然表现，而是扎根于现代性的深处，内在于现代性本身。在西方世界里，纳粹屠犹提供了现代性的野蛮主义的例证。在东方，乡村儒家文化的破坏提供了另一个例证。指出这个例证是梁漱溟的贡献。由此例证可见，梁漱溟的儒家生活世界理论包含着反思现代性的维度。与其说他是在用古典儒家哲学批判启蒙思想

---

①《梁漱溟全集》第2卷，山东人民出版社1990年版，第153页。
②［以色列］艾森斯塔特：《反思现代性》，旷新年、王爱松译，三联书店2006年版，第67页。
③ 甘阳：《古今中西之争》，三联书店2006年版，第5页。

家的现代性方案，不如说他是在用反思的现代性哲学批判启蒙现代性方案。

当然，梁漱溟对现代性的反思并不表示对现代性的反对。他对很多现代性原则是认可的。按鲍曼的说法，现代性文化的核心是确定秩序，知识分子是立法者，控制着现代文化的生产与运作。梁漱溟所设想的乡村建设与儒家生活世界重整属于肯定现代性的社会运动，如他所说："中国目前所急需者，是组织，秩序，条理，和理性。希望速成一个有组织有条理有秩序有理性的国家。"① 这是标准的现代性诉求。它要确立的社会秩序意识出自智者与贤者的心智。艾恺说："梁漱溟恐怕是亚洲反现代思想家中最为精深的一位"。② 另有学者说，梁漱溟"只主张形式上的现代化，却反对实质上的现代化；因为他一直认为，西洋文化的精神是不符合中国国情的"。③ 这样的论断看到了事情的一面，即梁漱溟反思现代性的一面，而对另一面即认可现代性的一面有所忽视。对反思现代性与反现代性两个概念做点区分，可以使我们更好地理解梁漱溟的思想立场。

就儒家生活世界理论对儒家传统的反思而言，我们可以看到，梁漱溟对于儒家传统持双重态度，既有变革也有变通。用他在《东西文化及其哲学》中的话来说，这种态度就是指"批评的把中国原来态度重新拿出来"，"重新拿出来"指的是对儒家传统的变通或继承，"批评"指的是对儒家传统的变革或改造。梁漱溟对儒家传统的"批评"有的时候是很严厉的，例如他在谈到清朝的儒家文化时说："中国文化到清代的时候，表面上顶光华，顶整齐文密，而内里精神顶空虚，顶糟；外面成了

①《梁漱溟全集》第5卷，山东人民出版社1992年版，第298页。
②［美］艾恺：《世界范围内的反现代化思潮》，贵州人民出版社1991年版，第146页。
③ 谭宇权：《梁漱溟学说评论》，文津出版社1999年版，第43页。

一个僵壳（指礼教），里头已经腐烂。……中国文化至此时期，内里既已枯烂腐败、空虚无主，所以西洋东西进来，一下子就慌了。”① 这样的“批评”显示梁漱溟的思想有较激进的倾向，并非保守两字可以概括的。当然，他对儒家思想传统的解释和“批评”总是借用现代观念作标尺，试图用现代哲学阐发儒家精神传统，例如，他借助柏格森生命哲学、罗素的“灵性”概念、杜威的《民主主义与教育》思想等来阐释他的儒家生命哲学、“理性”主义和儒家民主观念。

一些日本的学者提出“内发性发展”概念，从字面意思看，这是指一个东西从其内部自发性的发展。三石善吉对此的界定是：“‘内发性发展（Endogenous Development）’指的是，在力图保持固有的‘文化基础’的同时，积极地导入外来文化并加以实践从而促进本国发展的一种模式。”② 套用这个概念，我们可以说梁漱溟的乡村建设也有类似的思路，他看重的是从乡村内部引申出有价值的儒家文化资源，在此基础上，加以积极的改造，使儒家文化重放光芒。从“内发性发展”思路来看，既可以看到梁漱溟反思儒家传统的努力，也可以看到儒家现代性展开的可能方向。

所以，梁漱溟的乡村建设理路既带有对西方现代性的反思性质，也带有对传统儒家的反思性质。从梁漱溟的论述中，我们可以得到有关儒家生活世界与文化全球化问题的两个启示。

第一个启示：中国乡村是一个礼俗的共同体，较好地保存了儒家传统文化。按梁漱溟的文化哲学观点，中国文化与乡村文化是未来的全球文化，具有普遍价值，“乡村原来是人类的家”③，不仅仅是中国人的家

---

①《梁漱溟全集》第 2 卷，山东人民出版社 1990 年版，第 272—273 页。

②［日］三石善吉：《传统中国的内发性发展》“中文版序”，余项科译，中央编译出版社 1999 年版，第 1 页。

③《梁漱溟全集》第 2 卷，山东人民出版社 1990 年版，第 317 页。

园。中国文化与乡村文化不仅被动地卷入到了全球化的进程，受全球化的影响与牵制，是全球化作用的对象，而且完全可以成为一股导引全球化发展方向的重要力量，成为全球化发展的源泉。这样，我们“需要把中国同时看成是全球化的对象和源泉”①，把乡村中国的现代性建设既看作是对全球化的一种被动反应，又看作是对全球化的一种主动参与，把乡村中国看作是全球化的消极承受者与积极推动者。因此，从普遍主义的角度看，乡村建设和儒家生活世界的重整具有全球性的意义。

以温铁军为代表的新一代学者在新时代重新倡导乡村建设，可称新乡村建设派。在一定的意义上，他们的新农村改革实践体现了对全球化的主动参与性。温铁军认识到中国的现代化思路存在着问题。我们能不能把西方的现代化模式拿过来，在中国复制西方的现代化呢?“如果我们把所谓‘现代化’也作为一个科学的理念拿过来，那西方走过的300年殖民化，就应该被看作是一个实验的过程。这个过程可被别的国家重复吗?”②在全球化时代，这当然是不可能重复的。温铁军称这种思路为解构现代化的思路。他认为，要对我们的现代化思路进行反思，重新认识西方现代化伴随着殖民化的道路，思考如何在农民人口占多数的中国进行具有民族特色的“现代化”建设。

温铁军认为，早在20世纪20年代中国的知识分子如梁漱溟已经认识到复制西方现代化的弊病。西方的现代化走的是工业化、经济扩展、对外殖民的道路，中国继续走这样的道路几乎没有多少现实可能性了。“二战”中日本的例子已经证明非西方社会已经很难走通对外扩张的路子了。20年代的中国知识分子已经意识到这个发展困境，认识到中国的出路必须解决好农村问题，这也许是避免西方现代化发展模式弊端的另

① [美] 郝大维、安乐哲:《先贤的民主》，何刚强译，江苏人民出版社2004年版，第8页。
② 温铁军:《解构现代化》，广东人民出版社2004年版，第15页。

一种尝试。他说："20年代的乡村建设运动的经验今天没有被我们很好地认识，其实当年发生乡村建设运动的宏观前提是：第一，'一战'以后中国不能参与世界势力范围的重新瓜分，内部矛盾开始激化；第二，恰恰是那个十年——民国史叫'黄金经建十年'——工业飞速发展，经济急剧地增长，十年的经济高增长期间，出现了中国大陆自追求现代化以来的第一次乡村建设运动。那一代的知识分子绝对不比我们傻，他们早就发现了，早就投身于其中了，而且比我们更有奉献精神。"①

温铁军把他正在思考的新农村建设思想与二三十年代的乡村建设思想相比较，认为两者是一致的。这种比较说明两点：第一点，在理论上，梁漱溟等人从事的乡村建设思路大体上是合理的，对中国农村问题的诊断也是有根据的。例如，温铁军和梁漱溟都看到乡村组织在农村管理中的重要地位，温铁军说："我们不过是用改良来填充正规组织退出以后的制度空间。……如果你不用良性的组织来填补，那就是家族势力、宗教势力、黑恶势力等等非良性的势力来填补乡村制度空间。"②梁漱溟试图借助西方民主团体的建设经验、乡约等来重组乡村组织，建立起以乡农学校为中心的组织机构。他们都注意到乡村建设的主体性问题，即如何来有效地组织和团结农民群体。

第二点，在实践上，梁漱溟等人发起的乡村建设运动没有彻底解决农村问题，在当代中国，"三农"问题依然存在。但是我们不能仅仅从农民增收、经济生活改善这个角度来理解"三农"问题。梁漱溟的儒家生活世界理论给我们的一个启示在于，当前的新农村建设不仅要关注农民的经济收入，更要关注农民的文化生活和精神生活。因此，笔者赞同一

① 温铁军：《解构现代化》，广东人民出版社2004年版，第206页。

② 温铁军：《中国大学生与"当代新乡村建设"》，见甘阳、陈来、苏力主编：《中国大学的人文教育》，三联书店2006年版，第292—293页。

些学者的如下观点："当前农民的苦，不是苦于纯粹物质的方面，而更苦于精神和社会的方面。当前的农民问题，不纯粹是一个经济问题，而更是一个文化问题，不纯粹是生产方式的问题，而更是生活方式的问题。"① 梁漱溟的乡村建设是一个儒家生活世界的更新运动。借助这个思路，我们可以而且应当把当前的新农村建设看作一个生活世界的重整运动。

第二个启示：在全球化还是地方化或天下主义（普遍主义）还是民族国家主义（特殊主义）这个问题上，梁漱溟的态度是矛盾的。这是一个理论的问题，是概念框架制造的矛盾，因为我们的语言系统已经"先验"设定了普遍与特殊、全球与地方、世界与中国这样一些"对子"，只要一谈起全球化，就必然牵涉到地方化。因此，这些"对子"都是语言、理论本身设置的问题。如果我们抛开这些理论困惑，着眼于中国社会的现实，那么，真正的问题就浮现出来了。也只有这样，才能逃脱全球与地方、普遍与特殊的语言"缠绕"。对于梁漱溟来说，真正迫切的问题就是：如何在列强入侵、传统衰败的背景下重整中国人的儒家生活世界？对于当代中国人来说，真正迫切的问题就是：如何在与外国文化交往甚密的全球化背景下重整我们的生活世界或意义世界？因此，中国的现代性必须关注中国社会的现实问题，而不必囿于语言制造的理论矛盾。

我们相信，梁漱溟的思路将会给当代中国人的生活世界的重整和儒家现代性的展开提供有意义的启发。

三、犹太生活世界的重整与启示

梁漱溟的儒家生活世界理论既肯定现代性的因素，又有反思现代性

---

① 贺雪峰：《新农村建设与中国道路》，《读书》2006 年第 8 期。

的维度。把它与犹太文化的现代性加以对照，可以更好地把握梁漱溟这个理论的普遍性意义与当代意义。

在具体展开论述之前，先有必要对犹太教的含义做一个交代。现在的学者把 Judaism 翻译成犹太教，按照中文字面意思，它表示的是一种宗教。但是，许多现代的犹太学者倾向于作广义的理解，把 Judaism 理解为一种文明，即犹太文明。像美国犹太教重建派思想家开普兰（Mordecai Kaplan）就有专门的论述，认为通常所说的 Judaism 实际上指包括“历史、文学、语言、社会组织、民间道德约束、行为准则、社会和精神理想以及审美价值”等在内的一个犹太文明综合体。① 在方法论上，这样宽泛的定义说明，有必要从文明的角度而不仅仅从宗教的角度来重新认识犹太教。这样，Judaism 至少有两层意思：第一，可以特指以宗教形式呈现的犹太教；第二，也可以指以律法、规范、精神、生活方式呈现的犹太文明。后者包含前者，作为宗教的犹太教是作为文明的犹太教的核心。我们倾向于从文明的角度理解犹太教。

犹太教在进入现代后所遭遇的生存困境是前所未有的，既有来自外部的打压，欧洲历史上的反犹主义浪潮一浪接着一浪，最典型的是 20 世纪上半叶的纳粹屠犹惨剧，更重要的是来自犹太教内部的分化力量，这充分显示犹太文明面临全面的现代性危机。

从历史演化的角度看，现代性的推进既是犹太人不断获得解放的过程，同时也是使犹太文明面临着瓦解的危险境地。而且，在犹太人获得解放的过程中，反犹主义并没有销声匿迹，反而在某种意义上刺激了某些人的反犹主义激情。总的来说，解放意味着自由。的确，在现代社会中，犹太人走出隔都（Ghetto），取得了公民的资格，平等社会地位被

---

① 参见［美］开普兰：《犹太教：一种文明》，黄福武、张立改译，山东大学出版社 2002 年版，第 205 页。

确立起来，享有平等的公民权利。解放成为一个褒义词。同时，解放也意味着解构，意味着重新定位，重新选择，这是一个痛苦的过程，必然需要调整自己的心态，处理好与传统的关系。解放实际上提供了一个机会，这可以是一个重生的机会，也可能是一个衰落与毁灭的机会。这是一个历史的挑战。克雷蒙·托尼埃及伯爵 (Count Clermont Tornerres) 曾在法国国民议会上说："对于作为个体的犹太人来说，他获得了一切；而作为一个民族的犹太人则一无所获。"[①] 在一些现代西欧国家，犹太人的生存变得更成问题，更加危险。处于转型期的犹太人审慎地思考这个历史问题。在此过程中，犹太教内部分化为正统派（Orthodox Judaism）、保守派（Conservative Judaism）、改革派（Reform Judaism）、重建派（Reconstruction Judaism）四个派别不是偶然的，[②] 可以把他们看作是对现代性做出的不同回应。这四个派别的出现显示犹太教内部的分歧之大。

面对犹太文明的现代性危机，犹太思想家思考解决危机的出路。思考犹太文明的现代性困境的出路问题实际上就是思考犹太文明的复兴问题，具体地说，就是思考犹太生活世界的重整问题。近代以来，大致有以下几种重整思路。

第一指政治犹太复国主义运动。这个运动以赫茨尔（Herzl）为代表。他主张犹太人回归巴勒斯坦故土，在巴勒斯坦这块上帝允诺过的领土上建立一个独立的犹太人国家，以结束犹太人在欧洲被奴役和被压迫的政治命运。

与上述政治犹太复国主义相联，另外还有两种犹太教复兴观念。

---

① [美] 大卫·鲁达夫斯基：《近现代犹太宗教运动》，傅有德等译，山东大学出版社 2003 年版，第 79 页。

② 参见 [英] 诺曼·所罗门：《当代学术入门：犹太教》，赵晓燕译，辽宁教育出版社 1998 年版，第 109—120 页。

第二指宗教共同体的复兴。这是以 M. 拉扎勒斯（Moritz Lazarus）为代表的。这种意见主张，在保留传统的犹太教的基础上作相应的变革，如通俗解释犹太教法典中的疑难，简化深奥的教义，修改繁杂的仪式规则，使之更符合现代人的口味。马丁·布伯 (Martin Buber) 认为，这不是犹太教复兴的出路，而是“以一种更简单、更优雅、更西化、更为社会所接受的方式使犹太教永存下去”①。它缺乏原创性的激情。

第三指民族共同体的复兴，主张建立一个以民族文化和精神为核心的民族国家，这是以阿哈德·哈姆（Ahad Ha-am）为代表的。哈姆明确反对以赫茨尔为代表的政治犹太复国主义，这种以建立犹太国为目标的单纯的复国主义，相对忽视犹太民族的文化目标。民族共同体总是以民族文化为联系纽带，民族共同体的复兴在某种意义上是犹太文化的复兴，关键是重建犹太文化精神。与前一种复兴计划相区别的是，哈姆的计划不是从宗教的角度出发，而是从民族的、文化的角度来考察犹太教的复兴。他期望的复兴是“在巴勒斯坦建立一个犹太教的精神中心”②。这个中心的建立对于散居的犹太人来说有巨大的鼓舞作用，吸引很多犹太人来此定居。但是，人数众多并不意味着精神的更新，所以这个计划仍然无法保证绝对意义上的犹太教的复兴。

马丁·布伯对上述第二、第三种主张都表示不满意。不过，在这两者之中，他相对倾向于第三种意见。哈姆的犹太教复兴思想比前者更加深刻。“当我们把犹太教看作宗教的时候，我们只接触到它的显见的组织形式；当我们把它称为民族性的时候，我们触及到了更深层次的真理。”③ 前者宗教共同体的复兴计划过分强调宗教的外在组织形式，对

---

①② Martin Buber，*On Judaism*，edited by Nahum N.Glatzer，New York：Schocken Books Inc.，1972，p. 38.

③ Martin Buber，*On Judaism*，edited by Nahum N. Glatzer，New York：Schocken Books Inc.，1972，p. 39.

内在的文化内涵相对忽视，后者民族共同体的复兴计划注意到深层次的民族性问题，比前者是一个进步。但是，民族性的合理内核没有得到系统的阐述。马丁·布伯继续推进哈姆的犹太教复兴观念，发展成为犹太文化民族主义。犹太教的复兴必须扎根于民族精神的深处，从观念的更新、精神的创造处着手。

马丁·布伯认为，必须动态地理解犹太教。把犹太教看作是一个精神发展的历程，这个历程在犹太人的历史过程中清晰地得到展现。犹太教是活的、有生命力的东西，这个内在的生命力就是精神或观念。因而犹太教具有自己的精神气质，从古至今，不同于别的民族与宗教。犹太教复兴的关键是要在现代性观念的关照下把这个精神气质揭示出来。哈姆所讲的建立犹太人中心的方案和拉扎勒斯所讲的先知犹太教的思想，都无法真正把握这个精神历程的全貌。前者只是犹太教的精神历程的一个因素，后者只是其中的一个阶段。① 他指出，简单地强调精神力量的信念不一定有用。必须把内在精神和外在生命两方面结合起来，才能发挥希伯来人文主义的作用。同时，犹太人的民族性与精神性是结合在一起的。民族性的发展就是精神历程的展开。这样，作为精神象征的犹太教就和犹太民族紧密结合。民族和宗教的发展是不可分割的。

从精神深处理解犹太教，是与马丁·布伯的对话哲学相一致的。他认为，“我”与“你”的对话产生精神，精神洋溢于“我”与“你”之间。在原始人那里，由原始的“我”与原始的“你”的交往产生的精神构成了原初文化的内核。后来文明的发展壮大便立足于这一精神。文化的发展在一定意义上是这一精神的不断外化、演化和变化。这一思路同

---

① 参见 Martin Buber，*On Judaism*，edited by Nahum N.Glatzer，New York：Schocken Books Inc.，1972，pp. 39—40。

样适用于犹太教文明。犹太教的历史发展内含着精神，这一原初的精神是上帝与以色列祖先交流与对话的结果，对话也就是启示，精神就体现在启示之中。犹太教的经典是对这一对话、启示及其精神的记录。尽管经典文本是死的，但是，精神是活的。它在不同的历史时代可以有不同的表现形式，在历史中不断发展和完善，不断被激发出新的意义。所以，他提出犹太教复兴的三个观念：统一、行动和未来，它们构成了原初精神的实质。

马丁·布伯认为犹太教的复兴一定包括希伯来人文主义的复兴。这种主义强调，犹太人必须追求整个生命的改善，不只是内在生命的改善。内在生命的改善必须在外在生命的改善中体现出来，在个体生活和共同体生活的改善中体现出来。两方面是相互影响的，外在生命的变化必须更新内在生命，反之亦然。这是他所谓的希伯来人文主义的要点之一。犹太复国主义理论没有意识到这两方面互相影响的重要性。对外在的改善的力量给予过高的估计。① 他说，另外，现在的犹太复国主义也没有抓住下面这个原则：生命的改善实际上是回归我们的本性。犹太复国主义已经在很多方面被扭曲了。其一，许多人希望回归土地，在自己的土地上开始新的生活。但是这种努力并不能实现真正的和完全的生命的改善。其二，必须认识到，精神的力量必须和物质的力量结合，才能实现向本性源头回归。② 马丁·布伯说他的希伯来人文主义反对那种把犹太国家当作和别的国家一样的犹太国家主义，政治犹太复国主义运动就有这个倾向。他认为，以色列不同于一般的国家和民族，它是特殊的民族，因为有与上帝的契约。

前面介绍了几种犹太复国主义或犹太文明复兴观念，文化和宗教意

①② 参见 Martin Buber，*Israel and the World*，New York：Schocken Books Inc.，1965，p. 245。

义上的犹太复国主义要求把以色列建设成为犹太人的精神中心和宗教中心，体现重整犹太生活世界的努力。这样的重整运动和新儒家梁漱溟的努力有相似之处。犹太复国主义思想家的工作可以为我们思考新儒家重整生活世界提供有益的启示。

第一，这些思路各有侧重，分别从政治生活、宗教生活、礼俗生活、精神生活的调整来思考犹太教的现代性出路。这说明在现代性的进程中，犹太生活世界不同方面的整顿是不可偏废的，需要协调发展。梁漱溟的儒家生活世界理论注意到礼俗生活、政治生活和心性生活三者的共同发展，注意到现代性不同维度的和谐共进。梁漱溟的这个想法具有一定的普遍性，在犹太思想中可以找到一些“印证”。

第二，在前面几种犹太生活世界重整的思路背后，矗立着犹太复国主义与反犹主义的时代背景。现代的犹太复国主义是一种民族主义，是犹太民族自救运动的主张，是对现代的反犹主义思潮的一种积极回应。赫茨尔是政治民族主义者的代表，阿哈德·哈姆是文化民族主义者的代表。阿哈德·哈姆指出：“该犹太教把这种理想，即民族的统一，民族的复兴，通过按照其独特的精神来表达普遍的人类价值而使民族自由发展，作为其关注的中心。”① 这说明，重整犹太生活世界的过程首先是犹太民族主义发展的过程，同时，这个过程蕴涵着世界主义的价值因素。梁漱溟的儒家生活世界重整运动也有民族主义的成分，是中华民族自救运动的有机组成部分，同时，梁漱溟又在世界主义（或天下主义）的层面上理解生活世界的重整运动，把中国文化理解为世界性的未来文化。民族主义与世界主义交织在梁漱溟的儒家生活世界理论，也存在于一些现代犹太思想家的民族振兴理想之中。

---

①［美］罗伯特·塞尔茨：《犹太的思想》，赵立行、冯玮译，上海三联书店1994年版，第680页。

第三，在上述几种思路中，马丁·布伯倡导的希伯来人文主义是很有特色的。希伯来人文主义的核心观念是生命，它主张内在、外在生命的完善，尤其是内在生命的提升。这个观念与梁漱溟的儒家生命哲学有相通之处。尽管在乡村建设中，梁漱溟看重礼俗社会与民主秩序的建设，但是，他没有忽视心性儒学的意义。乡村建设的关键是建设一个富有人情味、富有亲情的家园，一个安顿人心秩序的生活世界。在儒家生活世界的重整过程中，智慧化生命将成为终极的价值目标。

墨子刻说："要理解现代中国哲学所探讨的问题，最好以上升的乐观主义信念为背景，这种信念相信'外在'的历史的变革进程将导致相互依赖的理想，并以新方法、新知识和新政治形式的出现为基础。"① 这句话的前半句对梁漱溟也是适用的。梁漱溟的心中充满着乐观主义，例如，他崇尚生命的完善，他对儒家伦理文化的未来命运满怀信心。但是，他信奉的乐观主义不仅仅是以新方法、新知识为基础的，不仅仅是以进化论为基础的，而且是以儒家的孔颜之乐为基础的。孔颜之乐包含道德生命的愉悦，因此，他的乐观主义有道德理想主义的色彩。

我们讨论梁漱溟的儒家生活世界理论并将它和犹太思想进行比较，主要意旨还在于关注当代中国人的生活世界，关注儒家的现代性发展。上面三个结论启示我们，当代中国人生活世界的重整与儒家现代性展开需要考虑这些基本的因素：一是礼俗生活、政治生活与心性生活的和谐发展；二是民族意识与世界意识的协调发展；三是内在生命与外在生命的共同完善。

梁漱溟设想的儒家生活世界和布伯设想的希伯来人文主义世界都关

---

①［美］墨子刻：《摆脱困境——新儒学与中国政治文化的演进》，颜世安等译，江苏人民出版社1995年版，第216页。

心意义的创造和意义危机的消弭。意义危机或精神迷失有不同的层次，按照张灏的说法，现代中国知识分子遭遇的意义危机有三层，即道德迷失、存在迷失和形上的迷失，它们并存于现代中国。① 这种区分是理论的分梳。在现实生活中，这些意义层次是无法分割的。我们可把它们统称为存在的意义。人们在日常生活中不断追问存在的意义，或者追问生活的意义、生命的意义，以确证其存在的价值。梁漱溟重整儒家生活世界是要为存在意义的找寻提供一块基石，因为他深信，一旦失去了儒家生活世界的依托或者儒家生活世界遭到了破坏，中国人就进入了存在意义迷失的境地。这不仅是近现代中国人面临的问题，也是当代中国人面临的问题。

当代中国人将会构筑什么样的生活世界？这是一个开放的、我们最关注的话题。如果说当代中国人的生活世界的构筑有几个维度可以参考的话，那么，儒家生活世界理论肯定是其中一个主要的维度。梁漱溟是一个自觉的探路者，儒家生活世界理论是他探路的方向，也是我们探索社会发展新道路的参考维度。

① 参见《张灏自选集》，上海教育出版社 2002 年版，第 86—88 页。

参 考 文 献

梁漱溟:《梁漱溟全集》，山东人民出版社 1989—1993 年版。

梁漱溟:《这个世界会好吗》，东方出版中心 2006 年版。

汪东林:《梁漱溟问答录》，湖北人民出版社 2004 年版。

李渊庭、阎秉华编著:《梁漱溟先生年谱》，广西师范大学出版社 2003 年版。

景海峰、黎业明:《梁漱溟评传》，人民出版社 1999 年版。

郑大华:《梁漱溟学术思想评传》，北京图书馆出版社 1999 年版。

马东玉:《梁漱溟传》，东方出版社 1993 年版。

马勇:《梁漱溟文化理论研究》，上海人民出版社 1991 年版。

郭蒸晨:《梁漱溟在山东》，人民日报出版社 2002 年版。

龚建平:《梁漱溟读书生涯》，长江文艺出版社 1998 年版。

夏利:《梁漱溟政治研究》，吉林人民出版社 2001 年版。

《梁漱溟思想批判》，三联书店 1955 年版。

艾恺:《最后的儒家》，王宗昱、冀建中译，江苏人民出版社 2003 年版。

艾恺:《世界范围内的反现代化思潮》，贵州人民出版社 1991 年版。

王宗昱:《梁漱溟》，东大图书公司 1992 年版。

郭齐勇、龚建平:《梁漱溟哲学思想》，湖北人民出版社 1996 年版。

魏思齐:《梁漱溟的文化观》，辅仁大学出版社 2003 年版。

梁培宽编:《梁漱溟先生纪念文集》，中国工人出版社 1993 年第 1

版、2003 年第 2 版。

重庆市梁漱溟研究会、重庆市北碚区梁漱溟研究会编:《仁道承继——纪念梁漱溟诞辰 110 周年专辑》, 2003 年版。

谭宇权:《梁漱溟学说评论》, 文津出版社 1999 年版。

曹跃明:《梁漱溟思想研究》, 天津人民出版社 1995 年版。

山东省政协文史资料委员会、邹平县政协文史资料委员会编:《梁漱溟与山东乡村建设》, 山东人民出版社 1991 年版。

梁漱溟乡村建设理论研究会编:《乡村: 中国文化之本》, 山东大学出版社 1989 年版。

柳友荣:《梁漱溟心理学思想研究》, 安徽人民出版社 2004 年版。

《独秀文存》, 安徽人民出版社 1987 年版。

《鲁迅全集》, 人民文学出版社 2005 年版。

《徐复观文集》, 湖北人民出版社 2002 年版。

《陈翰笙文集》, 商务印书馆 1999 年版。

《沈从文选集》, 四川人民出版社 1983 年版。

《毛泽东选集》, 人民出版社 1991 年版。

《张灏自选集》, 上海教育出版社 2002 年版。

刘梦溪主编:《中国现代学术经典 · 萧公权卷》, 河北教育出版社 1999 年版。

高军编:《中国社会性质问题论战》, 人民出版社 1984 年版。

杨伯峻译注:《论语译注》, 中华书局 1980 年版。

马秋帆、熊明安主编:《晏阳初教育论著选》, 人民教育出版社 1993 年版。

张学智编:《贺麟选集》, 吉林人民出版社 2005 年版。

贺麟:《五十年来的中国哲学》, 商务印书馆 2002 年版。

郭湛波:《近五十年中国思想史》,山东人民出版社 1997 年版。

冯契:《中国近代哲学的革命进程》,上海人民出版社 1989 年版。

汪晖:《现代中国思想的兴起》,三联书店 2004 年版。

陈来:《中国近世思想史研究》,商务印书馆 2003 年版。

陈来:《现代中国哲学的追寻》,人民出版社 2001 年版。

张汝伦:《现代中国思想研究》,上海人民出版社 2001 年版。

李泽厚:《中国现代思想史论》,安徽文艺出版社 1999 年版。

李泽厚:《实用理性与乐感文化》,三联书店 2005 年版。

牟宗三:《人文讲习录》,广西师范大学出版社 2005 年版。

牟宗三:《生命的学问》,广西师范大学出版社 2005 年版。

牟宗三:《政道与治道》,广西师范大学出版社 2006 年版。

林毓生:《中国意识的危机》,穆善培译,贵州人民出版社 1986 年版。

林安梧:《当代新儒家哲学史论》,文海学术思想研究发展文教基金会 1996 年版。

何信全:《儒学与现代民主》,中国社会科学出版社 2001 年版。

张寿安:《以礼代理》,河北教育出版社 2001 年版。

余英时:《现代儒学论》,上海人民出版社 1998 年版。

吕妙芬:《阳明学士人社群》,新星出版社 2006 年版。

蒋庆:《政治儒学》,三联书店 2003 年版。

杨国荣:《王学通论》,华东师范大学出版社 2003 年版。

杨国荣:《存在之维》,人民出版社 2005 年版。

安乐哲:《和而不同:比较哲学与中西会通》,北京大学出版社 2002 年版。

郝大维、安乐哲:《先贤的民主》,何刚强译,江苏人民出版社

2004 年版。

列文森:《儒教中国及其现代命运》,郑大华等译,中国社会科学出版社 2000 年版。

三石善吉:《传统中国的内发性发展》,余项科译,中央编译出版社 1999 年版。

杜赞奇:《文化、权力与国家》,王福明译,江苏人民出版社 2006 年版。

墨子刻:《摆脱困境——新儒学与中国政治文化的演进》,颜世安等译,江苏人民出版社 1995 年版。

郭颖颐:《中国现代思想中的唯科学主义》,雷颐译,江苏人民出版社 1995 年版。

费孝通:《乡土中国 · 生育制度》,北京大学出版社 1998 年版。

高瑞泉:《从历史中发现价值》,中国大百科全书出版社 2006 年版。

高瑞泉:《中国现代精神传统》(增补本),上海古籍出版社 2005 年版。

李明辉主编:《儒家思想的现代诠释》,"中央研究院"中国文哲研究所筹备处 1997 年版。

顾红亮:《实用主义的误读——杜威哲学对中国现代哲学的影响》,华东师范大学出版社 2000 年版。

顾红亮:《现代中国平民化人格话语》,华东师范大学出版社 2005 年版。

顾红亮、刘晓虹:《想象个人——中国个人观的现代转型》,上海古籍出版社 2006 年版。

温铁军:《解构现代化》,广东人民出版社 2004 年版。

温铁军:《三农问题与世纪反思》,三联书店 2005 年版。

黄宗智：《法典、习俗与司法实践：清代与民国的比较》，上海书店出版社2007年版。

幸德秋水：《社会主义神髓》，马采译，商务印书馆1963年版。

明恩溥：《中国乡村生活》，陈午晴、唐军译，中华书局2006年版。

胡塞尔：《欧洲科学危机和超验现象学》，张庆熊译，上海译文出版社1988年版。

尹树广、黄惠珍编：《生活世界理论》，黑龙江人民出版社2004年版。

胡塞尔：《生活世界现象学》，倪梁康、张廷国译，上海译文出版社2005年版。

许茨：《社会实在问题》，霍桂桓、索昕译，华夏出版社2001年版。

哈贝马斯：《后形而上学思想》，曹卫东等译，译林出版社2001年版。

哈贝马斯：《交往行为理论》，曹卫东译，上海人民出版社2004年版。

加达默尔：《真理与方法》上卷，洪汉鼎译，上海译文出版社1999年版。

黑尔德：《世界现象学》，倪梁康等译，三联书店2003年版。

斐迪南·腾尼斯：《共同体与社会》，林荣远译，商务印书馆1999年版。

安东尼·吉登斯：《现代性的后果》，田禾译，译林出版社2000年版。

杜威：《民主主义与教育》，王承绪译，人民教育出版社2001年版。

杜威：《学校与社会·明日之学校》，赵祥麟等译，人民教育出版社1994年版。

鲍曼:《立法者与阐释者》,洪涛译,上海人民出版社 2000 年版。

卡西尔:《国家的神话》,范进等译,华夏出版社 1999 年版。

康德:《法的形而上学原理》,沈叔平译,商务印书馆 2005 年版。

欧克肖特:《政治中的理性主义》,张汝伦译,上海译文出版社 2004 年版。

罗素:《社会改造原理》,张师竹译,上海人民出版社 1959 年版。

洛克:《政府论》,叶启芳、瞿菊农译,商务印书馆 1964 年版。

卢梭:《社会契约论》,何兆武译,商务印书馆 1980 年版。

韦伯:《新教伦理与资本主义精神》,于晓等译,三联书店 1987 年版。

韦伯:《儒教与道教》,洪天富译,江苏人民出版社 2003 年版。

柏格森:《创造进化论》,肖津译,华夏出版社 2000 年版。

海德格尔:《演讲与论文集》,孙周兴译,三联书店 2005 年版。

孙周兴选编:《海德格尔选集》,上海三联书店 1996 年版。

艾森斯塔特:《反思现代性》,旷新年、王爱松译,三联书店 2006 年版。

罗伯特·塞尔茨:《犹太的思想》,赵立行、冯玮译,上海三联书店 1994 年版。

Hall, David L. and Ames, Roger T., *The Democracy of the Dead: Dewey, Confucius and the Hope for Democracy in China*, Chicago and LaSalle: Open Court, 1999.

Tan, Sor-hoon, *Confucian Democracy: A Deweyan Reconstruction*, Albany: State University of New York Press, 2004.

Metzger, Thomas A., *A Cloud Across the Pacific*, *Essays on the Clash between Chinese and Western Political Theories Today*, Hong Kong: Chinese

University Press, 2005.

Schwarcz, Vera, *Bridge Across Broken Time: Chinese and Jewish Cultural Memory*, New Haven and London: Yale University Press, 1998.

Buber, Martin, *On Judaism*, edited by Nahum N. Glatzer, New York: Schocken Books Inc., 1972.

Buber, Martin, *Israel and the World*, New York: Schocken Books Inc., 1965.

Bauman, Zygmunt, *Postmodern Ethics*, Oxford: Blackwell, 1993.

Bauman, Zygmunt, *Modernity and the Holocaust*, New York: Cornell University Press, 1989.

McCarthy, Thomas, *The Critical Theory of Jürgen Habermas*, London: Hutchinson, 1978.

Arendt, Hannah, *The Human Condition*, Chicago and London: The University of Chicago Press, 1989.

Dewey, John, *Democracy and Education*, *The Middle Works, 1899—1924*, Volume 9: 1916, Carbondale and Edwardsville: Southern Illinois University Press, 1980.

Lynch, Catherine, *Liang Shuming and the Populist Alternative in China*, Unpublished Manuscript.

Alitto, Guy S., *The Last Confucian: Liang Shuming and the Chinese Dilemma of Modernity*, Berkeley and Los Angeles: University of California Press, 1974.

de Bary, Theodore and Lufrano, Richard, eds. *Sources of Chinese Tradition: From 1600 Through the Twentieth Century*, New York: Columbia University Press, 2000.

后记

本项研究以“现代儒家生活世界的重整：以梁漱溟为例”为题列入上海市曙光学者计划项目(2006年)，并得到了华东师范大学哲学社会科学创新基地思勉人文高等研究院和教育部人文社会科学重点研究基地中国现代思想文化研究所的支持，也得到了上海市重点学科建设项目(B401)的资助。

在本书的写作过程中，陈卫平、童世骏、杨国荣、高瑞泉、Catherine Lynch、Sor-hoon Tan等教授给予笔者许多鼓励和帮助，特此表示感谢。

2008年，拙作由上海人民出版社出版。出版后，拙作得到学界师长的关注。Guy S. Alitto、Thierry Meynard、Michael Puett、黄勇、梁培宽、梁培恕、陈昭瑛等教授在不同场合提出中肯的建议，为笔者的儒学研究拨开迷雾。

感谢王为松、丁怀超等先生的厚爱，拙作得以再版。梁培宽先生在百忙中慨允作序，为拙作再版增色不少。

上海

2016年1月16日

图书在版编目(CIP)数据

儒家生活世界/顾红亮著.—上海:上海人民出版社,2016

ISBN 978-7-208-13608-3

Ⅰ.①儒… Ⅱ.①顾… Ⅲ.①儒家-研究-中国-现代 Ⅳ.①B222.05

中国版本图书馆 CIP 数据核字(2016)第 026477 号

责任编辑 鲍 静

装帧设计 零创意文化

儒家生活世界

顾红亮 著

世 纪 出 版 集 团

上海人民出版社出版

(200001 上海福建中路 193 号 www.ewen.co)

世纪出版集团发行中心发行 常熟市新骅印刷有限公司印刷

开本 625×880 1/16 印张 18 插页 4 字数 217,000

2016 年 6 月第 1 版 2016 年 6 月第 1 次印刷

ISBN 978-7-208-13608-3/B·1162

定价 58.00 元

图书在版编目(CIP)数据

儒家生活世界/顾红亮著.—上海:上海人民出版社,2016
ISBN 978-7-208-13608-3

Ⅰ.①儒… Ⅱ.①顾… Ⅲ.①儒家-研究-中国-现代 Ⅳ.①B222.05

中国版本图书馆 CIP 数据核字(2016)第 026477 号

责任编辑 鲍 静
装帧设计 零创意文化

儒家生活世界
顾红亮 著
世 纪 出 版 集 团
上海人民出版社出版
(200001 上海福建中路 193 号 www.ewen.co)
世纪出版集团发行中心发行 常熟市新骅印刷有限公司印刷
开本 625×880 1/16 印张 18 插页 4 字数 217,000
2016 年 6 月第 1 版 2016 年 6 月第 1 次印刷
ISBN 978-7-208-13608-3/B·1162
定价 58.00 元